U0882706

普惠金融背景下
传统金融与金融科技融合研究

何平平　黎勇登　彭世文　著

中国社会科学出版社

图书在版编目（CIP）数据

普惠金融背景下传统金融与金融科技融合研究／何平平等著．—北京：中国社会科学出版社，2019.10

ISBN 978－7－5203－5097－6

Ⅰ.①普…　Ⅱ.①何…　Ⅲ.①金融—科技发展—研究—中国
Ⅳ.①F832

中国版本图书馆 CIP 数据核字（2019）第 201051 号

出 版 人　赵剑英
责任编辑　孙　萍
责任校对　刘　娟
责任印制　王　超

出　　版　中国社会科学出版社
社　　址　北京鼓楼西大街甲 158 号
邮　　编　100720
网　　址　http://www.csspw.cn
发 行 部　010－84083685
门 市 部　010－84029450
经　　销　新华书店及其他书店

印　　刷　北京明恒达印务有限公司
装　　订　廊坊市广阳区广增装订厂
版　　次　2019 年 10 月第 1 版
印　　次　2019 年 10 月第 1 次印刷

开　　本　710×1000　1/16
印　　张　18.25
字　　数　272 千字
定　　价　88.00 元

凡购买中国社会科学出版社图书，如有质量问题请与本社营销中心联系调换
电话：010－84083683
版权所有　侵权必究

目　录

第一章　普惠金融：传统金融服务的短板

一　服务实体经济是金融的本质

（一）正确把握实体经济与虚拟经济的内涵与外延

在讨论金融与经济之间关系之前，先来厘清实体经济与虚拟经济这两个概念。实体经济是与虚拟经济相对应的一个范畴。实体经济对应的英文单词是“real economy”，本是作为经济理论分析方法与框架，与货币经济（money economy）相区分。1997年亚洲金融危机与2008年国际金融危机发生后，有的学者借用这个词来表示社会财富创造的真实性，中文翻译过来就是实体经济一词。传统观点认为，实体经济是指以实物资本为投资和营运对象的经济活动，也就是指物质的、精神的产品和服务的生产流通等经济活动，由成本和技术支撑定价。在国内，成思危教授较早开展对实体经济的研究，认为“实体经济是物质资料生产、分配、交换和消费的经济活动”。[①] 其后秦晓、宋超英和王宁、毛克贞和王超、金培等都对实体经济进行过研究。近年来中央高层领导对实体经济则重点强调工业制造业和战略性新兴产业、现代服务业、“三农”和小微企业。习近平总书记指出：“实体经济是国家的本钱，要发展制造业尤其是先进制造业。”李克强总理在2014年政府工作报告中指出：“要让

① 成思危：《虚拟经济与金融危机》，《管理科学学报》1999年第1期。

金融成为一池活水，更好地浇灌小微企业、‘三农’等实体经济之树”。

20 世纪末亚洲金融危机之后，国内一些学者借鉴马克思虚拟资本的概念，提出了虚拟经济的概念。代表性的如成思危认为，虚拟经济是指与虚拟资本以金融系统为主要依托的循环运动有关的经济活动，简单地说就是直接“以钱生钱”的活动。目前，国内对虚拟经济尚无统一定论。

目前，国内对实体经济的划分，主要分歧在于是否包括金融业与房地产业问题。央行原行长周小川在 2011 年《财经》杂志年会的主旨演讲中曾经强调，“实体经济不仅包括实物，不能只强调物质的生产，也要包括服务”。周小川认为，金融业中一些直接为实体经济服务的融资，如银行贷款、一般企业发行债券、股票等，所以金融业属于实体经济。[①] 央行行长易纲曾明确指出，“金融不是虚拟经济”。杨立杰认为，从某种意义上讲，金融业也是实体经济发展不可或缺的一部分。例如，从一级市场看，银行业、证券业、保险业等金融机构通过为企业发放贷款、股票和债券融资等金融活动，直接作用于社会大生产。金融业与医疗卫生等服务业同属于实体经济。从二级市场看，金融业的活动一般具有风险管理和价格发现的功能，能够降低活动的交易成本，进而提高资源配置效率，此时金融业也属于实体经济。只有追求短期暴利和用于炒作的金融活动或者资金运作，才是真正的虚拟经济。[②] 李孟刚和徐英倩认为，实体经济的内涵和外延不能简单按照产业部门分类进行界定，而是应该根据我国经济发展阶段和实际情况进行综合考虑。作为服务业的重要组成部分，金融业为国民经济发展创造了财富，其增加值计入国民收入，仅从这方面而言，并不能简单将金融划为虚拟经济范畴。因此，只要能够真实有效地创造价值的经济都应该属于实体经济范畴。金融支持实体经济发展，但不意味着

---

① 周小川：《金融政策对金融危机的响应——宏观审慎政策框架的形成背景、内在逻辑和主要内容》，《金融研究》2011 年第 1 期。

② 杨立杰：《关于金融支持实体经济的若干认识》，《金融时报》2017 年第 4 期。

金融是虚拟经济[①]。

对于房地产业，中国国民经济行业分类（GB/T4754－2011）中指出，房地产业不同于建筑业，建筑业属于制造业，房地产业主要包括房地产开发经营、物业管理、房地产中介服务等方面。张亦春、王国强认为，从房地产业的属性来看，一方面是它居住的自然属性；另一方面是投资、证券化等金融属性，且最近几年逐渐凸显，成为2007年金融危机的始作俑者，实体经济不包括金融业与房地产业。[②]蔡则祥、武学强认为，开发投资建设和作为消费性住房购买都属于实体经济，而在二级房地产市场上投机赚取价差收益的行为就不属于实体经济范畴。[③]

以上表明，虚拟经济与实体经济这一对概念并没有普遍接受的、科学的定义，但这种二分法给全面认识金融的作用及其与经济的关系带来了许多困扰。一是虚拟经济与实体经济的划分并没有严谨的经济学理论基础和经济核算的支持。马克思关于“虚拟资本”的论述是中性的，而国内现有的讨论很大程度上偏离了这一起源。在汉语中，“虚拟”一词的含义是“虚的、虚构的、非实的”，明显带有贬义色彩，“虚拟经济”容易让人联系到“泡沫”“不稳定”等[④]。二是目前“虚拟经济”并没有一个被广泛接受的定义，不同的人赋予了“虚拟经济”不同的内涵，差异极大。自东南亚金融危机以来，这种“混沌”的争论已经持续了十余年，至今没有得出明确的结论。这本身就在一定程度上说明，“虚拟经济”这一概念的内涵和外延并不清楚。三是虚拟经济与实体经济的二分法会困扰社会对金融性质和功能的认识，很容易给金融体系贴上不道德的标签。“虚拟经济”容易让

① 李孟刚、徐英倩：《新时代增强金融服务实体经济能力研究》，《理论探讨》2018年第1期。

② 张亦春、王国强：《经济发展与实体经济增长非均衡关系研究》，《当代财经》2015年第6期。

③ 蔡则祥、武学强：《金融资源与实体经济优化配置研究》，《经济问题》2016年第5期。

④ 参见北京大学中国经济研究中心宏观组《金融不是虚拟经济》，《经济社会体制比较》2002年第1期。

人望文生义，以为金融体系不给整个经济体系和社会创造价值，只是单纯地“以钱生钱”。在理论上，这种提法会制约我们对金融与实体经济关系的本质认识。①

在国外，理论界并不使用虚拟经济一词来指代金融业，而业界和政策层大都用的是“广义金融服务业”，它包括银行业、证券业、保险业和房地产业。2008 年以后，美联储把实体经济笼统地概括为包括制造业、进出口、经常账户、零售销售等部分，而将出现泡沫的房地产市场和快速变化的金融市场排除在外。摩根斯坦利在分析各国和地区金融发展时，即采用了“广义金融服务业”（包括银行业、证券业、保险业和房地产业）的概念。2013 年诺贝尔经济学奖获得者、耶鲁大学金融学教授罗伯特·希勒在其代表作《金融与好的社会》中说：“金融所要服务的目标源自民众。这些目标反映了每个人的职业抱负、家庭生活的希望、做生意时的雄心、文化发展的诉求以及社会发展的终极理想。”这些目标有的与实体经济直接相关，如企业贷款；有的与实体经济间接相关，如保险、企业年金；有的则与实体经济相差甚远，甚至毫无关系，如文化基金、艺术品金融等。②

基于以上分析，参考罗伯特·希勒对于金融的理解，我们偏向于蔡则祥和武学强对实体经济的定义，实体经济是“基于实物资本的投资和运营，生产出具有实质性产品的经济活动，也就是指各种物质、精神产品的生产和流通以及直接为此提供劳务的经济活动，它涵盖了所有物质、精神产品生产与流通和劳务的各个环节。它包括农业、工业、交通通信业、商业服务业、建筑业等物质生产和服务部门，也包括教育、文化、知识、信息、艺术、体育等精神产品的生产和服务部门。但是不包括直接以钱生钱的金融活动和二级房地产市场活动”③。

---

① 张晓朴、朱太辉：《金融体系与实体经济关系的反思》，《国际金融研究》2014 年第 3 期。

② 王文：《金融服务实体经济为何难》，《中国金融》2014 年第 12 期。

③ 蔡则祥、武学强：《金融资源与实体经济优化配置研究》，《经济问题》2016 年第 5 期。

（二）正确把握金融与经济之间的关系

1. 实体经济是金融发展的基石

（1）实体经济是保持经济持续发展的基础

实体经济是国民经济的重要基础，是最大的就业容纳器和创新驱动器，是转变经济发展方式、维持经济社会稳定的中坚力量。① 习近平总书记指出：国家强大要靠实体经济，不能泡沫化。党的十八大报告对推进经济结构战略性调整做出了全面而深刻的阐述，提出要牢牢把握发展实体经济这一坚实基础，实行更加有利于实体经济发展的政策措施；对全面深化经济体制改革，支持实体经济发展提出了新的要求。

实体经济是社会财富创造的基本形态，也是保持经济持续发展的基础。主要有以下三个方面的原因：

其一，实体经济是财富源泉。社会财富积累主要依赖物质生产的扩大和积累，实体经济直接创造使用价值，是构成社会财富的源泉。实体经济的规模和发展水平，决定社会财富的数量和质量，是国家经济繁荣、人民富裕和经济可持续发展的基础。

其二，实体经济是民生的根本。实体经济发展既可以增加公共产品的种类，又能扩大基税的收取范围，提高政府公共产品的供给，满足人民的多样化需求。实体经济企业主要由中小企业构成，为社会提供更多的就业岗位，实体经济既是社会经济发展的基础，又是社会稳定的重要保障。例如，德国一直重视实体经济发展，尤其是制造业的发展，其工业制造业成为经济“脊梁”。正因德国长期以来没有离开过制造业和自己的比较优势产业，也没有离开过革新创造，因而确保了经济增长始终具有活力，经济能长期保持一种健康稳定发展态势。

其三，从世界经济发展历史看，强大的实体经济是增强综合国力的基础，也是在国际竞争中取胜的法宝。英国曾因“食利”、忽略实

---

① 黄桦：《着力振兴实体经济，走实业兴省、实业致富之路》，《前进》2017 年第 5 期。

体经济而丧失强国地位；拉美因过度城镇化、实业衰落陷入“中等收入陷阱”；20 世纪 90 年代初开始的日本经济大衰退，就与当时日本产业空心化、房地产泡沫化、日元大幅度升值、实体经济青黄不接，导致经济增长停滞和衰退。同一时期爆发的亚洲金融危机，很大程度上也是由于相关国家虚拟经济与实体经济过分脱节、实体经济虚弱所致。

（2）实体经济是金融存在的基础

实体经济在金融发展中的基础地位，主要表现在以下两个方面：一方面，实体经济发展的内在需要催生了金融并促使金融不断发展[①]。按照马克思货币金融理论，金融是商品经济发展的产物。当社会出现分工，劳动产品出现剩余，为克服商品二因素内在矛盾，因而产生了货币和信用，形成了最早期的金融形态。随着社会的不断发展，经济生产对金融服务的需求越来越多，促使金融不断完善和提升。从最基础的货币支付功能到最核心的资源配置功能，再衍生出经济调控、风险规避、财富分配等一系列功能；从早期简单的信用中介，扩展到现在集银行、证券、保险、基金、信托等为一体的完整体系；从单一的国内市场延伸到国际市场，金融不断完善和提升的演进过程，就是其不断“适应”实体经济发展的过程。另一方面，实体经济能为金融提供利润来源。马克思的劳动价值理论对正确理解金融利润的来源提供了理论铺垫。马克思认为，由于类似银行汇票、股票、债券等金融资本没有凝聚人类劳动，因而不创造价值和剩余价值，虽然金融资本可以通过循环运动产生利润，但其利润仍然来源于实体资本创造的剩余价值。正如马克思在《资本论》论述的“地租、利息和产业利润不过是商品的剩余价值或商品中所包含无偿劳动各个部分的不同名称罢了，他们都是同样从这个源泉并且只是从这一个源泉中产生的”[②]。

---

① 参见邱兆祥、王树云《金融与实体经济关系协调发展研究》，《经济研究》2017 年第 4 期。

② 参见《马克思恩格斯全集》第 2 卷，人民出版社 1974 年版。

2. 金融是现代经济的核心

学术界通常将“金融”一词与“资金融通”直接相联。如黄达、张杰编著的《金融学（第四版）》认为：“金融范畴可以理解为：凡既涉及货币，又涉及信用的所有经济关系和交易行为的结合。”① 曾康霖主著的《金融经济学》说：“金融通常解释为货币资金的融通。”② 宋涛主编的《政治经济学教程（社会主义及全球化部分）》认为：“金融是指资金的融通，或曰资金的聚集与流动，即与货币流通和银行信用有关的一切活动。”③ 易宪容认为，金融是指人们在不确定性的情况下，通过特定媒介或工具对资源的跨时空的配置，即资金的剩余者借助某种媒介，把资金转移到付出一定成本的资金不足者手中使用④。也有从其他角度来定义金融的，例如《新帕尔格雷夫经济学大辞典》的解释是：金融“其基本的中心点是资本市场的运营、资本资产的供给和定价”⑤。美国的兹维·博迪和罗伯特·C. 莫顿（2000）认为：“金融学是研究人们在不确定的环境中如何进行资源的时间配置的科学。”

自20世纪80年代以来，金融业在发达国家跻身所有行业的顶端，成为“现代经济的核心”——对此，主流的新古典经济学称之为金融的“核心”作用，部分学者（Arrighi，1994；Krippner，2005；Palley，2007）称之为“金融化”（Financialization）。从我国经济发展的实践看，近年来金融业对经济发展的贡献在不断增大。到2016年底，金融业产值在第三产业产值的占比已超过了16.17%，其在GDP的占比也上升到8.38%（见表1.1）。

---

① 黄达、张杰：《金融学（第四版）》，中国人民大学出版社2017年版。

② 曾康霖：《金融经济学》，西南财经大学出版社2002年版。

③ 宋涛：《政治经济学教程（社会主义及全球化部分）》，中国人民大学出版社2013年版。

④ 参见易宪容《金融的本源、本质及危机》，《探索与争鸣》2017年第12期。

⑤ 参见约翰·伊特韦尔、默里·米尔盖特、彼得·纽曼《新帕尔格雷夫经济学大辞典》，陈岱孙等译，经济科学出版社1996年版。

表 1.1 金融业产值及占比情况

年份	GDP（亿元）	金融业增加值（亿元）	第三产业增加值（亿元）	金融业产值占第三产业占比（%）	金融业产值占GDP占比（%）
2000	99066	4836	39898	12.12	4.88
2001	109276	5195	45700	11.37	4.75
2002	120480	5547	51422	10.79	4.60
2003	136576	6035	57754	10.45	4.42
2004	161415	6587	66649	9.88	4.08
2005	185999	7470	77428	9.65	4.02
2006	219029	9951.7	91759.7	10.85	4.54
2007	270844	15173.7	115810.7	13.10	5.60
2008	321501	18313.4	136805.8	13.39	5.70
2009	348499	21798.1	154747.9	14.09	6.25
2010	411265	25680.4	182038	14.11	6.24
2011	484753	30678.9	216098.6	14.20	6.33
2012	539117	35188.4	244821.9	14.37	6.53
2013	590422	41191	277959.3	14.82	6.98
2014	644791	46665.2	308058.6	15.15	7.24
2015	686450	57872.6	346149.7	16.72	8.43
2016	741140	62132.4	384220.5	16.17	8.38

数据来源：《中国统计年鉴 2017》。

我们认为，金融业之所以成为现代经济的核心，主要源于金融对现代经济的重要作用。金融对实体经济的作用是通过金融的功能体现的。金融最核心的功能是资源配置功能，即通过融通社会资金，为实体经济在不同经济主体、不同地区和不同时期之间配置资源①。金融能提高资源配置效率，一方面体现在金融能够聚集社会闲散资金，将其高效转化为扩大生产的再投资，解决实体经济大额、长期资金需求，使资金的利用率大大提高；另一方面体现在金融市场具有价值发

① 参见张晓朴、朱太辉《金融体系与实体经济关系的反思》，《国际金融研究》2014年第3期。

现的功能，能够通过市场化机制引导资金资源流向边际增加值高、发展潜力大的产业和部门，资金的使用效率大大提高。1973 年，R. I. 麦金农和 E. S. 肖在他们分别出版的《经济发展中的货币与资本》和《经济发展中的金融深化》中针对发展中国家货币金融的特点，从全新的角度对金融和经济之间的关系进行了研究，提出了金融深化理论。他们认为，发展中国家经济落后的重要原因在于金融压制，储蓄不足、资本匮乏与资本低效配置并存使得发展中国家陷入贫困的恶性循环中①。在指出金融压制的危害的同时，他们还严密论证了金融深化与储蓄、投资及经济增长之间的正向关系，强调金融发展是经济增长的“驱动引擎”，金融体系发展得越好越有利于经济增长。

金融作为现代经济的核心，把控着资金的流向，是国家资源配置和宏观调控的重要工具，金融安全将是经济安全实现的重要基础和载体。改革开放以来，党中央一直把金融作为中国特色社会主义经济的核心。“金融很重要，是现代经济的核心。金融搞好了，一着棋活，全盘皆活。”这是邓小平同志 1991 年在视察上海时的论述。② “金融是现代经济的血液。血脉通，增长才有力。”这是习近平同志的论述。③ 而金融的经济核心地位判断源于其为经济服务的神经中枢作用，具体体现在以下三个方面：

（1）金融在市场资源配置中的核心作用

金融的本质是信用，金融就是信用创造，通过信用创造从而把非实质性产品转换为实质性产品及财富增长的工具，由此来推动社会经济发展与繁荣④。信用作为企业、个人、机构及政府的一种承诺，它是一种非实质性产品。不过，尽管信用是一种非实质性产品，但它能够成为交换价值和增加财富的工具，因为信用能够为实体经济发展创

---

① 参见严佳佳《简析金融深化论及其政策主张》，《特区经济》2004 年第 11 期。

② 《邓小平文选》第 3 卷，第 366、193 页。

③ 习近平：《携手推进“一带一路”建设——在“一带一路”国际合作高峰论坛开幕式上的演讲》，《人民日报》2017 年 5 月 15 日。

④ 参见汪其昌《货币和金融的本质与金融学的思维方法》，《金融教育研究》2017 年第 1 期。

造各种条件。信用创造可以化解企业及个人在生产和消费过程中的融资约束问题，让企业及个人的资源跨时空有效配置。此外，资金是经济增长与社会发展的要素，金融能最有效地实现社会资金的积聚与集中，从而提高资源配置效率。金融机构能把机关团体、企事业单位、居民个人手中分散零星的货币储蓄资金聚集起来，通过规模金融形成规模经济，就能形成促进社会经济发展的巨大资金力量，并通过其灵活调剂资金余缺的功能，既可以满足企业发展生产和流通对资金的急需，又可以加速社会资金周转，提高资金运行效率。并且金融越发达，配置资金的功能就越强，就越有助于企业做大做强、商品顺利流通、消费尽快实现，进而提高经济运行的整体效率。最后，金融体系能进行有选择的收支活动，使生产要素资源随之从亏损行业或利润较低的部门向利润较高的部门转移；从产业政策限制发展行业向支持扩展的行业转移；从落后淘汰产业向新型外向型产业转移，从而实现社会资源的重新整合，进而优化了资源配置。

习近平总书记在党的十九大报告中指出“中国特色社会主义进入新时代，我国社会主要矛盾已经转化为人民日益增长的美好生活需要和不平衡不充分的发展之间的矛盾”。从金融的角度看，发展不平衡主要体现在两方面：一是金融资源分布的区域极不均衡，东部地区和大中城市的金融基础设施建设远远领先于其相对应的中西部地区和乡镇农村地区。二是市场参与者的地位差距显著，大型企业取得金融支持和服务的便捷性大幅超过中小企业，大型机构投资者投资理财渠道明显丰富于普通居民百姓。金融行业必须以服务实体经济和支持供给侧结构性改革为根本，大力发展普惠金融，把更多金融资源配置到经济社会发展的重点领域和薄弱环节，更好地满足人民群众和实体经济多样化的金融需求，从大局出发，助力解决好发展不平衡不充分的问题。

（2）金融是调控宏观经济的重要“杠杆”

宏观经济管理的基本要求是社会总供给与总需求基本平衡，促进国民经济均衡增长。金融作为宏观经济调控的重要手段，主要是通过中央银行而发挥作用的。中央银行在一国金融宏观调控中居于主导地位，它是国家调控经济和管理金融最重要最有效的工具。[①] 从世界各国的中央银行的实践来看，中央银行都承担着调控宏观经济的职能。中央银行根据国家宏观经济政策的需要，通过制定和实施金融政策，运用存款准备金、再贷款、利率、公开市场业务、贷款规模等直接或间接的调控手段，实时调控货币供应的数量、结构，调节经济发展的规模、结构和速度，从而实现社会经济稳步协调向前发展的目的。

此外，金融业与国民经济各部门有着密切的业务联系，它能够比较全面地反映企事业单位的经济活动。它是国民经济信贷收支、外汇收支、现金收支和结算的中心，是国民经济活动的资金枢纽和神经中枢；金融运行情况是国民经济活动的晴雨表，透过金融现象，可以反映国民经济运行中出现的新情况、新问题、新矛盾和新趋势。同时，利率、汇率、信贷、结算等金融手段又对微观经济主体有着直接影响。

（3）金融安全是国家经济安全的核心

金融安全，是指一国在其金融发展过程中具备抵御国内外各种风险的能力，以确保其金融主权不受侵犯，金融体制不遭破坏，金融财富不会大量流失，金融体系正常运行。金融安全是特定历史阶段的产物，与经济全球化密切关联。把金融安全与国家经济安全挂钩，越来越成为政治家和经济学家的共识。前美联储主席伯南克称，“在银行体系稳定以前，经济不会全面复苏。历史给人们的教训是：只要金融体系处于危机中，经济就不会持续复苏”[②]。

金融业是专业化管理社会经济风险的行业，金融风险具有内生性，从诞生之日起，风险就相伴相随。金融业发生风险，会严重威胁世界经济的稳定增长与主权国家的经济安全。首先，因为金融作为财富分配的手段，在经济虚拟化状态下，那些掌握金融资源、在金融市场占据支配地位的机构、集团与个人，有可能通过操纵金融资产价格的涨落，将他人财富、社会财富、国家财富转移到自己的腰包。其

---

① 赵天虹：《再论金融是现代经济的核心》，《研究探讨》2007 年第 3 期。

② 参见魏革军《金融是现代经济的命脉》，《中国金融》2009 年第 7 期。

次，金融是经济强权的工具。在现代市场经济条件下，秩序的主导权、市场的话语权就是价格的决定权、利益的分配权，因此包括汇率、利率、股价、大宗商品价格等在内的各种资产的定价权，便成为各类经济主体努力争夺的目标。经济强权（巨型跨国公司、国际金融寡头、经济霸权国家）不断利用其在金融市场的垄断地位，使弱小经济体（中小企业、中小资本、弱小国家）依附自己。最后，金融也可能成为大规模杀伤力量。金融创新是金融发展的重要动力，同时也是金融风险的重要来源。随着经济金融化趋势的不断加深，由商业交易而形成的债权与债务，越来越多地成为金融衍生产品的生成基础，使得当今国际金融衍生产品规模迅速膨胀，远远超过全球 GDP 的总和。经济全球化导致金融衍生产品渗透到世界各个角落，一旦其生成基础或某个衍生环节出现问题，就会出现连锁反应，迅速形成大规模杀伤力，重创金融，同时也重创经济。

金融是把双刃剑，如果金融与经济的关系处理得当，金融就能促进一国经济快速发展并使之成为经济强国；如果金融与经济的关系处理不当，则会引发金融危机和经济危机，甚至最终导致一国经济的衰落。例如，17 世纪初金融产业的快速发展极大地促进并带动了荷兰实体经济的发展，荷兰经济迅速崛起，很快成为显赫一时的海上霸主。荷兰金融和经济的快速发展，吸引了数量巨大的海外资金进入荷兰以追逐短期利益。荷兰金融的发展水平大幅超出了当时实体经济发展的需要，潜在的风险随之集中爆发。伴随郁金香投机风潮的蔓延和投机泡沫的最终破灭，到 17 世纪末，荷兰实体经济基础发生了动摇，经济发展开始陷入混乱并最终走向衰退和没落。荷兰的海上经济霸主地位被英国所取代，阿姆斯特丹国际金融中心的地位也让位于伦敦。荷兰经济由盛到衰变迁的历史充分说明了要维护国家经济安全，必须要高度重视金融安全，防范金融风险。

（三）金融服务实体经济的现实考察

“金融服务实体经济”这一提法的兴起源于人们对美国次贷危机的反思。次贷危机暴露了美国金融与实体经济严重脱节的缺陷，向国际金融监管发出了一个强烈的警示，即国民经济发展必须立足于实体经济。2011 年底，中央经济工作会议明确提出了“金融服务实体经济”的原则。由此开始，“金融服务实体经济”的表述几乎成了所有金融政策、文件及各类报告的“标配”。

如何衡量金融对实体经济的支持？不同的人可以基于不同的视角来衡量金融对实体经济的支持。从宏观上看，社会融资规模是目前衡量金融支持实体经济比较全面、客观的指标。社会融资规模的概念是中国人民银行在2010 年提出的。社会融资规模增量是一定时期内实体经济（非金融企业和住户）从金融体系获得的资金。这里的金融体系是整体金融的概念。从机构看，包括银行、证券、保险等金融机构；从市场看，包括信贷市场、债券市场、股票市场、保险市场以及中间业务市场等。社会融资规模扣除了金融体系内部的交易行为，真实反映了资金从金融体系到实体经济的流向和结构，比较全面、准确地反映了金融对实体经济的支持情况。

表 1. 2 为 2002—2016 年我国社会融资规模增量及构成情况。可以看出，近年来，我国社会融资规模增量在不断增长，2016 年末为17. 82 万亿元，是 2006 年的 4. 17 倍。人民银行调查统计司司长阮健弘在 2017 年接受金融时报专访时谈到，近年来流向“三农”、小微企业、精准扶贫、民生改善等国民经济重点领域和薄弱环节的资金较多。2016 年末，全国农村贷款余额达到 23. 01 万亿元，小微企业贷款余额达到 20. 84 万亿元，分别是 2011 年末的 1. 89 倍和 1. 94 倍。[①]这说明近年来金融服务实体经济取得了积极成效。

表 1. 2　　**社会融资规模增量及构成**

年份	社会融资规模增量（亿元）	委托贷款增量（亿元）	信托贷款增量（亿元）	委托贷款增量/社会融资规模增量（%）	信托贷款增量/社会融资规模增量（%）
2002	20112	175	—	0. 87	—

① 阮健弘：《金融服务实体经济是对金融的本质要求》，《金融时报》2017 年第 2 期。

续表

年份	社会融资规模增量（亿元）	委托贷款增量（亿元）	信托贷款增量（亿元）	委托贷款增量/社会融资规模增量（%）	信托贷款增量/社会融资规模增量（%）
2003	34113	601	—	1.76	—
2004	28629	3118	—	10.89	—
2005	30008	1961	—	6.53	—
2006	42696	2695	825	6.31	1.93
2007	59663	3371	1702	5.65	2.85
2008	69802	4262	3144	6.11	4.50
2009	139104	6780	4362	4.87	3.14
2010	140191	8748	3865	6.24	2.76
2011	128286	12962	2034	10.10	1.59
2012	157631	12838	12845	8.14	8.15
2013	173169	25466	18404	14.71	10.63
2014	158761	21740	5174	13.69	3.26
2015	154063	15911	434	10.33	0.28
2016	178159	21854	8593	12.27	4.82

数据来源：《中国统计年鉴》。

但从社会融资规模具体构成看，委托贷款和信托贷款比重却呈现出明显的上升趋势。委托贷款从 2008—2015 年都保持很高的增长速度，平均超过 30%。委托贷款占社会融资规模的比例不断提高，2015 年已经超过 8%。从严格意义上来说，委托贷款也是实体经济的一种融资渠道，通过委托贷款的资金应该进入实体经济，支持实体经济的发展。问题是，在经济下行期间，部分留存资金较多的企业投资意愿下降，放弃实业投资，转而从事委托贷款以减少企业经营风险和赚取稳定的放贷利息收入，商业银行等金融机构也乐于从事此类无风险业务。资金由企业回流金融机构，间接引致资金“脱实向虚”；金融机构也利用这种表外性质的业务来从中获取服务费用和中间利息，结果变相增加了其他急需资金企业的融资成本，也阻碍了资金直接流向实体经济①。而信托贷款的背后是众多理财产品的发行。据统计，2014 年我国名义 GDP 较 2013 年增长 9.2%，但是理财产品规模较 2013 年增长了 50%，由 2013 年底的 102379.17 亿元增长到 2014 年的 150200 亿元。理财产品如此大规模地增长，远远高出了实体经济增长速度。因此，很难确保资金流入了实体经济，金融资源对实体经济的渗透能力较弱。

图 1.1 反映了 1990 年以来我国货币供给量 M2 增长情况。近 20 年来，我国 M2 的平均增速达到 17.4%，远远高于国内生产总值（GDP）在这 20 年间 9.56% 的平均增速，而另一重要指标居民消费价格指数（CPI）却普遍较低，年平均增长率只有 3%，且部分年份出现负增长。我国的货币供给量的增长速度远远高于经济增长速度和物价水平增长速度之和。

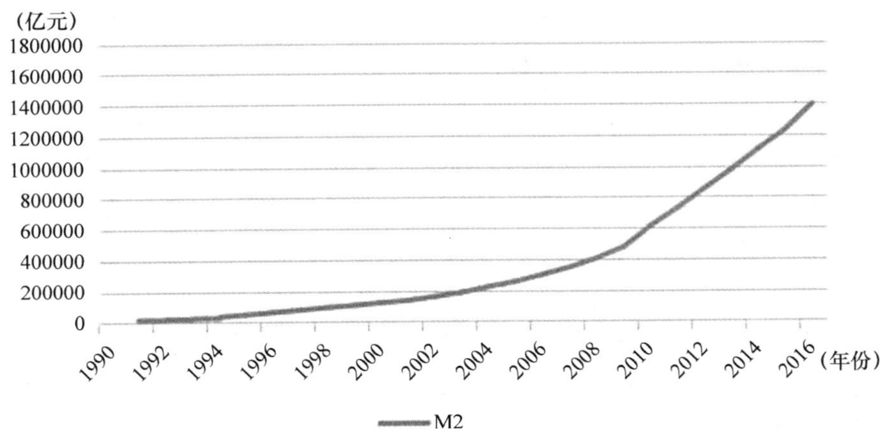

图 1.1　1990—2016 年中国货币供给量 M2 增长情况

经济学文献中提出用马歇尔 K 值——M2 与 GDP 的比值来衡量一国经济货币化程度，学界又将 M2/GDP 称为经济货币化率，这一指标

① 参见蔡则祥、武学强《金融资源与实体经济优化配置研究》，《经济问题》2016 年第 5 期。

越高表示经济货币化程度越高。[①] 根据已有研究，货币总量 M2 的扩张节奏应与实体经济增长呈一定比例的变化，M2/GDP 大约在 1.5 比较适宜，但 2014 年末已达近 2 倍。相对于实体经济的适度需求，大概多出了几十万亿的货币供应量。根据世界银行数据统计，2012 年末，中国、美国和印度的 M2/GDP 分别为 1.8、0.9 和 0.8，并且中国远高于高收入国家的平均值。这充分说明了近年来货币供给充裕，总体宽松。但从另一方面来看，货币效率（GDP/M2）却不断降低，从 2008 年的 0.68% 降到 2016 年的 0.48%，降低了 20%，这从反面表现了“货币多”。根据一般货币需求模型：货币需求增长率 = 经济增长率 + 物价上涨率，货币实际供给增长率 - 货币需求增长率的差额就是货币供给的“多余”或“不足”部分。表 1.3 中，“M2 增长率 - GDP 增长率 - CPI 增长率”的差额多为正数。2009 年为配合“4 万亿刺激计划”，M2 增加了 28.42%，2010 年又增加了 18.95%，致使货币实际供给增长率比货币需求增长率分别高出 20 个百分点和 5.8 个百分点，货币超额供给 135% 和 42%。2011 年货币供给增长高位回落后，2012—2015 年，货币超额供给分别为 34%、32%、31%、72%。这充分说明了近年来货币供给宽松，存在“货币多”现象。这又从另一个方面说明有相当一部分窖藏在金融体系内部并没有有效配置于实体经济促进其健康发展。[②]

然而，中国的高速货币化并没有有效解决实体经济融资难等问题。“实体经济的主体是企业，特别是中小企业，他们是实体经济增长的动力之源，保证社会经济的健康发展。”[③] 同时，目前中小企业已经成为我国经济社会发展的重要力量，中小企业创造的最终产品和服务价值相当于国内生产总值的 60% 左右，纳税额为国家税收总额的 50% 左右，提供了近 80% 的城镇就业岗位。而中小企业获得的金

---

① 余永定：《理解流动性过剩》，《国际经济评论》2007 年第 4 期。

② 冉芳、张红伟：《我国金融与实体经济非协调发展研究——基于金融异化视角》，《现代经济探讨》2016 年第 5 期。

③ 陈春雷：《我国实体经济发展存在的问题及应对策略》，《学术交流》2013 年第 8 期。

融支持与其对经济的贡献度不相匹配。由于国有企业使用金融资源享有一定特权，融资难问题凸显在中小微企业。根据《2017 年中小企业融资发展白皮书》显示，2016 年，中小企业在利税稳步提高且成为就业主渠道的同时，98%的中小企业主要问题仍然是融资难、融资贵。中小微企业、“三农”等实体经济薄弱领域“融资难、融资贵”问题严重地制约着区域实体经济的可持续发展。

表 1.3　**货币供给增长情况**　（单位：亿元,%）

年份	GDP	GDP增长率	M2	M2增长率	CPI	CPI增长率	M2/GDP	GDP/M2	货币供需差
1990	18923		15295		103.1		0.81	1.24	
1991	22050	16.52	19345	26.48	103.4	0.29	0.88	1.14	9.66
1992	27208	23.39	25402	31.31	106.4	2.90	0.93	1.07	5.02
1993	35599	30.84	34880	37.31	114.7	7.80	0.98	1.02	-1.33
1994	48548	36.37	46924	34.53	124.1	8.20	0.97	1.03	-10.04
1995	60357	24.32	60751	29.47	117.1	-5.64	1.01	0.99	10.78
1996	707780	1072.66	76095	25.26	108.3	-7.51	0.11	9.30	-1039.88
1997	78803	-88.87	90995	19.58	102.8	-5.08	1.15	0.87	113.53
1998	83818	6.36	104499	14.84	99.2	-3.50	1.25	0.80	11.98
1999	89367	6.62	119898	14.74	98.6	-0.60	1.34	0.75	8.72
2000	99066	10.85	134611	12.27	100.4	1.83	1.36	0.74	-0.41
2001	109276	10.31	158302	17.60	100.7	0.30	1.45	0.69	6.99
2002	120480	10.25	185007	16.87	99.2	-1.49	1.54	0.65	8.11
2003	136576	13.36	221223	19.58	101.2	2.02	1.62	0.62	4.20
2004	161415	18.19	254107	14.86	103.9	2.67	1.57	0.64	-5.99
2005	185999	15.23	298756	17.57	101.8	-2.02	1.61	0.62	4.36
2006	219029	17.76	345578	15.67	101.5	-0.29	1.58	0.63	-1.79
2007	270844	23.66	403442	16.74	104.8	3.25	1.49	0.67	-10.16
2008	321501	18.70	475167	17.78	105.9	1.05	1.48	0.68	-1.97
2009	348499	8.40	610225	28.42	99.3	-6.23	1.75	0.57	26.26
2010	411265	18.01	725852	18.95	103.3	4.03	1.76	0.57	-3.09

续表

年份	GDP	GDP 增长率	M2	M2 增长率	CPI	CPI 增长率	M2/GDP	GDP/M2	货币供需差
2011	484753	17.87	851591	17.32	105.4	2.03	1.76	0.57	-2.58
2012	539117	11.21	974149	14.39	102.6	-2.66	1.81	0.55	5.83
2013	590422	9.52	1106525	13.59	102.6	0.00	1.87	0.53	4.07
2014	644791	9.21	1228735	11.04	102	-0.58	1.91	0.52	2.42
2015	686450	6.46	1392278	13.31	101.4	-0.59	2.03	0.49	7.44
2016	741140	7.97	1550067	11.33	102	0.59	2.09	0.48	2.77

资料来源：《中国统计年鉴 2017》。

二　实施普惠金融是金融业发展的初心

（一）普惠金融的缘起

普惠金融源于金融排斥。Kempson 和 Whyley 以及 Sarma 概括了五类金融排斥：一是机会排斥（access exclusion），即地理位置偏远或金融体系风险管理过程，部分群体被排斥在金融服务体系之外；二是条件排斥（condition exclusion），即一些特定的金融限制条件将部分群体排斥在金融服务对象外；三是价格排斥（price exclusion），即难以负担的金融产品价格将部分群体排斥在金融服务对象之外；四是市场排斥（marketing exclusion），即金融产品销售和市场定位将部分群体排斥在金融服务之外；五是自我排斥（self-exclusion），即由于害怕被拒绝或由于心理障碍而导致部分群体将自己排斥在金融服务体系之外。[①]

传统金融行业“二八定律”的盛行导致金融服务出现了一定的排斥性，优质并且数量巨大的金融资源集中在城镇、大型企业和富裕人群手中，农村地区、中小企业和低收入阶层的金融需求难以得到有效满足。这个局面更加剧了企业部门、居民部门内部发展的失衡，也严重阻碍了经济结构和社会结构的调整优化。发展普惠金融是为了解决

① 参见何德旭、苗文龙《金融排斥、金融包容与中国普惠金融制度的构建》，《财贸经济》2015 年第 3 期。

金融排斥、提高金融包容。因此普惠金融的实质就是为传统或正规金融服务体系之外的广大中低收入阶层，尤其是贫困、低收入人口和小微企业提供可得性金融服务，提升金融包容性水平。

20 世纪早期的实践主要是以“小额信贷”和“微型金融”服务的方式开展，并且更多的是以慈善性质或无偿捐助方式来实现对贫困群体的资助，注重援助的社会福利性而忽视了其盈利性和财务可持续性，结果导致大量的小额信贷机构因为资金的枯竭而倒闭。同时世界许多国家还出现了所谓的援助性贫困陷阱，援助性信贷善意的初衷并未能结出改善贫困的丰硕果实。于是，理论界和实务界开始对这种现象进行反思，认为这种不计成本的援助性金融并不是解决低收入者贷款难的最佳途径，小额信贷和微型金融帮助穷人的首要前提是其可持续发展，一旦失去该前提援助的意义有限，也就是金融机构在帮助穷人的同时应注重其盈利性，两者都不能偏废。① 于是，“普惠金融”这种包容性的金融服务理念应运而生。

（二）普惠金融的内涵与外延

普惠金融（Inclusive Finance），又称包容性金融，这一概念最早是联合国在 2003 年 12 月提出的。时任联合国秘书长安南指出，“世界上大多数穷人仍然难以获得储蓄、信贷、保险等金融服务。我们的一大任务就是消除那些将人们排除在金融活动之外的因素……我们能够也必须实施普惠金融来改善这些人的生活”②。在 2005 年联合国倡议的“国际小额信贷年”活动中，“普惠金融”的概念获得广泛使用。“让每一个人在有金融需求时都能以合适的价格，享受到及时的、有尊严的、方便的、高质量的金融服务。”普惠金融旨在消除金融歧视，让弱势群体享受更多金融服务，并呼吁在全球范围内建立普惠金融部门。党的十八届三中全会首次正式将“发展普惠金融”写入党的执政纲领。2015 年中央政府工作报告中又进一步提出“大力发展

---

① 参见白钦先、高霞《普惠金融发展的思考》，《中国金融》2016 年第 3 期。

② UN. Building Inclusive Financial Sectors for Development，2006.

普惠金融，让所有市场主体都能够分享金融服务的雨露甘霖”。[①] 作为一项国家战略，构建普惠金融体系，让金融改革和社会发展的成果惠及更多人群、地区和客户，对于促进国民经济可持续发展，维护社会公平正义具有十分重大的现实意义。

“所谓普惠金融，即指立足机会平等要求和商业可持续原则，以可负担的成本为有金融服务需求的社会各阶层和群体提供适当、有效的金融服务。”[②] 普惠金融的要义就是立足于机会平等的和可持续发展的原则，用能够承担的成本全方位地为有金融服务需求的社会各阶层和群体提供适当有效的金融服务。简单来说，普惠金融就是借助金融的优势，让大量没有办法使用金融服务或者途径较少、使用服务成本较高的普通人甚至穷人可以更加方便地得到金融服务，从而改变自己的生活，因此就决定了普惠金融具有广泛的包容性。

普惠金融的内涵，可以从以下三个方面理解：其一，普惠金融是一种理念，其实质是每个人都有平等享受金融服务的权利；其二，普惠金融是一种创新，为了实现广泛、公平、平等的金融服务，必须采取一些新的手段；其三，普惠金融是一种责任，服务于传统金融机构服务不到的低端客户。普惠金融作为和谐金融的一种表现，体现的是“小贷款，大战略”，有利于低收入人群获得改善生活的机会，最终提升其能力、减少和消除贫困，这与习近平总书记所提出的“构建人类命运共同体”的理念是一致的。发展普惠金融是一项关乎我国经济结构调整和发展方式转型，关乎人民福祉的伟大事业。普惠金融已经成为缓解贫困、解决低收入人群特别是农民融资困难的一种有效金融制度安排，有利于帮助低收入人群抓住投资机会，改善收入分配和减轻贫困，带动经济增长。

普惠金融的外延主要涉及边界问题，即普惠金融服务对象的范围。我国普惠金融体系所重点强调的服务对象应涵盖以下三类群体：

---

① 李克强：《2015 年政府工作报告》，《人民网》2015 年 3 月 5 日。

② 参见《国务院关于印发推进普惠金融发展规划（2016—2020 年）》的通知（国发〔2015〕74 号）。

一是中小企业。由于抗风险能力低、抵押担保品不足、信息难以获得等原因，中小企业也比较容易被排斥在传统金融服务之外。因此，中小企业融资难一直以来都是一个困扰世界各国的难题。二是农民。由于缺乏可抵押品、担保能力低、个人信用记录不完善等，农民很难获得银行贷款，而证券、保险等其他金融工具更鲜有机会涉足。因此，农民是普惠金融体系中最主要的服务对象之一。当然，由于我国经济发展水平参差不齐，东部发达地区的一些农民不仅脱离了贫困，而且进入了富裕阶层，因此这部分农民并不在普惠金融服务范围内。三是城镇低收入人群。由于商业性金融机构追求利润和效率最大化，往往容易忽视穷人等弱势群体。因此，即便是在经济发达的城市，那些低收入人群仍很难获得公平的金融使用权和更加适合的金融产品。当然，普惠金融服务的对象还应包括残疾人、老年人、贫困大学生等处于弱势地位的特殊群体。①

从金融的本质上看，普惠金融应至少包括以下几个特点：一是公平地提供综合化的金融服务，包括金融服务的可获得性和产品与服务的全面性、多样性。所谓的“公平地获得”，即能够为每个有能力、有需求的人提供创业发展的资金和服务，公平地衡量每个人的信用，给社会中广泛的个体公平发展的机会。②“综合化的金融服务”，即不仅仅包括信贷业务，还应包括客户其他方面的金融需求。举例来说，随着经济社会发展和生活水平提高，小微企业主们对金融服务需求也在日益增长，出现了保险、租赁、理财等各方面的需求。因此，普惠金融给小微客户提供的服务也应是综合性的，有利于促进小微企业的成长和居民生活的提升。二是金融服务的可持续性。从金融的本质来看，普惠金融也属于金融的范畴，而不能狭隘的理解为扶贫计划或扶贫贷款。基于此，普惠金融的发展应遵循市场经济发展的普遍规律，创新风险控制的手段和方法，降低整体成本水平，实现商业经营的持

---

① 尹振涛、舒凯彤：《我国普惠金融发展的模式、问题与对策》，《经济纵横》2016年第1期。

② 巴曙松、华中炜等：《中国普惠金融发展新路径》，宜信公司与《哈佛商业评论》中文版联合发布的白皮书《普惠金融的中国实践：技术驱动变革》。

续性盈利，这样才有越来越多的机构愿意加入普惠金融行业中来。同时，这也有助于融资新模式的健康持续发展，形成一种良性循环。三是强调公平性。金融权是人权，这说明所有人都应当能够公平的享受到这种权利，普惠金融的服务对象包含各个阶层，并且向各个阶层提供公平的金融服务，不应该存在差别对待的现象，普惠金融就是为了使所有人都能够以一个公平合理并且能够接受并负担得起的成本来获得金融服务，它体现了社会的公平性。

普惠金融包括很多方面，比如支付、结算、开户等，但人们最关心的还是融资问题，我们的研究也就专注于普惠金融的融资难、融资贵问题。

（三）服务普惠金融是金融业应承担的社会责任

1. 企业的社会责任

企业社会责任（Corporate Social Responsibility，简称 CSR）是指企业在创造利润、对股东承担法律责任的同时，还要承担对员工、消费者、社区和环境的责任。企业的社会责任要求企业必须超越把利润作为唯一目标的传统理念，强调要在生产过程中对人的价值的关注，强调对消费者、对环境、对社会的贡献。1924 年英国学者 Sheldon 最早正式提出了“企业社会责任”（CSR）的概念，即企业在经营过程中既注重经济效益又关注社会利益的管理理念。Davis 于 1967 年把这一概念进一步拓展到了企业的制度领域，使这一理论得以关键性地发展。到 20 世纪 70 年代的美国，企业的社会责任和企业的利益之间的相互关系已经具有了划时代的意义。企业社会责任运动在欧美国家逐渐兴起，并在 20 世纪 90 年代得到各国政府以及众多重要国际组织、非政府组织（NGO）的广泛关注和大力推动，从而获得蓬勃发展。发达国家在企业业绩评估时已经把社会责任作为一项重要指标，《财富》《福布斯》也在企业排名评比时加上了“社会责任”作为评分标准之一。

2. 金融业服务于普惠金融的责任担当

金融业社会责任问题的提出，是对金融机构性质、功能的重新审视和判断。而金融机构作为特殊的企业组织，其性质与功能的特殊性，恰恰决定了金融机构承担社会责任的必要性。

从金融业经营目标上的特殊性来看，作为法人组织的金融机构具有很强的社会服务功能，其经营目标具有特殊性。法人的本质决定了金融机构应当将其追求利润最大化作为自己的首要目标，但金融机构提供社会服务时会与不同社会主体产生各种复杂的法律关系，这又决定了金融机构在追求股东利益最大化的同时必须兼顾其他利益相关者的权益，维护金融体系的安全和稳定。

从金融业资本结构上的特殊性来看，根据契约理论，企业是股东、债权人、管理者、职员等众多行为人之间签订的一组复杂契约，因而企业经营失败具有负外部性，金融机构经营产品的特殊性决定了金融机构资本结构上的特殊性，从而进一步决定了金融机构负外部性的特殊性。例如，商业银行作为典型的金融机构，其属于高负债经营的企业，其总资本中股东投入的资金所占比重很小，90%以上的资金来源于负债。为了实现股东利润最大化，董事会和银行管理者势必容易投资高收益、高风险的项目，漠视利益相关者的合法权益，容易出现利益相关者的权益得不到保护的情形。因此，一旦某个银行金融机构倒闭破产，很容易产生“多米诺骨牌”效应，通过社会信用危机、支付系统失灵等渠道将风险传染至其他金融机构和非金融部门，影响到经济金融秩序的正常运行，甚至引发经济危机和社会动荡。[①]

从金融业经营产品的特殊性来看，金融机构经营的是货币这种特殊的商品，使得金融机构要承担信用、负债等方面的风险。同时，随着金融衍生产品的日益增多，金融管理者往往冒险投资高收益、高风险项目以获得利润的最大化，忽视可能对债权人、消费者等利益相关者造成的损害，从而引发金融动荡。

从管制上的特殊性来看，一般的债权人、消费者、债务人等利益相关者与金融机构的管理者存在严重的信息不对称，这就容易引发金融机构管理者的道德风险。一旦金融机构经营不利，其影响范围将十

① 阎庆民：《银行业公司治理与外部监管》，《金融研究》2005年第9期。

分广泛，破坏力极强。出于对利益相关者和国家金融安全的考虑，政府都将金融机构作为高度监管的行业。但是监管带来的严格准入制度，使金融机构具有一定的垄断性质，易侵犯其他社会主体的合法利益，因此有必要要求金融机构承担社会责任。

金融业是指经营金融商品的特殊行业，它包括银行业、保险业、信托业、证券业和租赁业。金融业处于国民经济的核心地位，不仅为公众提供金融产品和金融服务，为客户和社区传递和增加价值，更重要的是其在金融资源的配置和调控上的独特作用。因此金融行业在经济体系中处于枢纽位置，关系着整个经济社会的安全与稳定。相比于一般行业，金融行业履行企业社会责任就显得更加重要。

“金融企业也是企业，只是经营货币、授受信用的特殊企业，从本质上讲，它是一个信用中介机构，它用较少的资本，通过借者的集中和贷者的集中，通过中介杠杆产生了巨大的乘数效应，影响着国家经济和社会生活。说其必须承担社会责任，因为它也是企业，具备一般企业的特性；说其具有特殊优势，因为金融是现代经济的核心，也是资本市场的核心，在现代市场经济条件下，金融与经济、金融与社会、金融与国家联系在一起，影响面极其广泛，影响力十分巨大，金融企业承担社会责任更为重要；说其承担社会责任更有优势，因为在我国，金融企业还具一定的经营垄断性，国家对金融机构的开放和市场准入还采取从紧的政策，金融企业在获取经济效益、发挥作用等方面具有明显的政策优势，也就是，金融企业应该也容易承担社会责任。”①

近年来，面临着贫富差距越来越大，社会矛盾愈发激化，国际社会越来越多地强调要实现包容性增长，即要确保所有人都能分享经济繁荣的成果，所有人都有机会充分发挥自己的潜力。而包容性增长的基础源于各个社会主体对资源享有平等的可得性。“从金融的一般属性来讲，金融本身就是一种资源，一种战略性稀缺资源。”② 因此，

① 夏慧：《关于金融企业履行社会责任的思考》，《浙江金融》2009 年第 8 期。

② 白钦先、高霞：《普惠金融发展的思考》，《中国金融》2016 年第 3 期。

要想实现社会公平，在金融资源的配置上应该按照中共十九大报告所提出的“补短板、强弱项”要求进行公平性的安排。而从金融的特殊资源属性出发，金融更是一种资源配置方式和手段。金融可以通过自身这一资源的配置进而配置其他资源。金融资源配置得公平与否，直接关系到其他经济和社会资源的公平配置。尤其是在现代社会，金融是经济的核心，金融资源的获取可以为每个人或者是每个处于成长期的企业构筑实现其蓬勃发展、实现其真正潜力的基础。因此，无论是从金融的一般属性出发，还是从金融的特殊属性出发，金融本来就应该是普惠的，每个个体都应该享有平等的金融资源获得渠道，这样才能实现资源的公平分配，才能有效实现社会公平。

金融业社会责任行为主体就是各个金融机构。除国家政策性金融机构以外，大部分金融机构都是一种盈利性的经济组织，通过为社会提供合格的产品和服务，实现“利润最大化”的经济目的，这是企业的本质属性所决定的。但是，金融机构作为一种特殊的企业，作为国民经济的神经中枢，承载着国有资本的意志①。毫无疑问，对于提高中国普惠金融发展水平，金融业责无旁贷。“金融机构具有社会和经济双重目标，在实现自身持续运营并获取一定利益的同时，必须服从国家发展战略要求，践行发展普惠金融的社会责任。”②“金融机构不能光看重大企业、忽视小企业，更不能‘晴天送伞、下雨撤伞’！”李克强在2017年5月3日国务院常务会议上指出，“要通过发展普惠金融，提高金融服务覆盖率和可得性，为实体经济提供有效支持”。

3. *履行社会责任是金融业发展的趋势*

金融业的社会责任，在西方发达国家较为重视。以银行业为例，在2003年6月，一些世界著名银行在华盛顿宣布了“赤道原则”（Equator Principles，一套管理与开发项目融资有关的社会和环保问题的自

---

① 参见张胜荣、李鹤《基于行为理论的金融业社会责任分析》，《青海金融》2015年第5期。

② 赵忠滨：《加快发展普惠金融，强化农村金融服务》，《金融时报》2014年9月1日。

愿指导准则），这是“商业银行社会责任运动”的一个里程碑。[①] 作为“软法”的“赤道原则”是“商业银行社会责任运动”在国际层面开展的典范，对全球银行业践行社会责任问题起到了推波助澜的作用。目前，包括花旗银行、巴克莱银行、瑞穗银行等国际著名银行和部分新兴市场地区的银行在内的62家银行已宣布接受“赤道原则”，在贷款和项目资助中强调企业的环境和社会责任。同时，包括世界银行、巴塞尔委员会等国际金融组织也在积极酝酿商业银行社会责任的全球标准。商业银行社会责任也成为媒体的关注焦点。如国际银行业中影响最大的杂志即英国《银行家》（*The Banker*）杂志在每年度的“全球最佳银行”评比中，也将“社会责任”作为主要评分标准之一。

相比之下，我国商业银行在践行社会责任方面却处于较为落后的状态。不过，近年来，由于以往商业银行只关注自身的经济效益而有损其他利益相关者的利益，甚至对经济、社会和环境带来不利影响，以及在全球范围的“商业银行社会责任运动”的冲击下，要求国内商业银行承担社会责任的呼声越来越高，银行业在此问题上不得不面对着来自政府与社会的双重压力。为加强银行业金融机构的社会责任感，2007 年 4 月，上海银监局制定与发布了我国银行业第一个社会责任指引，即《上海银行业金融机构企业社会责任指引》。2007 年 7 月，国家环保总局、中国人民银行、中国银监会发布了《关于落实环保政策法规防范信贷风险的意见》（环发［2007］108 号），将建立“绿色信贷”机制作为银行践行社会责任的重要内容。2007 年 12 月，中国银监会发布了《关于加强银行业金融机构社会责任的意见》，首次对银行业金融机构践行社会责任做出明确要求。福建省银监局也把 2008 年定为“福建省银行业社会责任年”，要求辖区内银行业法人机构必须公布年度社会责任报告。在这一年，山西、四川等省的银监局也纷纷出台有关银行业金融机构履行社会责任的指导意见。2009 年 1 月，中国银行业协会发布了首部《银行业金融机构企业社会责任

① 参见刘志云《银行业践行社会责任的域外发展及借鉴》，《甘肃政法学院学报》2012 年第 3 期。

指引》。

在政府的推动和社会的压力下，国内商业银行也开始采取各种行动予以回应。2006 年 5 月，上海浦发银行发布了国内首次的银行社会责任报告。2007 年 5 月，中国建设银行发布了 2006 年企业社会责任报告，成为四大国有商业银行中首家发布社会责任报告的银行。2007 年 8 月 28 日，交通银行在其召开的2006 年度股东大会上，决定在董事会下增设社会责任委员会，这在所有的上市中资公司中是首家，显示出交通银行对企业社会责任的深刻理解，实现从公司治理架构上完善社会责任机制的实质跨越。在 2008 年，这一运动逐渐走向高潮，包括工行、中行、交行等大型商业银行也相继发布了各自的《企业社会责任报告》。而且，银行作为重要参与者的社会责任投资基金也在国内获得零的突破。2008 年 3 月，兴业基金管理有限公司推出了国内首只社会责任投资（SRI）产品——兴业社会责任投资基金，并通过建设银行、兴业银行、工商银行等八家银行及其他各大券商正式发行。兴业社会责任投资基金将集中投资于有社会责任感的上市公司。该基金除了考察传统的企业财务、业绩等指标外，还关注对企业环境保护、社会道德及公共利益等事项，以便综合、全面地考察企业。2009 年 5 月，东亚（中国）银行也发布了《2008 年度社会责任报告》，开创了在华外资银行的第一份社会责任报告发布之先河。同月，中国银行业协会发布了《2008 年度中国银行业社会责任报告》，宣示了整个银行业对履行社会责任的积极态势。

最为引人瞩目的是，2008 年 10 月 31 日，兴业银行宣布采纳“赤道原则”，成为中国首家采纳“赤道原则”的金融机构。这代表着中国银行业践行社会责任方面，尤其是在发展“绿色银行”领域实现了一项重大突破，有力支持了中国人民银行、中国银监会和中国环境保护部共同倡导的“绿色信贷政策”，是国内银行业践行社会责任中的一个标志性事件。①

---

①　刘志云：《商业银行社会责任的兴起及其督促机制的完善》，《法律科学》2010 年第 1 期。

三 中国传统金融机构普惠金融发展的现实考察

（一）中国传统金融机构普惠金融发展现状

1. 政策助力普惠金融发展

自“普惠金融”这一概念正式提出以来，引起了国务院的高度重视。为大力发展普惠金融、全面建成小康社会，国家相继出台了系列政策性文件，支持普惠金融发展。特别是自2015年以来，关于发展普惠金融的相关政策文件更是频繁出台。2015年，《国务院关于印发推进普惠金融发展规划（2016—2020年）的通知》（国发［2015］74号）文件明确指出了发展普惠金融的总体目标，即“到2020年，建立与全面建成小康社会相适应的普惠金融服务和保障体系，有效提高金融服务可得性，明显增强人民群众对金融服务的获得感，显著提升金融服务满意度，满足人民群众日益增长的金融服务需求，特别是要让小微企业、农民、城镇低收入人群、贫困人群和残疾人、老年人等及时获取价格合理、便捷安全的金融服务，使我国普惠金融发展水平居于国际中上游水平。”① 以实现普惠金融从概念到落地的“最后一公里”的真正突破，标志着我国普惠金融国家战略顶层设计初步完成。

2016年，中央在《“十三五”规划纲要》《关于打赢脱贫攻坚战的决定》等重要文件中都强调了发展普惠金融的决心。同年，《中国银监会办公厅关于2016年推进普惠金融发展工作的指导意见》（银监办发［2016］24号）提出，着力增加普惠金融服务和产品供给，明显改善对小微企业、“三农”、贫困人口、特殊人群等薄弱领域的金融服务水平。2017年3月5日，全国两会政府工作报告“鼓励大中型商业银行设立普惠金融事业部”，以缓解小微企业融资难、融资贵问题，并强化农村信用社服务“三农”功能。目前，工、农、中、

① 《国务院关于印发推进普惠金融发展规划（2016—2020年）的通知》，中华人民共和国中央人民政府（http：//www. gov. cn/zhengce/content/2016 - 01/15/content_ 10602. htm）。

建、交五家大型银行已完成普惠金融专职机构的设立，并初步建立了相关治理架构（见表1.4）。[①] 2017年9月30日央行宣布将对普惠金融领域实施定向降准政策，进一步缓解农村金融和小微企业等融资难、融资贵的问题，以及提高金融服务的覆盖率。政策文件的相继出台使得普惠金融的发展有了一个良好的成长环境，从而进入规范化的发展轨道。

表1.4　　大型银行普惠金融专职机构设置情况

中国工商银行	总行设立普惠金融业务部	“六单”机制
中国农业银行	董事会设立“三农”发展委员会	统筹全行“三农”业务的战略决策
	总行管理层设立“三农”金融部管理委员会	统筹服务“三农”重大事项的决策部署
	总行设立“三农”金融事业部	建立有别于城市业务的、专业化的“三农”政策制度体系
	总行设立普惠金融事业部	重点服务城市普惠金融领域
中国银行	总行管理层设立普惠金融管理委员会	统筹管理和推进全行普惠金融业务
	总行设立普惠金融事业部	负责普惠金融业务的政策制定和规划
中国建设银行	总行党委设立普惠金融发展委员会	统筹推进普惠金融业务的管理和发展
	总行设立普惠金融事业部	牵头完善与普惠金融服务对象相适应的各个支撑体系
交通银行	总行设立普惠金融事业部	牵头完善普惠金融垂直化、专业化经营管理体系

2. 普惠金融基础设施建设不断完善

金融基础设施建设是普惠金融顺利实施的重要保证，是普惠金融发展的基石。人民银行一直注重加强征信、支付等金融基础设施建设，营造良好的普惠金融发展环境，为商业机构可持续地发展普惠金

① 中国银行西藏自治区分行课题组：《普惠金融现状分析及商业银行发展策略思考》，《国际金融》2018年第2期。

融夯实基础。中国金融基础设施的完备性，不只是在发展中国家，在全球也居于较高的水平。

在加强支付体系建设方面：一是系统建设不断加强。不断加强人民银行及各专业支付清算系统建设，组织建设非银行支付机构网络支付清算平台，为高效、准确地处理海量支付清算业务奠定了扎实的基础。二是农村地区支付清算网络建设加强，支持有关银行机构进一步向乡村延伸银行卡受理网络，支持农村金融服务机构和网点采取灵活、便捷的方式接入人民银行支付系统或其他专业化支付清算系统。截至2016年末，人民银行支付清算系统覆盖11.79万个农村金融机构网点，覆盖率达95.96%。

在健全普惠金融信用体系方面：一是在市县建立以中小微企业、农户为对象的信用信息数据库及服务网络，建立多层级的小微企业和农民信用档案平台。"截至2016年末，全国累计为261.14万户中小企业和1.72亿农户建立信用档案。二是推动从事信贷业务的机构接入金融信用信息基础数据库，扩大数据库对金融市场的覆盖面。截至2016年末，数据库共收录2210万户企业和9.12亿自然人的相关信息，为近3000家接入机构提供企业和个人信用报告查询服务，基本实现了对持牌金融机构的全覆盖。此外，人民银行还建立了以互联网为基础的集中统一的自助式动产、权利抵质押登记平台，为小微企业融资提供服务。"①

3. 普惠金融服务规模不断扩大

近年来，银行业全面贯彻落实中央要求，把践行普惠金融与自身转型发展相结合，积极探索商业可持续性，取得了显著成效。在金融机构网点建设方面：截至2016年底，全国商业银行网点数量达22.3万个，其中农村地区银行网点数量12.67万个，农村地区ATM设备34.32万台，同比增长11%；POS机676.96万台，同比增长4.6%。此外，各地区设有助农取款服务点98.34万个，覆盖全国90%以上的行政村。2016年末，全国共设有农村信用社1054家，农村商业银行

---

① 刘国强：《探索中国特色普惠金融发展之路》，《中国金融》2017年第19期。

1114 家，农村合作银行 40 家。县区保险分支机构超过 7 万家，覆盖全部县城和大部分乡镇。2016 年，农村地区银行卡人均持有量已达 3 张，基本实现了人人有卡、家家有账户、补贴能到户。①

在贷款规模方面：银监会数据显示，截至 2017 年 6 月末，全国银行业金融机构小微企业贷款余额达到 28.62 万亿元，占各项贷款余额的 24.02%；小微企业贷款较年初增加 1.92 万亿元，较上年同期增长了 14.69%，比各项贷款平均增速（12.94%）提高了 1.75 个百分点；小微企业贷款户数 1417.23 万户，较上年同期（1278.26 万户）增加了 138.97 万户；小微企业申贷获得率达到 94.73%，较上年同期（93.25%）提高了 1.48 个百分点，阶段性实现了“三个不低于”目标。另据人民银行统计，截至 2017 年 6 月末，农户贷款余额 7.69 万亿元，比年初增加 6203 亿元，同比增长 15.2%，比贷款平均增速高出 2.26 个百分点。②

4. 传统金融机构积极践行普惠金融

传统金融机构逐渐开始把为弱势群体提供金融服务当作履行社会责任的义务，由此也促进了传统金融机构积极参与普惠金融体系建设，以银行业为例：2018 年 2 月，中国人民银行和世界银行集团联合发布《全球视野下的中国普惠金融：实践，经验与挑战》。为改善农村地区支付服务环境，提升农村金融服务水平，中国探索建立了助农取款服务点模式。中国人民银行于 2010 年启动试点项目，试点开展银行卡助农取款服务，即依托代理服务点，通过绑定银行账户的借记卡向农民提供取现服务。截至 2016 年末，农村地区拥有助农取款服务点 98.34 万个，村级行政区覆盖率超 90%，促进了金融服务“最后一公里”的打通。这种模式使得农民足不出村就能享受到基础金融服务，可以更便捷地查询和取出各类支农补贴及政府发放的养老、医疗补贴或补助，降低了农民的交易成本和交通成本。

---

① 数据来源于《2016 年农村地区支付业务发展总体情况》，中国人民银行（http://www.pbc.cn/guotongjiaoliu/113456/113469/3274347/index.html）。

② 数据来源于《2017 年上半年全国小微企业贷款稳步增长》，中国银行业监督管理委员会（http://www.cbrc.gov.cn/chinese/home/docView/）。

农业银行针对农村人口的购房消费需求，推出国内首个专门针对农民群体的个人住房贷款产品“农民安家贷”。针对农民购房特点调整信贷评估指标的比重，在推进新型城镇化建设的同时，也帮助三四线城市去库存。截至2017年9月末，“农民安家贷”贷款余额3121亿元，较上年末增加1445亿元。此外，农业银行还通过推进“金穗惠农通”工程，在农村发放惠农卡1.98亿张，在广大农村地区的小超市、农资店、卫生所等建立惠农通服务点62.2万个，布放转账电话、POS机等电子设备90.1万台，覆盖到全国74.4%的行政村。在小微企业贷款中，农行制定了一系列专业信贷制度，减少业务流程，简化信贷审批流程，并规范贷后管理流程。允许县支行行长根据小型和微型企业提供的担保和质押品情况，批准信贷额度，而无须公司的财务报表，最短在5—7天内放款，解决了小微企业财务数据不完善、信用信息不充分等问题。

中国邮政储蓄银行充分发挥自身网点众多、客户广泛且深度下沉的资源禀赋优势，在实践中摸索普惠金融的规律、机制和特点，逐步探索出一条中国大型零售商业银行普惠金融可持续发展之路。报告显示，截至2017年末，中国邮政储蓄银行通过近4万家网点、14.3万个助农取款点、近12万台自助设备在内的实体网络，服务个人客户达5.53亿人，将金融服务延伸到中国广袤大地的“最后一公里”。针对中小企业融资约束问题，2017年中国邮政储蓄银行推进小企业金融客户经理队伍专业化、客户开发综合化、贷后管理集约化的“三化”建设，通过专业团队、专营机构、专心服务的“三专”原则，着力破解小微企业融资难、融资贵，当年累计发放小微企业贷款7607.52亿元；针对农村普惠金融，中国邮政储蓄银行认真落实中央一号文件部署，聚焦支持乡村振兴重点领域，积极打造专业化为农服务体系，全面完成三农金融事业部全国推广工作，涉农贷款余额首次突破万亿，达到1.05万亿元。

5. 不断探索中国特色普惠金融

在发展普惠金融过程中，我国结合实际、不断探索，逐渐摸索出一条适合我国发展特色的普惠金融之路。中国是世界上最大的发展中国家，不同地区之间差异显著。为了降低改革成本，为改革和创新积累经验，我国在多个领域的改革中都采用试点的方法。发展普惠金融也不例外，我国选取了几个有代表性的地区，采用先行先试的方法，开展普惠金融试点，总结普惠金融发展经验。

从2015年10月至今，人民银行先后批准了浙江省宁波市、陕西省宜君县和青海省开展普惠金融试点。2016年底，经国务院同意，人民银行等十部委正式批复《河南省兰考县普惠金融改革试验区总体方案》，设立了首个国家级普惠金融改革试验区。这几个试点不但面积大小、区域位置不同，行政层级不同，更重要的是定位也各不相同。宁波市试点的重点是在立足移动金融的基础上积极探索数字技术促进普惠金融发展的有效路径；宜君县试点的重点侧重于为中西部广大欠发达地区发展农村普惠金融形成可复制、可推广的路径；青海省试点的重点是在立足农牧业的基础上积极探索普惠金融与绿色金融、精准扶贫相结合的路径；兰考县是首个国家级普惠金融改革试验区，重点在县域探索普惠金融发展路径，特别是在普惠金融助推经济转型发展、优化新型城镇化金融服务等方面展开探索。自试点获批以来，各试点地区围绕自己的中心任务，稳妥有序推进试点各项工作，取得了积极成效。

（二）中国普惠金融发展存在的问题

尽管我国在普惠金融的探索中取得了一定的成就，但是由于普惠金融体系自身提出时间不长，国际上也正处于摸索阶段，加上我国普惠金融发展对城乡收入差距的影响分析特殊的国情，普惠金融体系构建过程中还存在诸多问题。

1. 中小企业融资困境依然突出

中小企业融资困难不是中国独有的经济现象，而是一个世界级的金融难题。早在20世纪30年代英国金融产业委员会就曾发布《麦克米伦报告》，认为中小企业在发展过程中，对资本的需求高于金融体系意愿提供的数额，存在较大的资金缺口，即“麦克米伦缺口”

(Macmillan Gap)。[①] 实际上，这个缺口迄今在国际上还不同程度地存在，我国也不例外。随着我国经济进入新常态，中小企业在转型升级发展过程中面临的融资问题日益突出，已经成为保证中国经济这艘巨轮行稳致远的一个带有全局性、宏观性的问题。[②]

中小企业作为我国社会主义市场经济的重要组成部分，在推动国民经济发展过程中发挥着越来越重要的作用。根据《中小企业融资发展白皮书》显示，截至2016年底，我国中小企业的数量大约为7000万，占我国全部企业数量的99%以上，缴纳的税收占我国税收总额的50%以上，提供了80%左右的城镇就业机会，进出口贸易额占我国贸易总额的70%。[③] 相比中小企业为社会创造的价值，其所获得的金融资源明显不足。由于国有企业使用金融资源享有一定特权，融资难问题凸显在中小企业。

中小企业融资分为内源融资和外源融资，内源融资主要指中小企业经营过程中资本的原始积累和经营利润资本化。因为中小企业规模较小，技术水平较低，资本积累速度缓慢，自有资金缺乏，不足以支撑中小企业快速发展的资金需求，企业仅仅靠内部积累难以满足全部资金需求，使得这些中小企业不得不寻求外来资本的支持。[④] 外源融资主要指企业向外部经济主体筹募资金，包括银行贷款、发行股票或债券及其他借款。下文分别从金融机构、资本市场和民间融资三个渠道来分析我国中小企业所面临的融资困境。

(1) 金融机构贷款意愿性不强

中小企业从金融机构融资主要通过银行贷款。相比于大企业，更需要资金支持的中小企业却很难从银行贷款（见表1.5）。针对这种现象，Peek & Rosengren、Strahan & Weston 提出了规模匹配理论，认

---

① 邓向荣、周密：《麦克米伦“缺口”及其经济学分析》，《南开经济研究》2005年第4期。

② 参见吕劲松《关于中小企业融资难、融资贵问题的思考》，《金融研究》2015年第11期。

③ 王倩、施喜容：《论中小企业发展现状与融资困境》，《对外经贸》2017年第6期。

④ 程亚男、谭江霞、李雪琴：《我国中小企业融资难的原因及其对策分析》，《经济研究》2017年第5期。

为银行对中小企业贷款与银行的规模之间存在很强的负相关性，即大金融机构通常更愿意为大企业提供融资服务，而不愿意为中小企业提供融资服务。① 这是因为在传统金融体制下，中小企业融资特点和自身特点与现行以商业银行为主导的融资体系不匹配，从而产生金融错配，导致中小企业融资困难。

表 1.5　　**企业规模大小对融资的影响情况占比**

员工的数目	申请的数目	申请的次数	拒绝的数目	拒绝的数目占比%	拒绝的次数	拒绝的次数占比%
小于 51 人	736	1537	478	64.95	1213	78.92
51—100 人	360	648	203	56.39	375	57.87
101—500 人	159	507	65	40.88	224	44.18
大于 500 人	46	152	12	26.09	37	24.34

大多数中小企业对贷款的需求具有“急、频、少”等特点。中小企业一般是需要紧迫的流动资金贷款，但是目前银行在中小型企业贷款问题上审批过程烦琐，从提出申请到资金审批需要一个漫长的过程，担保、抵押、登记、评估等环节的审核不能及时解决中小企业的燃眉之急。而且，不论大企业还是中小企业，银行都采用相同标准的审批流程，没有针对中小企业的特点制定与之相适应的流程与标准。此外，银行作为金融中介的优势是具有规模效应，进行的是大规模生产。而中小企业贷款频率高，单项贷款需求量少，据调查测算，中小企业的贷款频率是大型企业的 5 倍左右，户均贷款数量是大型企业的 5% 左右，银行对中小企业贷款的管理成本平均却是大型企业的 5 倍左右。② 这会给银行带来极大的规模不经济，因此银行更倾向给大型

---

① Peek, J. and Rosengren, E. S., Small business credit a-vailability: How important is size of lender? In: Saunders, A., Walter, I. (Eds.). Universal Banking: Financial System Design Reconsider, 1996. Strahan, Philip E. and Weston, James P., Citations for Small business lending and the changing structure of the banking industry. Journal of Banking and Finance, 1998, (22).

② 郭星溪：《中小企业融资困境与对策探讨》，《经济与管理研究》2009 年第 8 期。

企业贷款。

中小企业自身的特点主要体现在缺少担保物和财务体系不健全。目前，我国大多数银行在放贷的时候有抵押固定资产的偏好。由于我国大多数中小企业先天规模较小，并且中小企业的资产结构中固定资产比例小，特别是高科技企业，无形资产占比较高，缺乏可以作为抵押的不动产，风险大，难以满足金融机构的放贷要求。① 另外，由于担保公司在自负盈亏的经营情况下往往会提高担保条件，无形中限制了中小企业资金的融通，或者通过繁杂的担保手续、高昂的担保费用，增加了企业的融资成本，影响了融资效率。

大企业相关信息的公开化程度高，因而金融机构能够以较低的成本获得较多的有关这些企业的信息；相比较而言，许多中小企业的财务管理制度不健全，加上其管理层缺乏必要的财务管理素养，导致企业财务管理不规范，提供的财务信息不准确，缺乏外部认可的财务报表。中小企业的信息上内部化，提供完备公正信息的成本比较高，它在寻求贷款和外部资金时很难向金融机构提供能够证明其信用水平的信息。此外，少数中小企业恶意欺诈以及出于逃避税收的目的而隐瞒真实的财务信息，也进一步加剧了银行信贷所面临的信息不对称问题，使其成为信贷不良的高发领域。② 银行业如果贷款给财务不健全的中小企业，会提高银行的坏账率。例如，我国小微企业贷款不良率持续上升，总体高出银行业整体贷款约 1 个百分点（如图 1.2）。“因此，银行在坚持安全性、流动性、赢利性的三性原则下，对中小企业产生惜贷现象。”③ 使中小企业能获得银行贷款，它的贷款成本也会比大企业要高。因为信息不透明程度越高，银行在让渡资金时所要求的风险补偿就越高，这无疑也会增加中小企业的融资负担。④

---

① 李新华：《中小企业融资难的内因、外因及对策》，《上海金融》2010 年第 6 期。

② 李伟、成金华：《基于信息不对称的中小企业融资的可行性分析》，《世界经济》2005 年第 1 期。

③ 郭星溪：《中小企业融资困境与对策探究》，《经济与管理研究》2009 年第 8 期。

④ 林毅夫、李永军：《中小金融机构发展与中小企业融资》，《经济研究》2001 年第 1 期。

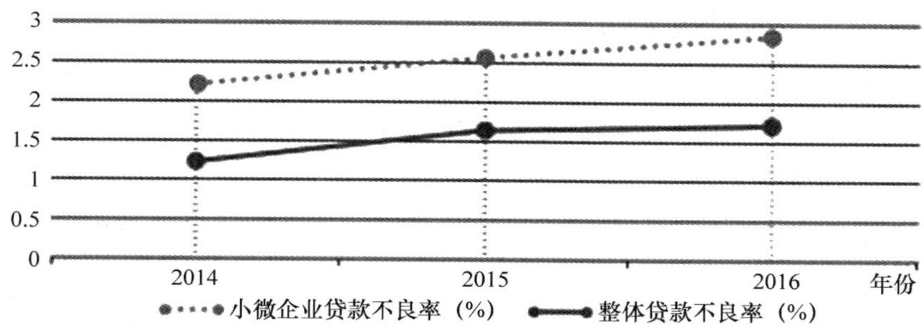

图 1.2　银行业金融机构小微贷款不良率与整体贷款不良率比较

数据来源：银行业金融机构小微贷款为银监会披露，不良率与整体贷款不良率为媒体报道。

（2）资本市场融资有限

多层次资本市场体系对于拓展小微企业融资渠道具有十分重要的意义，但充分发挥其对中小企业的融资功能尚需时日。“经过 20 多年的努力，我国股票市场不断发展完善，已经形成了包括沪深主板、中小板、创业板、全国中小企业股份转让系统、区域性股权交易市场、券商柜台市场、股权投资市场等在内的多层次股权交易市场体系。”① 这使得处于不同发展阶段的企业可以获得融资、股权转让、企业价值评估等金融服务。但是，中小企业在资本市场融资的状况并不十分理想。

我国的主板市场是为大中型国有企业服务的；中小企业板主要为各类先进、发展迅速的中小企业提供相应的资本交易与融资服务设立。它的进入门槛相比主板市场更低，便于中小企业有效参与。然而我国中小板市场服务于中型甚至大型企业的特点显著，这与中小板定位的初衷背离；创业板市场侧重帮助新兴创新企业尤其是高科技公司，这些公司都具有较高的发展前景与增长潜力，我国大部分中小企业特别是发展潜力较小的企业很难得到创业板的关注②；我国股权市

① 辜胜阻、庄芹芹、曹誉波：《构建服务实体经济多层次资本市场的路径选择》，《管理世界》2016 年第 4 期。

② 史建平：《中国中小企业金融服务发展报告》，中国金融出版社 2013 年版。

场虽然纵深发展的程度得以深化，但是从中小板上市企业规模来看，仍然保持在高位；作为场外市场，新三板尽管起初挂牌的公司数目迅速增长，但由于起步较晚，新三板交易并不活跃，对中小企业的融资功能尚未体现。

中小企业不仅在股票市场筹资状况不理想，而且在债券市场上情况也不容乐观。中小企业如果公开发行公司债券，根据《证券法》规定，必须符合的条件之一是股份有限公司的净资产不低于人民币3000万元，有限责任公司的净资产不低于人民币6000万元。按照该规定，很多中小企业因为净资产不达标准而不能通过发行债券筹集资金。

（3）民间融资缺乏持续性

“民间融资是相对于正规金融而言，泛指在国家依法批准设立的金融机构以外的自然人、法人及其他组织等经济主体之间，贷款人依约定将一定数量货币的使用权转移给借款人，借款人按约定到期还款并支付利息的民事法律行为。”[①] 民间融资具有手续方便、资金可得性强、时效性强的特点，采取个性化服务，能暂时性的解决企业经营过程中的燃眉之急。[②] 因此，民间融资在一定时间和空间上具有其存在的合理性，是正规融资渠道有益和必要的补充。

在中小企业发展过程中，由于正规金融部门受到的约束和限制，导致对中小企业金融供给不足，使得中小企业对金融产品的超额需求溢出到民间金融市场。[③] 特别是近年来，中小企业的不断发展连带民间融资的市场空前放大，我国的民间融资取得一定的进步。目前我国民间融资的规范性加强，签订书面合同和正规借据借贷的过程和书面文件也在逐渐正规，而且大部分书面合同中涉及的条款内容有了很大的改进，合同内容更加完善，在借贷双方姓名、金额、利率、期限、违约责任、罚息等方面都进行了明确的约定和细节性的规范处理。

---

① 郭晓玲：《中小企业民间融资风险探析》，《经济研究导刊》2012年第8期。

② 参见魏祥健《中小企业融资困境与对策》，《财会月刊》2010年第2期。

③ 冯岚、吕金记：《中小企业金融体系不足与民间融资突围路径选择》，《上海金融》2012年第9期。

"此外，为降低民间融资的风险，保证、担保、抵押等融资方式的借贷份额也在不断地上涨。"[①] 虽然民间融资在规范性上有所改进，但仍存在较大的风险。民间一般都处于地下状态，游离于政府监管和法律法规约束之外，金融监管机构难以对其监管，存在很强的制度风险。[②] 而且，民间融资利率成本极高，这无疑加重了中小企业融资负担。并且容易引发系统性的金融风险，进而危及民间借贷市场、担保公司、正规金融机构，甚至爆发系统性金融危机。因此，当前我国民间金融机构提供的金融服务并不具可持续性，有待进一步规范与完善。

2. *农村金融是金融服务的薄弱环节*

农村普惠金融一直是政府关注的焦点，2004 年以来中央 1 号文件连续 13 次聚焦"三农"，其中 2016 年《关于落实发展新理念加快农业现代化实现全面小康目标的若干意见》重点强调了引导更多的金融资源向农村倾斜，加速建设多层次、广覆盖、可持续的农村金融服务体系，全面激活农村金融服务链条。农村金融之所以受到如此关注，是因为农村金融一直是我国金融体系中最薄弱的环节，制约着我国整个金融体系的构建和完善。[③]

目前，农村金融的发展面临新的形势：一是中国经济进入"新常态"阶段，农村经济和社会的发展也面临着新的形势。在有效需求乏力和有效供给不足并存的经济形势下，持续大幅增加"三农"投入和农民增收的难度加大，农业生产靠拼资源、拼消耗的传统模式难以为继，"三农"经济发展方式亟待加快转型。二是党的十八届三中全会提出"发展普惠金融"，发展农村普惠金融成为农村金融发展的根本要求。农村普惠金融是农村金融改革发展的重要抓手，主要目标在于提高农村金融资源配置效率和增进社会公平。三是党的十八届五中

---

① 朱晓光：《我国中小企业融资现状及对策研究》，《商业经济》2017 年第 2 期。

② 参见彭向升、祝健《促进中国农村普惠金融发展的思路探讨》，《农业经济》2017 年第 4 期。

③ 参见吴国华《进一步完善中国农村普惠金融体系》，《经济社会体制比较》2013 年第 4 期。

全会特别强调要“坚持共享发展”“实施脱贫攻坚工程”。发展农村普惠金融是精准扶贫的一个重要切入点，是深化改革的必然要求。[①] 在新的形势下，我国农村金融要得到进一步的发展，必须要解决以下问题：

（1）涉农普惠金融有效供给不足

2012—2016 年农村普惠金融领域贷款余额在大型银行的贷款余额占比依然很小，并且银行业金融机构对“三农”贷款增速减缓，农村普惠金融的缺口较大（见表 1.6 和图 1.3）。农村普惠金融供给不足主要有以下三个原因：首先，农村金融机构网点覆盖率低。鉴于普惠金融宗旨是实现所有地区的各类群体均能享受到方便快捷的金融服务，因此需要金融机构网点应当最大程度地遍及所有欠发达地区。截至 2016 年末，我国农村地区银行网点数量 12.67 万个，每万人拥有银行网点数量仅为 1.39 个，县均银行网点 57.75 个，乡均银行网点 3.98 个，村均银行网点 0.23 个。[②] 县域和农村地区的网点数量覆盖明显不足。

其次，外生性普惠金融机构占绝对比重。外生性金融供给与内生性金融供给相比，最大的优势虽然可以快速降低金融供给成本，如金融机构的建立时间成本和摩擦成本，但是，这种外生于农村金融市场的供给制度很难满足农村金融市场微观主体的金融需求，导致农村金融服务效率低下。“与之相比，内生性农村金融组织因其起源于农村金融市场，是农村微观经济主体根据自身金融需求，自发形成的金融服务组织，这种内生性金融组织可以充分利用广大农村地区熟人社会的环境因素，利用血缘、亲缘、地缘优势，发展金融业务，从而有效降低道德风险和逆向选择。”[③] 现行我国农村普惠金

① 参见彭向升、祝健《促进中国农村普惠金融发展的思路探讨》，《农业经济》2017 年第 4 期。

② 邢乐成、羿建华：《中国普惠金融体系构建与运行要点》，《东岳论丛》2015 年第 8 期。

③ 蔡洋萍、谢冰：《我国农村普惠金融内生化发展机理、障碍及对策研究》，《金融与经济》2016 年第 2 期。

融市场上的普惠金融供给机构主要包含以下一些机构：各级农村信用社、农村商业银行、农村合作银行、邮政储蓄银行、新型农村金融机构（包括村镇银行、涉农小额贷款公司、农村资金互助社）等。截至2014年底，上述农村普惠金融机构共有3568家，具体分布见表1.7。由表1.7可以看出我国农村普惠金融机构2014年底有3566家，其中，农村信用社1596家，农村商业银行665家，农村合作银行89家；新型农村金融机构和邮储银行1218家，其中邮储银行1家，村镇银行1153家，涉农小额贷款公司14家，农村资金互助社49家。而在这3568家农村普惠金融机构中，只有农村资金互助社（49家）是真正意义上内生于农村内部的普惠金融组织，占比1.4%，其余3519家农村普惠金融组织都是外生于农村金融市场的，占比98.6%，外生性农村普惠金融机构占据农村金融市场绝对主导地位。“外生性农村普惠金融机构在其发展过程中出现目标偏移，导致其偏离政府设立这类机构的初衷。”① 如村镇银行和小额贷款公司追求的金融服务对象大多是富裕客户、种养专业大户以及规模较大的企业，远离了低端农村客户，这些金融机构的金融服务深度和广度远远不够，存在较为严重的“离农脱农”和“抽离农村资金”现象。

最后，单一的金融服务难以满足多样化的需求。农业和农村经济市场主体的多元化、发展阶段的多样化及盈利能力等方面的差异，决定了农村金融体系的多样性和多层次性。当前，农村普惠金融不仅体现在提供资金，还包括提供农业保险、产品期货等金融服务。然而现有农村金融服务主要还是以传统的银行贷款为主，融资工具和融资方式较为单一，诸如融资租赁、信用贷款、抵押担保等新型多样化的农村融资方式供给不足，导致农村融资生态环境较为脆弱。

---

① 周孟亮、李明贤：《小额信贷商业化、目标偏移与交易成本控制》，《经济学动态》2010年第12期。

表 1.6　2012—2016 年大型银行农村普惠金融领域贷款余额占比

（单位：万亿元，%）

银行机构	涉农		精准扶贫	
	余额	占比	余额	占比
工行	2	15.31	0.09	0.70
农行	2.76	28.40	0.2	2.06
中行	1.24	12.43	0.037	0.37
建行	1.69	14.34	0.09	0.80

资料来源：各银行 2012—2016 年年报。

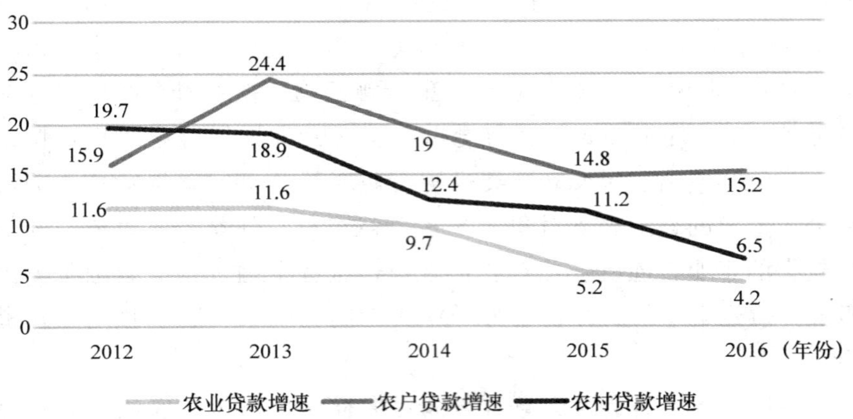

图 1.3　金融机构三农贷款增速（单位：%）

资料来源：中国人民银行。

表 1.7　2014 年中国主要涉农金融机构相关情况

机构名称	机构数/家	营业网点数/个	从业人员数/人
农村信用社	1596	42201	423992
农村商业银行	665	32776	373635
农村合作银行	89	3269	32614
村镇银行	1153	3088	58935
贷款公司	14	14	148

续表

机构名称	机构数/家	营业网点数/个	从业人员数/人
农村资金互助社	49	49	521
合计	3566	81397	889845

数据来源：wind 资讯。

（2）金融主体拓展农村普惠金融的内在动力不足

我国金融机构在拓展农村普惠金融时缺乏动力，诸多商业性金融机构主动退出农村金融市场，留下的只有农信社、邮储以及一些村镇银行，但是这些机构的数量也是有限的，提供的金融服务产品种类有限，同时支付结算工具相对于大型商业银行等严重落后，不利于农村普惠金融的发展。传统金融机构之所以发展农村普惠金融的意愿不强，是因为在发展农村普惠金融过程中面临以下问题和挑战：

一是信息严重不对称对金融机构信贷技术的挑战。农村生产经营以家庭为主体，规模小、随意性大，缺乏完整的财务报表和经营记录。农村居民居住分散，很难建立相关资料档案。在信息不对称下，金融机构无法获取农村居民贷款风险、还款能力、还款意愿等信息，也就无法判断是否应该向需求者提供金融服务，这样加大了金融机构给农民贷款的难度。

二是服务成本高对金融机构盈利能力的挑战。农村地域辽阔，农户居住分散，交通条件相对落后，使得农村金融市场孤立分割，普惠金融机构服务半径延长，为偏远农村建立金融机构网点耗费更多的人力、物力和财力；农村储蓄和借款频繁，但数额较小、地域分散，贷款监测难、收贷难、管理难，使得农村普惠金融单笔业务的交易成本和经营成本相对偏高，高成本直接影响了农村普惠金融机构的盈利甚至生存问题。

三是潜在风险大对金融机构风控水平的挑战。在农村地区，经济分散、地区差异明显以及产业化程度不高是一种普遍现象，由于自然气候和市场影响，农业生产的可变性比较大，再加上农村信贷客户普遍缺乏信贷抵押品，这些都会造成商业银行在进行农村贷款时，其实际收益率通常比较低，而且经营收益的不确定性极高，农村普惠信贷的风险很大；我国农业保险覆盖不足，2015 年底，我国农业保险实现保费收入 374.7 亿元，参保农户约 2.3 亿户次，提供风险保障近 2 万亿元，但与我国 67 万亿元的农业生产总值相比，其保险水平还是很低。我国保险业承保农作物的产品虽然到 2015 年底增加到了 18 种，但与我国拥有 200 多种农作物相比，农作物保险范围过小。农业保险尚未得到充分满足，农村金融机构的贷款风险不能得到有效分散和转移，金融资产的安全得不到保证，增加了金融机构的风险；农村人口教育程度相对较低，这在一定程度上影响了农民的信用意识，躲债和赖债的现象时有发生，因此违约率一直处于持续高涨的状态。在 2011—2014 年，金融机构贷款不良率尽管维持在 1% 左右，但是涉农贷款不良率却超过 2%，其中最高值为 2011 年的 2.9%，最低值为 2014 年的 2.4%，2015 年不良率更是进一步放大至 4.3%。基于以上原因，金融机构在服务于农村普惠金融过程中会存在较大的风险，这是对金融机构风控能力的极大挑战。

（3）农村地区的信用体系不够完善

“由于普惠金融在很大程度上有赖于对客户信用的全面把握，所以，普惠金融健康、全面的发展离开了信用体系便无从谈起。”① 大多数发达国家都建立了比较成熟的信用体系，以美国为例，美国的社会信用体系建设至今已有 200 多年，目前已经建立了由行业征信系统、信用服务机构、信用监管以及信用保障与支持体系共同构成的一套完整的信用管理体系。美国社会信用体系建设已经深入人心，缺乏信用记录或信用记录很差的企业和个人都很难生存和发展。完善的社会信用体系建设也推动了美国金融业的快速发展。

目前，我国还没有建成覆盖全国的、公开的征信体系，普惠金融机构也无法分享人民银行征信系统的信息资源。不完善的信用体系成为了我国金融体系的一大顽疾，主要来源于三方面的原因：其一，从

① 南京市农村金融学会课题组：《普惠金融发展与风险防范问题研究》，《现代金融》2017 年第 6 期。

信用意识方面看，多数农村农户对征信体系知之甚少，信用意识比较低，没有主动地为自己创造良好信用记录的想法和行动，导致农户可用的信用档案资料匮乏。其二，从信用采集方面看，征信机构能够真正采集到的信息一般限于农村的企业和农户的一些基本情况和在农村金融机构的贷款信息，对于其他的经济交易与支出信息的采集比较困难。因为很多普通农户很难从正规金融机构获得信贷服务，使得农户和农村企业的信贷活动处在非常低的水平。多数农民未与金融机构发生信贷业务，这使得只有少部分的农民建立了信用档案。其三，从信用惩戒方面看，农户违约失信所产生的后果不具威慑性，反而阻碍了良性信用激励机制的建立。①

（4）农民金融知识相对缺乏

普惠金融要求金融机构面对日益复杂的市场环境，能够有效、全方位地为社会各阶层提供创新的金融产品和金融服务。而必要的金融知识储备既是金融机构提供创新金融产品和服务的基础，也是广大消费者获得全方位金融服务的必要条件②。然而，目前我国金融市场交易主体金融知识的缺乏成了制约普惠金融发展的重大障碍。尤其对于农民，他们作为中国普惠金融的重要受众，其受教育程度普遍偏低，所处农村市场环境较为封闭，金融知识的普及程度滞后，导致大部分农村居民掌握的金融知识普遍偏少，特别是偏远地区的农村居民平时很少接触电子设备，大多不懂如何操作 ATM、EPOS 机。这会抑制他们的有效需求，阻碍他们享受到便捷的金融服务。此外，农民缺乏对金融风险的判断力，盲目轻信、跟风从众等非理性行为较为突出。由于农民在面向复杂的金融市场时面临明显的信息不对称问题，在缺乏有效监管制度和金融消费者保护制度的情况下，容易被诱导或误导而采取不理性的金融行为，进而造成与自身承受能力不相称的重大损失。

---

① 王婷婷、杨亮：《中国农村普惠金融发展中的问题与对策研究》，《华北金融》2017 年第 1 期。

② 参见吴涛、杨继瑞《我国实现普惠金融的主要障碍与对策》，《云南社会科学》2015 年第 5 期。

（三）普惠金融发展瓶颈

无论是从中国还是从全球实践来看，各国在推进普惠金融事业中举步维艰。目前大部分做普惠金融的机构都很难发挥出全力，主要是传统金融机构在推行普惠金融过程中存在以下五大瓶颈，从而制约了普惠金融的推行。

1. 经营成本上的瓶颈

普惠金融强调所有的市场主体都以合理的成本获取包括信贷、存款、支付、开户、保险等在内的较广泛的金融服务，强调服务的均等化。但这并不意味着金融服务的供给者不考虑成本，而恰恰相反，普惠金融要在追求商业可持续的基础上，才能延伸和下沉金融服务。①

"高昂成本是隔离传统金融与中小客户的天然鸿沟，成为普惠金融的最大障碍。"② 传统金融机构开展普惠金融业务的成本高主要体现在网点建设、单户服务成本及收集信息、甄别风险上。首先，物理网点作为传统金融机构重要业务的承载渠道，现在依然是金融机构向客户进行金融产品销售和提供金融服务的重要场所。网点建设成本在传统金融机构的总成本中占很大比重，也是最昂贵的经营渠道和主要的成本中心。③ 传统金融机构如果通过物理网点让金融服务覆盖到偏远地区的客户，势必会增加较大的成本负担。所以，如何来优化物理网点布局成为了传统金融机构成本管理的重要方面。

其次，正如京东金融首席执行官陈生强所指出的："如果一个金融机构的固定成本低、变动成本高，那么只能去服务高收入人群和高价值的大公司，向下覆盖是不经济的；反之，如果固定成本高但变动成本低，则相对没有边际的限制，可以快速复制，覆盖更多群体，实现规模效应，这是符合经济学规律的。"但就目前来看，传统金融机构的成本结构恰恰是以前一种为主。在这种成本结构下，中小企业以

---

① 参见邢乐成、羿建华《中国普惠金融体系构建与运行要点》，《东岳论丛》2015 年第 8 期。

② 邱峰：《互联网金融践行普惠金融之本》，《金融纵横》2014 年第 10 期。

③ 杨飞：《从成本收入比下降看上市银行网点转型》，《中国银行业》2016 年第 4 期。

及“三农”客户贷款金额小，贷款频率高，传统金融机构的规模效应无法体现。因此相比于大型企业和高收入客户，中小企业和“三农”等弱势群体的单户成本更高。

最后，普惠金融的信息不对称程度比较高。从需求方来讲，普惠性金融群体财务记录和信用信息不完整。从供给方来讲，传统金融机构为了降低信用风险而采取的以财务报表、抵押品以及资信评估等“硬信息”为基础的交易性借贷技术，而不是依赖信任、声誉等“软信息”①。普惠金融群体缺乏“硬信息”，传统金融机构获取的信息有限。从第三方来说，我国信用体系还不健全，服务于中小企业、“三农”、低收入人群的抵押担保体系，资产担保公司和信用评级公司仍然比较缺乏，制约了振兴的过程。传统金融机构与客户建立契约和开展服务的过程中对客户信息的准确度要求高，必须基于严格的评估机制和风险控制机制。因为传统金融机构与普惠金融客户群体之间存在信息不对称，所以信息搜寻比较困难。这就造成了信息搜寻成本高昂，甚至远远超出所得利润。传统金融机构要发展普惠金融，必须要突破以上三个成本瓶颈。这就要求传统金融机构必须要探索一种模式，最终做到既能服务客户，又能实现自身的可持续性发展。

2. 效率上的瓶颈

传统金融机构的效率瓶颈主要体现在两方面：一方面，中小企业信贷流程一般与大企业的信贷流程一致，所有业务要经过同级机构多环节审核、逐级上报、层层审核。从客户提出申请到额度支用的环节分别为客户甄选、报备上级行、信贷申请、受理、客户经理调查、产品设计、完成调查报告、审查员审查、法律合规岗审查、贷审会审批，报上一级分行审查、贷审会审批、合同签订、贷款发放、贷后管理。这种流程单一、多环节重复审查、审批，即使顺利也需要少则半个月，多则1—2个月的时间。② 各环节出现反复调查取证的情况，大

① 参见彭军《商业银行发展普惠金融的可持续问题探讨》，《河北金融》2017年第5期。

② 参见赵瑞波《商业银行优化中小企业信贷流程探析》，《河北金融》2016年第4期。

大降低了服务效率，不能够适应中小企业融资需求“急、频、少”的特点。此外，这种贷款流程过多地强调标准的统一，未能按照客户与产品的风险高低设置差异化流程，以标准化的流程来应付多样化的顾客，往往无法满足顾客在质量、时间、价格等方面的多层次需要。另一方面在传统经济模式下，客户主要是通过金融机构所设置的营业场所来获得所需的金融产品和服务。这种金融服务模式受到时空限制，客户必须在特定地点、特定时间才能获得某种金融服务，大大降低了传统金融机构办理业务的效率。

3. 风控上的瓶颈

确保安全是金融业持续健康发展的生命线，防范风险是金融业永恒的主题。做不到安全可信和风险可控，就谈不上金融稳定，更谈不上发展普惠金融。[①] 所以，金融服务里面最大的一块就是风险控制。由于普惠金融服务客户量大、面广，业务种类多，导致发展普惠金融的潜在风险大。

从信用风险的角度：服务对象的高门槛有利于防范风险，而普惠金融则要求为传统金融服务所排斥的弱势群体提供更多的金融服务。随着普惠金融客户群的不断下沉，逐步覆盖传统金融所排斥的中小微企业、农民、城镇低收入人群、个体工商户、下岗职工、贫困人群和残疾人、老年人等普惠金融弱势群体。这个群体通常缺乏足够的抵（质）押物和信用担保，信用记录缺失、信用意识薄弱；企业生产受自然条件影响较大，内部管理不规范，信息不对称情况明显。这些特点使得传统金融机构开展普惠金融业务的信用风险增加，这给传统金融机构的风控技术带来了极大的挑战。因为普惠金融群体的特点使得传统金融机构依托于线下围绕借款主体的品性、资产、资本、担保物等条件收集财务信息进行信用等级评估，然后根据评估结果进行授信的传统风控技术失灵。传统金融风控技术已完全不能有效化解普惠金融对弱势行业或群体的风险，从而形成了更为广泛而低效的金融

① 参见李东荣《积极发展移动金融促进农村普惠金融体系建设》，《金融电子化》2016 年第 7 期。

排斥。

从运营风险的角度来看，普惠金融需要在偏远地区开展普惠金融业务，一方面，需要金融机构大量增加房屋租赁、设备建设和人力投入的成本，还需要加强金融产品的创新，这无疑增加了金融机构的运营成本和管理难度；另一方面，当地居民的金融消费习惯较落后、层次较低，资金需求量小而分散，使得金融服务的短期回报率远低于城区客户。高投入与低回报的矛盾导致金融机构面临经营成本过高的风险，这也给传统金融机构的风险管理带来了极大的挑战。①

4. 服务渠道方面的瓶颈

普惠金融意味着要为普遍的客户提供方便快捷的金融服务。这不仅需要根据客户的消费特点简化金融产品客户端的操作，提高客户对金融产品的体验满意度，同样需要通过综合利用多种服务渠道，增强客户金融服务的可得性，让客户可以方便地获得优质的金融服务。“然而现实情况是，除产品方面的因素外，‘三农’、中小微企业、低收入群体、社会弱势群体很少使用金融服务的原因是缺乏有效的供给渠道，而绝非他们没有金融服务需求或者需求不足。”②

传统金融机构支付和转账业务的处理主要依赖于营业网点和自动交易系统，尽管金融机构的网上交易系统发展迅速，但是物理网点仍然是金融机构业务开展的主要依托。问题在于，金融机构的营业网点主要集中于经济发达的城镇地区，落后的偏远农村地区则分布稀少，甚至仍有部分乡镇目前依旧未有营业网点覆盖，造成落后地区的金融资源供给严重不足。而基于成本收益考虑，金融机构会审慎决定是否增加农村地区的金融服务网点。因此，在传统金融模式下，受人力和物力等内部因素以及市场空间等外部因素制约，金融机构缺乏足够的动力推动机构下沉至乡镇和农村地区，金融产品缺乏渠道支持。

传统金融机构要增强客户金融服务的可得性，让客户随时随地能

---

① 陈科：《普惠金融的风险评估及风险防范研究》，《上海金融》2017 年第 10 期。

② 娄飞鹏：《普惠金融发展中的商业银行产品创新问题分析》，《金融发展研究》2014 年第 6 期。

获得优质服务，就必须要突破渠道瓶颈。这就要求传统金融机构综合利用多重服务渠道，一方面要建设好物理网点渠道，大力优化网点布局，提高对农村乡镇的金融服务覆盖面。另一方面，要加强网络渠道、电子渠道等渠道的建设，将普惠金融产品销售给客户。

5. *产品标准化瓶颈*

普惠金融始终坚持以客户为中心，为不同阶层的客户提供有针对性的金融产品，强调客户服务的包容性和广覆盖，尽可能惠及所有有合理金融服务需求的经济主体。这就意味着发展普惠金融不仅仅要服务于高收入群体和大型企业等中高端客户，而且也要重视中小企业及“三农”等低端客户。“传统的商业金融服务，在产品开发上都是站在金融的角度（卖方角度）思考问题，研究既有金融制度下金融能提供什么以及客户（买方）如何满足金融的标准和要求。体现在产品开发上则是以巴塞尔协议为核心，以控制金融风险和获取高额利润为出发点来设计金融产品。”① 传统金融机构的产品主要是针对高收入客户和大型企业，这就直接导致中小企业、“三农”客户和贫困人群的金融服务彻底边缘化。②

传统金融机构要发展普惠金融，就必须为客户提供种类齐全、丰富多样的金融产品。因为，金融机构既要服务于不同类型的客户，又要满足同一客户多方面的、合理的金融服务需求。从客户方面看，不同类型的客户具有不同的金融消费特点。与大企业贷款相比，中小企业贷款具有贷款期限短、贷款金额小、贷款次数频繁、资金需求较急的特点；受农业生产周期的影响，农户贷款具有明显的季节性特点。即使在“三农”金融领域内部，随着农村经济的发展，农村经济主体逐渐分化成相当规模的种养殖大户、个体经营户、外出务工人员等不同的层次，其对金融产品的需求各具特色，亟须传统金融机构提供差异化、多样化的金融产品。因此，金融机构在推出金融服务产品

---

① 邢乐成、羿建华：《中国普惠金融体系构建与运行要点》，《东岳论丛》2015 年第 8 期。

② 陈静：《互联网金融与传统金融比较分析》，《合作经济与科技》2015 年第 10 期。

时，要细分普惠金融客户群体。在期限、额度、利率、定价、担保、还款方式以及业务流程等产品设计上，充分考虑普惠金融不同客户群体的特点和需求，推出有针对性的金融服务产品，以此服务于更多、更广的客户。

从产品需求看，同一客户一般会有多方面的金融服务需求。普惠金融群体对金融服务的种类具有多样性，除了信贷、存取款、汇款、结算、查询、转账等银行服务外，他们对基金、证券、保险等非银行金融服务的需求同样强烈。但是，目前我国大量的中小企业、低收入群体和穷人无法获得综合、全面且适合他们需求的金融服务，其根本原因就在于缺少具有针对性的金融产品。这一现象直接导致通常只能通过非正规途径才能获得金融服务，这不仅降低了商业银行传统金融服务的覆盖面，也不利于社会的和谐和共同发展。所以，传统金融机构在设计普惠金融产品时，在产品种类和功能方面，注意做好产品种类的差异化、产品功能的丰富化。

商业银行的普惠金融探索实践表明，发展普惠金融终究要回到风控技术创新和提高运营效率上来，根本性的就是要用新的科技手段克服这些瓶颈。

第二章　金融科技发展及对传统金融业的影响

一　金融科技

（一）金融科技概念界定

1. 金融业的再发展取决于技术创新

从历史上来看，技术创新始终与金融发展相辅相成。[①] 从2000多年前的算盘到19世纪60年代的电报，1869年，纽约证券交易所实现与伦敦证券交易所的电缆连接，使交易所行情迅速传到欧洲大陆，金融市场借助科技手段完成了第一次的全球化。20世纪50年代的信用卡（此后从磁条卡发展到芯片卡）等一系列的技术创新“造就了全球金融机构和跨境批发市场所需的现代支付、清算和结算基础设施”。[②] 随着20世纪60年代通信技术和自动化技术创新，巴克莱银行发明了自动取款机（ATM），形成了新的银行服务渠道开始，到1968年英国成立计算机交互管理局，再到1973年全球银行间建立金融通信系统（SWIFT），自此，金融技术从电报走向电子化和全球化。[③] 20世纪80年代依托互联网技术的网上银行的兴起以及千禧年间移动银

① 参见粟勤、魏星《金融科技的金融包容效应与创新驱动路径》，《理论探索》2017年第5期。

② 马克·卡尼：《金融科技的发展及影响》，《中国金融》2017年第14期。

③ 许多奇：《金融科技的“破坏性创新”本质与监管科技新思路》，《东方法学》2018年第2期。

行的迅速崛起，客户办理金融业务更加开放和便捷。但是，金融业本质上仍需通过一系列的传统中介（如经纪人、结算所和交易所）。而在其他行业里，随着工作、生活、相互间交流方式的革新，人与人之间的关系也更加直接、同步。金融业的再发展取决于那些看似神秘实则重要的技术。移动电话、互联网、高速运算、加密技术和机器学习能力被糅合在一起，推动金融快速进步变化。[①] 如今的金融技术都是建立在过去技术进步的基础之上的，是以往金融技术创新的延续与发展。

2. 金融科技（FinTech）概念的界定

金融科技，英文全称 Financial Technology，简写为 FinTech。该词源可以追溯到 20 世纪 90 年代初，前身为“金融服务技术联盟”，是花旗银行启动的一个旨在促进技术合作的项目。[②] 顾名思义，FinTech（金融科技）是 Finance（金融）和 Technology（科技）的结合，表示金融与科技深度融合，其核心在于用科技让金融更好、更高效地服务实体经济。近年来，金融科技迅速为人们所熟知，并得到了资本市场的追捧，但无论是在理论研究还是实践层面，金融科技的内涵和外延都还不算清晰。

金融科技是一个范围很宽的概念。广义的金融科技涉及金融领域内的方方面面的技术，从支付清算到生物识别技术等。在美国，对于金融科技并没有一个官方的定义，民间和业内对其内涵和外延也不能统一。国内自 2015 年下半年逐渐引用金融科技（FinTech），以替代野蛮生长的“互联网金融”。2015 年 10 月，京东金融在国内最早将自己定位于“FinTech（金融科技）”企业。2016 年 3 月，全球金融治理的核心机构——金融稳定理事会（Financial Stability Board，简称 FSB）在日本召开第 16 届全会，首次正式讨论了金融科技的系统性风险及监管问题，并发布《金融科技的全景描述与分析框架报告》。

① 参见粟勤、魏星《金融科技的金融包容效应与创新驱动路径》，《理论探索》2017 年第 5 期。

② 参见 Douglas W. Arner，Janos Barberis，Ross P. Buckley《金融科技的发展：金融危机后的新模式》，《新金融》2018 年第 9 期。

此报告第一次在国际组织层面对金融科技做出了初步定义："金融科技是指技术带来的金融创新，它能创造新的业务模式、应用、流程或产品，从而对金融市场、金融机构或金融服务的提供方式造成重大影响。"① 全球金融科技报告认为，FinTech 是金融服务和科技手段的动态交集。2016 年 7 月 10 日，在北京举办的"第一届金融科技大会"上，包括高盛、蚂蚁金服、京东金融、百度金融等在内的国内外金融机构、金融科技企业、高校学者对于金融科技的内涵分别进行了界定。高盛全球金融机构投行副主席约翰·马奥尼（John Mahoney）② 将金融科技定义为："需要以技术为基础，并且专注于金融产品与服务价值链上一部分或多部分，主要包括支付、科技支持型借贷、保险、市场结构、资产管理和资金筹集等，分别对应并包含市场上的互联网支付公司、P2P 公司、互联网保险公司、互联网流量平台、数字化资产配置公司和众筹行业。"京东金融 CEO 陈生强将金融科技定义为"遵从金融本质，以数据为基础，以技术为手段，为金融行业服务，从而帮助金融行业提升效率、降低成本"。京东金融对于金融科技的界定与国外技术企业的视角相似，强调科技对金融的优化和革新。蚂蚁金服总裁井贤栋在以"如何成为一家伟大的金融科技公司"为主题的演讲中指出，"FINTECH 并非简单的在'互联网上做金融'，而是基于移动互联网、云计算和大数据等技术、实现金融服务和产品的发展创新和效率提升"。2016 年 11 月，美国国家经济委员会发布《金融科技监管白皮书（A Framework for FinTech）》，将金融科技定义为"涵盖了大范围内的技术创新，这些创新会对众多金融活动产生影响，包括付款、投资管理、募集资金、存款与贷款、保险、监管柔性以及在金融服务领域的其他活动。这些创新包括很多内容，例如为消费者和商家提供移动支付解决方案、在线 P2P 借贷、算法储蓄与投资工具、虚拟货币、消费者生物数字身份认证与授权、企业中勤及后勤

① 参见 PWC，"Gobal FinTech Report——Blurred lines：How FinTech is shaping Financial Services"，2016。

② IT 思维网：《全球投行巨头高盛如何看待金融科技，如何布局科技金融公司？》（http：//www. itsiwei. com/9938. html）。

的自动化功能，例如算法、大数据、人工智能和链接分析的应用”。2008年金融危机以后，FinTech（金融科技公司）一词频繁出现在西方财经新闻中。对于FinTech，沃顿商学院给出的临时定义是：用技术改进金融体系效率的经济行业。2016年9月20日，毕马威发布了《中国领先金融科技50榜单及报告》①，毕马威将FinTech理解为：“非传统企业以科技为尖刀切入金融领域，用更高效率的科技手段抢占市场，提升金融服务效率及更好地管理风险。”

我们比较赞同国家金融与发展实验室银行研究中心主任曾刚对于金融科技的界定。② 金融科技更多的是指科技在金融领域的应用，主要是指物联网、大数据、云计算、区块链、人工智能、数字货币、智能合约、脑科学这些新兴科技在金融领域的融合运用所形成的一些全新的技术、方法和应用，旨在创新金融产品和服务模式，改善客户体验、降低交易成本、提高服务效率，更好地满足人们的金融需求。金融科技强调的是科技对金融业务模式的改变，而不拘泥于开展业务的主体。就这个意义上，我们所讨论的金融科技，不仅包括基于互联网的金融模式创新，也包括传统金融机构（如商业银行）的数字化转型，以及创新技术（如大数据、区块链等）在金融行业中的应用。

需要厘清的是，金融科技并不是科技公司的专利。诚然，作为互联网金融的升级版，金融科技主要是以大数据、人工智能、云计算等更为前沿的技术作为支撑。相比于互联网与移动互联等技术，拥有更强的生命力和发展潜力。但金融科技并非科技公司更不是互联网公司的专利。事实上，从国外到国内，金融机构已经充分认识到金融科技的力量，不少银行更把自己定义成金融科技公司。如2016年2月，摩根大通CFO Marianne Lake在年度投资者会议上称：“摩根大通不仅是一家投行，也是一家科技公司。”与此同时，John Mahoney概括了6

---

① 毕马威中国：《毕马威首次发布中国金融科技50强榜单》（https：//home. kpmg/cn/zh/home/news-media/press-releases/2016/09/fintech-50 – list. html）。

② 曾刚：《深度解读中国银行业的金融科技之路》，微信公众平台“金融科技与共享金融”。

类成功的金融科技发展战略。战略包括：流程精简化、高附加值业务智能化、去中介化、数据高效化、市场聚焦化、客户权利自主化。2017年，我国大型商业银行与互联网巨头纷纷携手合作，开展全面战略合作，双方围绕金融科技一起创新产品和服务。因此，研究者将金融科技分为从事金融活动的金融科技与为金融服务的金融科技两类。这也说明，无论是正规金融还是科技公司，都可能是金融科技领域的积极参与者。

在实践中，“金融科技”的具体含义在不同背景下也存在差异。有时是指对现行金融业务的数字化或电子化，如网上银行、手机银行等；有时是指可以应用于金融领域的各类新技术，如分布式账户、云计算、大数据等；有时则指希望涉足金融领域、与现有金融机构形成合作或竞争关系的科技企业或电信运营商。

表2.1 **各方对金融科技的定义**

机构名称	定义
金融稳定理事会（FSB）	技术带来的金融创新，能创造新的业务模式、应用、流程或产品，从而对金融市场、金融机构或金融服务的提供方式造成重大影响
美国国家经济委员会（NEC）	以金融科技涵盖不同种类的技术创新，这类金融创新影响各种各样的金融活动，包括支付、投资管理、资本筹集、存贷款、保险、监管合规以及金融服务领域里的其他金融活动
高盛	以技术为基础，并专注于金融产品与服务价值链上一部分或多部分，主要包括支付、科技支持型借贷、保险、市场结构、资产管理和资金筹集等，分别对应并包含市场上的互联网支付公司、P2P公司、互联网保险公司、互联网流量平台、数字化资产配置公司和众筹行业
京东金融	遵从金融本质，以数据为基础，以技术为手段，为金融行业服务，帮助金融行业提升效率、降低成本
蚂蚁金服	FinTech并非简单的在“互联网上做金融”，而是基于移动互联网、云计算和大数据等技术、实现金融服务和产品的发展创新和效率提升
毕马威	非传统企业以科技为尖刀切入金融领域，用更高效率的科技手段占领市场、提升金融服务效率及更好的管理风险
沃顿商学院	用技术改进金融体系效率的经济行业

续表

机构名称	定义
国家金融与发展实验室	金融科技更多的是指科技在金融领域的应用。主要是指物联网、大数据、云计算、区块链、人工智能、数字货币、智能合约、脑科学这些新兴科技在金融领域的融合运用所形成的一些全新的技术、方法和应用，旨在创新金融产品和服务模式，改善客户体验、降低交易成本、提高服务效率，更好地满足人们的金融需求

资料来源：湖南大学互联网金融研究所。

3. 金融科技业务模式分类

2017 年，巴塞尔银行监管委员会将金融科技分为“支付结算、存贷款与资本筹集、投资管理、市场实施四类”。[①]（见表 2. 2）。这四类业务在发展规模、市场成熟度等方面存在差异，对现有金融体系的影响程度也有所不同。

表 2. 2　**金融科技业务模式分类**

支付结算	存贷款与资本筹集	投资管理	市场实施
• 零售类支付	• 借贷平台	• 智能投顾	• 跨行业通用服务
移动支付	借贷型众筹	财富管理	客户身份数字认证
点对点付款	线上贷款平台	• 电子交易	多维数据归集处理
数字货币	电子商务贷款	线上证券交易	• 技术基础设施
• 批发类支付	信用评分	线上货币交易	分布式账户
跨境支付	贷款清收		大数据
虚拟价值交换网络	• 股权融资		云计算
	投资型众筹		

（1）支付结算类

主要包括面向个人客户的小额零售类支付服务（如 Paypal、支付宝等）和针对机构客户的大额批发类支付服务（如跨境支付、外汇

① 李文红、蒋则沈：《金融科技（FinTech）发展与监管：一个监管者的视角》，《金融监管研究》2017 年第 3 期。

兑换等)。目前，互联网第三方支付业务发展迅速并趋于成熟，但由于其对银行支付系统仍有一定程度的依赖，并未从根本上替代银行的支付功能或对银行体系造成重大冲击，二者更多是实现分工协作，优势互补。金融机构的支付服务主要针对客户在大额、低频次，以及对效率和费用不敏感的支付需求；互联网第三方支付则主要满足客户在互联网环境下对小额、高频、实时、非面对面、低费用的非现金支付需求，更多是发挥对传统金融支付领域的补充作用。

(2) 存贷款与资本筹集类

主要包括P2P网络借贷和股权众筹，即融资方通过互联网平台，以债权或股权形式向一定范围内的合格投资者募集小额资金。此类业务主要定位于传统金融服务覆盖不足的个人和小微企业等融资需求，虽然发展较快，参与机构数量众多，但与传统融资业务相比，所占比重仍然较低，更多是对现有金融体系的补充。

(3) 投资管理类

主要包括智能投资顾问和电子交易服务，前者是运用智能化、自动化系统提供投资理财建议，后者是提供各类线上证券、货币交易的电子交易服务。目前，智能投资顾问模式主要出现在少数交易标准化程度较高的发达国家金融市场，应用范围还比较有限，其发展前景也有赖于计算机程序能否提升自我学习分析能力，最终能否提供比人工顾问更优的投资建议，以及市场和投资者能否逐步适应和接受。

(4) 市场设施类

既包括客户身份认证、多维数据归集处理等可以跨行业通用的基础技术支持，也包括分布式账户、大数据、云计算等技术基础设施。此类业务的科技属性较为明显，大多属于金融机构的业务外包范畴。

在上述四类业务中，前三类业务具有较明显的金融属性，一般属于金融业务并纳入金融监管；第四类并不是金融行业特有的业务或技术应用，通常被界定为针对金融机构提供的第三方服务。但随着科技与金融的深入融合，其对持牌金融机构的稳健运行将会产生越来越重要的影响，需要监管机构给予更多关注。

（二）金融科技与互联网金融比较

金融科技和互联网金融既有联系，又有区别。两者的联系在于：都是建立在科技与金融的深度融合基础之上，都是对运用各种新技术手段提供、优化、创新金融服务等行为的概括。金融科技与互联网金融相比，少了“互联网”的大概念，更多集中于科技本身。两者区别在于：互联网金融是一种商业模式，它将传统金融行业的一些业务转移到线上。按照百度百科对“互联网金融”的定义，互联网金融是指传统金融机构与互联网企业利用互联网技术和信息通信技术实现资金融通、支付、投资和信息中介服务的新型金融业务模式。互联网金融不是互联网和金融业的简单结合，而是在网络技术被用户熟悉接受后（尤其是对电子商务的接受），自然而然为适应新的需求而产生的新模式及新业务。它是传统金融行业与互联网技术相结合的新兴领域。[①] 国内的“互联网金融”概念既涵盖金融机构的“金融＋互联网”模式，典型的如网上银行、移动银行，也涵盖互联网企业的“互联网＋金融”模式，典型的如阿里小额贷款之类的网络小额贷款；而“金融科技”更强调新技术对金融业务的辅助、支持和优化作用，是基于金融本身萌发出的一种全新产品，该金融产品主要利用大数据、区块链等互联网创新技术进行风险管理与控制，给用户带来全新体验。互联网金融对金融行业的改变稍显浅显，而金融科技给传统金融带来的是颠覆性改变。互联网金融的落脚点在金融，金融属性更强，从“互联网金融”到“金融科技”的转换折射出了互联网对金融的改变已经从渠道升级到更深层的技术层面。

另外，金融科技作为一种运用科技手段变革金融业生产方式进而提高金融生产力的创新活动，具有三个鲜明特点：一是金融科技采用技术手段而非商业模式变化来实现金融业务的创新，打造新的生产方式。互联网金融主要通过提供新渠道，将传统的各类金融互联网化，

① 参见易宪容《金融科技的内涵、实质及未来发展——基于金融理论的一般性分析》，《江海学刊》2017 年第 2 期。

但没有从根本上变革金融业的生产方式。二是“金融科技不是简单的技术复制，而是从0到1的金融创新，从规模导向转化为功能与结构导向，追求功能的优化和结构的完善，通过提供创造性的解决方案，提高金融服务生产效率，大大降低了金融服务成本。三是金融科技能够深入触及金融行业的本质，通过技术创新打破了现有金融的边界，从而发挥出金融最本质的作用，使资金能够在短缺方与盈余方间有效流通。”①

（三）金融科技发展历程

科技进步为金融科技的发展提供了强大的动力，推动了金融业务和服务的不断创新和发展。2017年2月，IOSCO（国际证监会组织）发布了《金融科技研究报告》，该报告根据美国的情况，从新兴科技和创新商业模式演进两个方面，将金融科技的发展历程分为三个阶段②：

第一阶段，金融科技1.0：1980—1989年，称之为金融科技的萌芽期。在这一阶段，金融科技的发展主要体现在金融机构在其内部设立IT部门，借助高速计算运行和快捷通信的信息技术手段，金融业实现了从传统业务处理向基于现代信息系统的数据化业务处理的迁移，大大提高了传统金融体系的业务效率。

第二阶段，金融科技2.0：1990—2010年，金融科技的起步期。2008年以来，国际金融危机使西方传统金融业进入相对收缩的状态，一批追求个性化金融服务、依赖互联网及数字设备的年轻客户群涌现，为互联网金融创新提供了天然的土壤。通过互联网汇集海量用户，实现金融业务中资产端、交易端、支付端、资金端等任意组合的互联互通，以业务和产品创新的方式推动金融业务的转型、跨界和客户体验的提升。

---

① 贺建清：《金融科技：发展、影响与监管》，《金融发展研究》2017年第6期。

② 参见《金融科技发展现状与趋势分析》，搜狐网（https://www.sohu.com/a/208363938_556842）。

第三阶段，金融科技3.0：2011年以后，为金融科技快速成长期。2011年，FinTech的概念正式提出“美国硅谷和英国伦敦的高科技公司利用云计算、区块链、人工智能等新兴技术对传统金融进行颠覆和改造”①。

表2.3　　　　　　　　金融科技发展三阶段

金融科技1.0 1980—1989年	金融科技2.0 1990—2010年	金融科技3.0 2011年至今
萌芽期 科技没有独立出金融系统，金融公司内部设立IT部门，用于压缩成本，提高运营效率	起步期 金融业搭建线上平台，获取客户资源和信息，本质上是渠道变革。此外，科技第一次独立于金融系统，以互联网金融为典型	快速成长期 新兴技术如大数据、人工智能、区块链与金融相结合，金融服务向长尾客户普及，大幅度提升传统金融的效率
金融科技1.0的标志 金融机构内设IT部门 ◆1980年，美国华尔街已经开始使用金融科技FinTech一词； ◆20世纪80年代末，直销银行出现，标志进入金融科技1.0阶段	金融科技2.0的标志 互联网金融、移动互联网 ◆1990年，移动支付业务出现； ◆1992年，第一家互联网经纪商Etrade成立； ◆1995年，第一家互联网银行SFNB成立； ◆20世纪90年代末，电子支付与货币基金对接，互联网保险直销出现； ◆2003年，互联网众筹成立； ◆2005年，第一家P2P平台Zopa出现	金融科技3.0标志 IT技术与金融机构紧密结合 ◆2015年，纳斯达克交易所发布全球首个区块链平台Linq； ◆2016年，巴克莱银行完成首个基于区块链技术的贸易

资料来源：IOSCO，京东金融研究院，平安证券研究所。

二　金融科技关键技术及其在金融中的应用

与金融科技相关的关键技术，主要包含大数据（Big data）、云计算（Cloud）、人工智能（AI）和区块链（Blockchain），这几种技术的发展同生同涨、相互促进。在金融科技的实际运用中，这些技术助

① 吴晓光、王振：《金融科技转型的着力点》，《中国金融》2017年第5期。

力于金融服务效率以及服务质量的提高。

（一）大数据技术

1. 大数据相关研究回顾

“著名未来学家阿尔文·托夫勒（1980）[①] 很早就在其经典著作《第三次浪潮》中，将大数据热情地赞誉为‘第三次浪潮的华彩乐章’。但是，大数据成为高频词是最近几年的事情。”[②] 近年来，“大数据”被认为是信息时代的新“石油”，李学龙、龚海刚认为[③]，这主要基于两点共识：首先，在过去 20 年间，数据产生速度越来越快。据国际数据公司 IDC 报道[④]，“2011 年产生和复制的数据量超过 1. 8Z 字节，是过去 5 年数据增长的 9 倍，并将以每两年翻倍的速度增长。其次，大数据中隐藏着巨大的机会和价值，将给许多领域带来变革性的发展。因此，大数据研究领域吸引了产业界、政府和学术界的广泛关注”。例如，产业界报告[⑤]和公共媒体（Economists[⑥]，New York Times[⑦]），美国国家公共广播电台[⑧]中充斥了大数据的相关信息；政府部门设立重大项目加速大数据的发展[⑨]；*Nature*[⑩] 和 *Science*[⑪] 分别于 2008 年和 2011 年出版专刊“Big Data”和“Dealing with Data”，从互

---

① 参见阿尔文·托夫勒（AlvinToffler）《第三次浪潮》，黄明坚译，中信出版社 2006 年版。

② 俞立平：《大数据与大数据经济学》，《中国软科学》2013 年第 7 期。

③ 参见李学龙、龚海刚《大数据系统综述》，《中国科学：信息科学》2015 年第 1 期。

④ 参见 Gantz J. , Reinsel D. Extracting value from chaos. IDC iView，2011。

⑤ 参见 Manyika J. , Chui M. , Brown B. , et al. Big data：the next frontier for innovation, competition and productivity. McKinsey Global Institute，2011。

⑥ 参见 Cukier K. Data. data everywhere. Economist，2010。

⑦ 参见 Lohr S. The age of big data. New York Times，2012。

⑧ 参见 Noguchi Y. Following digital breadcrumbs to big data gold. National Public Radio, 2011。

⑨ 参见 White House. Fact Sheet：Big Data Across the Federal Government. Office of Science and Technology Policy，2012。

⑩ 参见 Goldstond. Big data：data wrangling. nature，2008。

⑪ 参见 Special Online Collection：Dealing with Big Data（http：//www. sciencemag. org/site/special/data/）。

联网技术、互联网经济学、超级计算、环境科学、生物医药等多个方面讨论了大数据处理面临的各种问题。

早在2009年，联合国就启动了“全球脉动计划”，拟通过大数据推动落后地区的发展，而2012年1月，在瑞士达沃斯举行的世界经济论坛年会也把“大数据，大影响”作为重要议题之一。在美国，2009年至今，Data. gov（美国政府数据库）全面开放了40万政府原始数据集，大数据已成为美国国家创新战略、国家安全战略以及国家信息网络安全战略的交叉领域和核心领域。2012年3月，美国国会也呼吁各成员国积极发展大数据，迎接“大数据”时代，并将采取具体措施发展大数据业务，例如建立大数据领域的公私合作关系；依托“地平线2020”科研规划，创建开放式数据孵化器；成立多个超级计算中心；在成员国创建数据处理设施网络。

在学术界，美国麻省理工大学（MIT）计算机科学与人工智能实验室（CSAIL）建立了大数据科学技术中心（ISTC）。ISTC主要致力于加速科学与医药发明、企业与行业计算，并着重推动在新的数据密集型应用领域的最终用户体验的设计创新。大数据ISTC由MIT作为中心学校，研究专家们来自MIT、加州大学圣巴巴拉分校、波特兰州立大学、布朗大学、华盛顿大学和斯坦福大学6所大学。通过明确和资助领域带头人、提供合作研究中心的方式，目标是发掘共享、存储和操作大数据的解决方案，涉及Intel，Microsoft，EMC等多家国际产业巨头。同时，英国牛津大学成立了首个综合运用大数据的医药卫生科研中心，该中心的成立有望给英国医学研究和医疗服务带来革命性变化，它将促进医疗数据分析方面的新进展，帮助科学家更好地理解人类疾病及其治疗方法。该中心通过搜集、存储和分析大量医疗信息，确定新药物的研发方向，减少药物开发成本，同时为发现新的治疗手段提供线索。而以英国为首的欧洲核子中心（CERN）也在匈牙利科学院魏格纳物理学研究中心建设了一座超宽带数据中心，该中心将成为连接CERN且具有欧洲最大传输能力的数据处理中心。

在产业界，国外许多著名企业和组织都将大数据作为主要业务，例如IBM，Microsoft，EMC，DELL，HP等国际知名厂商都提出了各自的大数据解决方案或应用。IBM 宣布了收购 Star Analytics（星分析公司）软件产品组合的消息。除了 Star Analytics，在 IBM 最新的收购计划中，Splunk 和 NetApp 是最热门的收购目标，据不完全统计，从 2005 年起，IBM 花费超过 160 亿美元收购了 35 家与大数据分析相关的公司。此外，IBM 还和全球千所高校达成协议，就大数据的联合研究、教学、行业应用案例开发等方面开展全面的合作。无疑，欧美等国家对大数据的探索和发展已走在世界前列，各国政府已将大数据发展提升至战略高度，大力促进大数据产业的发展。

我国政府、学术界和产业界也已经开始高度重视大数据的研究和应用的工作，并纷纷启动了相应的研究计划。在 2011 年 11 月工信部发布的《物联网“十二五”发展规划》中，把信息处理技术作为 4 项关键技术创新工程之一提出，其中包括了海量数据存储、数据挖掘、图像视频智能分析，这都是大数据的重要组成部分。而另外 3 项：信息感知技术、信息传输技术、信息安全技术，也与“大数据”密切相关。同时，为推动大数据在我国的发展，2012 年 8 月，中国科学院启动了“面向感知中国的新一代信息技术研究”战略性先导科技专项，其任务之一就是研制用于大数据采集、存储、处理、分析和挖掘的未来数据系统；同时，中国计算机学会成立了大数据专家委员会，于 2013 年出版了《中国大数据技术与产业发展白皮书》①，2014 年出版了《中国大数据技术与产业发展报告》②，并在大数据的发展背景、典型应用、技术进展、IT 产业链与生态环境以及发展趋势等方面进行了详细的阐述、分析与论证；为探讨中国大数据的发展战略，中科院计算机研究所举办了以“网络数据科学与工程——一门新兴的交叉学科?”③ 为主题的会议，与国内外知名专家学者一起为中

---

① 参见中国计算机学会大数据专家委员会编《中国大数据技术与产业发展白皮书》，中国计算机学会，2013 年。

② 参见中国计算机学会大数据专家委员会，中关村大数据产业联盟《中国大数据技术与产业发展报告》（2014），机械工业出版社 2014 年版。

③ 参见李国杰、华云生《网络数据科学与工程——一门新兴的交叉学科?》，《香山科学会议第 424 号学术讨论会综述》［R/OL］，2012 年 10 月 12 日。

国大数据发展战略建言献计；2013 年，科技部正式启动 863 项目“面向大数据的先进存储结构及关键技术”①，启动 5 个大数据课题。

2. 大数据的内涵

对于什么是大数据，目前业界并没有公认的说法。2011 年 5 月，全球知名咨询公司麦肯锡（Mckenseyand Company）在美国拉斯维加斯举办了第 11 届 EMC World 年度大会，设定的主题为“云计算相遇大数据”，发布了“大数据：下一个创新、竞争和生产力的前沿（Big data：The next frontier for innovation，competition and productivity）”的报告，首次提出“大数据”的概念。大数据是指其大小超出了典型数据库软件的采集、存储、管理和分析等能力的数据集。该定义有两方面内涵②：1）符合大数据标准的数据集大小是变化的，会随着时间推移、技术进步而增长；2）不同部门符合大数据标准的数据集大小会存在差别。并在报告中指出：“数据已经渗透到每一个行业和业务职能领域，逐渐成为重要的生产因素，而人们对于海量数据的运用将预示着新一波生产率增长和消费者盈余浪潮的到来。”Dumbill③采用 IBM 公司的观点，认为大数据具有“3V”特点，即规模性（Volume）、多样性（Variety）、实时性（Velocity）。以 IDC 为代表的业界认为大数据具备“4V”特点，即在 3V 的基础上增加价值性（Value）。NetApp 公司④认为，大数据应包括 A、B、C 三大要素，即分析（Analytic）、带宽（Bandwidth）和内容（Content）。所谓大分析（Big Analytics），指通过对大数据进行实时分析后带来新的业务模式，帮助用户获得洞见，从而更好地进行客户服务；高带宽（Big Bandwidth）指快速有效地消化和处理大数据；大内容（Big Content）一方

① 参见天津大学 863 项目《面向大数据的先进存储结构及关键技术启动会》[EB/OL]，2013 年 4 月 1 日。

② 参见张引、陈敏、廖小飞《大数据应用的现状与展望》，《计算机研究与发展》2013 年第 50 期。

③ 参见 Edd Dumbill. What Is Big Data（http：//strata. oreilly. com/2012/01/what-is-big-data. html）。

④ 参见 NetApp. Big Data Solutions for Government（http：//www. netapp. com/us/solutions/industry/government/bigdata. html）。

面指大数据包括结构化、半结构化数据与非结构化数据①，另一方面则是指对数据的存储扩展要求极高，能轻松实现数据的恢复、备份、复制与安全管理。Gartner（2012）认为，大数据需要新的处理模式才能具有更强的决策力、洞察发现力和流程优化能力，满足海量、高增长和多样化信息资产的需要②。

我们认为，大数据是指对数量巨大、来源分散、格式多样的数据进行采集、存储和关联分析，从中发现新知识、创造新价值、提升新能力的信息技术和服务业态。“大数据的内涵主要体现在数据、技术和应用三个方面。”③

3. 大数据分析方法

传统数据分析是指用适当的统计方法对收集来的大量第一手资料和第二手资料进行分析，把隐没在一大批看来杂乱无章的数据中的信息集中、萃取和提炼出来，找出所研究对象的内在规律，以求最大化地开发数据资料的功能，发挥数据的作用。

大数据分析方法是大数据分析中最重要的研究内容之一。分析方法的优劣将决定分析结果的有效与否，将最终影响大数据分析成果的应用。不同类型的大数据需要不同的分析处理方法。复杂数据上的实体识别与传统文本和关系数据上的实体识别不同，给数据分析带来了新的技术挑战④。大数据分析可以视为对一种特殊数据的分析，因此很多传统的数据分析方法也可用于大数据分析。聚类分析、因子分

---

① 结构化的数据是指可以使用关系型数据库表示和存储，表现为二维形式的数据。一般特点是：数据以行为单位，一行数据表示一个实体的信息，每一行数据的属性是相同的。半结构化数据是结构化数据的一种形式，它并不符合关系型数据库或其他数据表的形式关联起来的数据模型结构，但包含相关标记，用来分隔语义元素以及对记录和字段进行分层。因此，它也被称为自描述的结构。常见的半结构数据有 XML 和 JSON。非结构化数据就是没有固定结构的数据。各种文档、图片、视频/音频等都属于非结构化数据。

② 参见 Gartner's 2012 Hype Cycle for Emerging Technologies Identifies "Tipping Point" Technologies That Will Unlock Long-Awaited Technology Scenarios（http://www.gartner.com/newsroom/id/2124315）。

③ 参见何平平、车云月《大数据金融与征信》，清华大学出版社 2017 年版。

④ 参见官思发、孟玺、李宗洁、刘扬《大数据分析研究现状、问题与对策》，《情报杂志》2015 年第 5 期。

析、相关分析、回归分析、A/B 测试和数据挖掘等方法是可用于大数据分析的传统数据分析方法，这些方法源于统计学和计算机科学等多个学科。

尽管目标和应用领域不同，一些常用的分析方法几乎对所有的数据处理都有用，常用大数据分析方法有三种类型①：统计分析、数据挖掘和数据可视化分析。

（1）统计分析

统计分析技术可以分为描述性统计和推断性统计。描述性统计技术对数据集进行摘要（summarization）或描述，而推断性统计则能够对过程进行推断。更多的多元统计分析包括回归、因子分析、聚类和判别分析。

（2）数据挖掘

数据挖掘就是从大量的、不完全的、有噪声的、模糊的、随机的数据中，提取隐含在其中的、人们事先不知道的、但又是潜在有用的信息和知识的过程。“数据挖掘在金融业、零售业、医疗和电信等领域已经得到广泛的应用。”② 比方说，超市通过对海量原始交易数据的分析确定货物摆放的规律。许多数据挖掘算法已经在人工智能、机器学习、模式识别、统计和数据库领域得到了应用。2006 年 8 月，在美国费城召开的国际数据挖掘会议（International Conference on Data Mining，ICDM）总结了影响力最高的 10 种数据挖掘算法③，包括 C4.5 决策树算法，均值聚类算法（k-means 算法），支持向量机（SVM），最大期望算法（Expectation-Maximization，EM），k 最近邻算法（k-Nearest Neighbors，KNN），朴素贝叶斯算法（Naive Bayes），Apriori 关联算法，PageRank 算法，AdaBoost 迭代算法和 CART 分类算法（classification and regression trees）。覆盖了分类、聚类、回归和统

① 参见李学龙、龚海刚《大数据系统综述》，《中国科学：信息科学》2015 年第 1 期。

② 黄解军、潘和平、万幼川：《数据挖掘技术的应用研究》，《计算机工程与应用》2003 年第 2 期。

③ 参见 Wu X.，Kumar V.，Ross-Quinlan J.，et al. “Top 10 algorithms in data mining. Knowl Inf Syst”，Vol. 14，No. 3，2007。

计学习等方向。此外，一些其他的先进技术如神经网络和基因算法也被用于不同应用的数据挖掘。有时候，几乎可以认为很多方法间的界线逐渐淡化，例如数据挖掘、机器学习、模式识别，甚至视觉信息处理、媒体信息处理等。此处以“数据挖掘”作为一个通称。

（3）数据可视化分析

数据可视化分析（Data Visualization）与信息绘图学和信息可视化相关。数据可视化的目标是以图形方式清晰有效地展示信息。一般来说，图表和地图可以帮助人们快速理解信息。但是，当数据量增大到大数据的级别，传统的电子表格等技术已无法处理海量数据。大数据的可视化已成为一个活跃的研究领域，因为它能够辅助算法设计和软件开发。由于图形化的方式比文字更容易被用户理解和接受，数据可视化就是借助人脑的视觉思维能力，将抽象的数据表现成为可见的图形或图像，帮助人们发现数据中隐藏的内在规律①。Friedman② 和 Frits③ 分别从信息表示和计算机科学领域对数据可视化进行了探讨。Tabusvis 则是一个轻型的可视化系统，提供对多维数据的灵活、可定制的数据可视化。

传统数据分析方法，大多数都是通过对原始数据集进行抽样或者过滤，然后对数据样本进行分析，寻找特征和规律，其最大的特点是通过复杂的算法从有限的样本空间中获取尽可能多的信息。随着计算能力和存储能力的提升，大数据分析方法与传统分析方法的最大区别在于分析的对象是全体数据，而不是数据样本，其最大的特点在于不追求算法的复杂性和精确性，而追求可以高效地对整个数据集的分析。总之，“传统数据方法力求通过复杂算法从有限的数据集中获取信息，其更加追求准确性；大数据分析方法则是通过高效的算法、模

---

① 参见王媛媛、丁毅、孙媛媛等《数据可视化技术的实现方法研究》，《现代电子技术》2007 年第 4 期。

② 参见 Friedman V. Data Visualization: Modern Approaches（http://www.smashingmagazine.com/2007/08/02/datavisualization-modern-approaches/）。

③ 参见 Post F. H., Nielson G. M., Bonneau G. P. Data visualization: The state of the art. Berlin: Springer, 2003。

式，对全体数据进行分析”[①]。

4. 大数据在金融领域的应用

大数据在金融业也有着相当重要的作用[②]。华尔街“德温特资本市场”公司分析全球3.4亿微博账户的留言，判断民众情绪，人们高兴的时候会买股票，而焦虑的时候会抛售股票，依此决定公司股票的买入或卖出，该公司2012年第一季度获得了7%的收益率。Equifax公司是美国三大征信所之一，其存储的财务数据覆盖了所有美国成年人，包括全球5亿个消费者和8100万家企业，在它的数据库中与财务有关的记录包括贷款申请、租赁、房地产、购买零售商品、纳税申报、费用缴付、报纸与杂志订阅等，看似杂乱无章的共26PB数据，经过交叉分享和索引处理，能够得出消费者的个人信用评分，“从而推断客户支付意向与支付能力，发现潜在的欺诈”[③]。当前大数据在金融领域的应用主要体现在征信、风控、消费金融、财富管理等。这里，着重分析大数据在征信与风控、消费金融领域中的应用。

（1）征信与风控

大数据征信是指运用大数据技术重新设计征信评价模型，通过多维度的信用信息考察，形成对个人、企业、社会团体的信用评价。依据评估分数，预测还款人的还款能力、还款意愿以及欺诈风险。“大数据征信数据主要来源于网络上的公开数据、用户授权数据和第三方合作伙伴提供的数据。”[④] 如蚂蚁金服旗下独立的第三方征信机构芝麻信用，通过大数据及云计算对海量信息数据的综合处理和评估，主要包含了用户信用历史、行为偏好、履约能力、身份特质、人脉关系五个维度。芝麻信用基于阿里巴巴集团下属电商的平台交易数据和蚂

---

① 张引、陈敏、廖小飞：《大数据应用的现状与展望》，《计算机研究与发展》2013年第50期。

② 参见维克托·迈尔－舍恩伯格、肯尼斯·库克耶《大数据时代》，盛杨燕等译，浙江人民出版社2013年版。

③ 刘智慧、张泉灵：《大数据技术研究综述》，《浙江大学学报》（工学版）2014年第6期。

④ 何平平、车云月：《大数据金融与征信》，清华大学出版社2017年版，第227页。

蚁金服集团采集的互联网金融数据，并与阿里巴巴集团具有合作关系的外部机构提供的信息数据。如公安网等公共机构向芝麻信用提供政府公开信息、公安、工商、法院等信息，综合评估用户信用状况，评分等级由低到高分为5个等级：极差、中等、良好、优秀和极好[①]。芝麻信用已经在信用卡、消费金融、融资租赁、酒店、租房、出行、婚恋、分类信息、学生服务、公共事业服务等上百个场景为用户、商户提供信用服务。

（2）消费金融

“十二五”规划指出：“构建扩大内需的长效机制，促进经济增长向依靠消费、投资、出口协调拉动转变，把扩大消费需求作为扩大内需的战略重点，进一步释放城乡居民消费潜力。”在我国经济转型的战略背景下，全面推进消费能力，消费成为经济增长第一驱动力。“作为引领我国经济发展的头驾马车，消费升级的步伐一直在加快。”[②] 与此同时，消费性贷款也在过去五年时间出现明显增长。如京东金融推出的消费贷产品——京东白条，蚂蚁金服推出的花呗。京东白条业务是京东金融集团依托京东商城平台会员用户的信用体系而推出的一项面向个人消费者的消费金融业务。京东依托京东商城十余年的电商消费数据优势，综合分析用户的购物记录、支付记录、评价记录等，进而决定该用户能否拿到白条和能拿到多大额度，海量的消费数据为京东白条授信提供了有力支撑。用户在申请使用京东白条业务时，可以选择延后免息付款或分期付款两种消费付款方式，分期付款期限可选择3、6、12、24个月等，服务费率一般为月化0.5%。[③]蚂蚁花呗是蚂蚁金融基于芝麻信用数据，为网购活跃、信用良好的用户提供一定的透支消费额度，在淘宝、天猫等场景实现“这月买、下

---

① 参见叶文辉《大数据征信机构的运作模式及监管对策——以阿里巴巴芝麻信用为例》，《武汉金融》2016年第2期。

② 何平平、车云月、陈晓艳：《消费金融与供应链金融》，清华大学出版社2017年版。

③ 参见赵建凤《大数据视角下互联网消费金融风险探讨——以京东白条为例》，《商业经济研究》2018年第15期。

月还”消费体验的一种服务①。

（二）人工智能（Artificial Intelligence，AI）

2016 年 3 月，谷歌旗下 DeepMind 公司的“AlphaGo”对战世界围棋冠军、职业九段韩国选手李世石，并以 4∶1 的总比分获胜。这一事件再次将人工智能的发展与应用推到了人们的视线焦点，也引发了社会各界对人工智能发展的憧憬和担忧。近年来，国际互联网巨头如 Google、IBM 纷纷将人工智能技术（AI）全面渗透到金融产品和服务。而国外金融行业也逐步在业务中应用人工智能技术。如摩根大通和高盛均表示，要在人工智能和机器学习领域进行大规模投资，以便于在业务中更加智能地为客户提供优质服务。“国内金融部门也在积极布局人工智能的应用服务。人工智能在金融领域加快应用可谓大势所趋，必将打破金融市场常规，带来深远的影响。”②

1. 人工智能的起源与发展历程

（1）人工智能的起源

1950 年，一位名叫马文·明斯基（Minsky ML）的大四学生与他的同学邓恩·埃德蒙一起，建造了世界上第一台神经网络计算机。这也被看作人工智能的一个起点。巧合的是，同样是在 1950 年，被称为“计算机之父”的艾伦·图灵（Alan Turing）提出了一个举世瞩目的想法——图灵测试（The Turing test）③。按照图灵的设想：如果一台机器能够与人类开展对话而不能被辨别出机器身份，那么这台机器就具有智能。而就在这一年，图灵还大胆预言了真正具备智能机器的可行性。1956 年夏季，由美国达特莫斯学院（Dartmouth）青年助教约翰·麦卡锡（John McCarthy）、哈佛大学的马文·明斯基（Marvin

---

① 参见段玲卉《第三方支付平台分期付款的会计处理——以蚂蚁花呗为例》，《会计之友》2017 年第 15 期。

② 中国人民银行武汉分行办公室课题组：《人工智能在金融领域的应用及应对》，《武汉金融》2016 年第 7 期。

③ 图灵测试是指测试者与被测试者（一个人和一台机器）隔开的情况下，通过一些装置（如键盘）向被测试者随意提问，进行多次测试后，如果有超过 30% 的测试者不能确定出被测试者是人还是机器，那么这台机器就通过了测试，并被认为具有人工智能。

Minsky，人工智能与认知学专家)、贝尔实验的克劳德·香农（Claude Shannon，信息论的创始人）和IBM公司信息研究中心的罗彻斯特（Rochester N.）共同发起，并邀请其他6位年轻的科学家[①]（这些青年学者的研究专业包括数学、心理学、神经生理学、信息论和电脑科学）在美国达特茅斯学院举办了一次长达两个月的十人研讨会，讨论着一个完全不食人间烟火的主题：用机器来模仿人类学习以及其他方面的智能，目的是让逐渐成熟的计算机能够代替人类解决一些感知、认知乃至决策的问题。这次会议首次使用了“人工智能”这一术语，标志着人工智能学科的正式诞生。“发起这次研讨会的人工智能学者麦卡锡和明斯基，则被誉为国际人工智能的‘奠基者’或‘创始人’，有时也称为‘人工智能之父’。”[②] 就在这次会议后不久，麦卡锡和明斯基两人共同创建了世界上第一座人工智能实验室——MIT AI LAB实验室。值得一提的是，达特茅斯会议正式确立了AI这一术语，并且开始从学术角度对AI展开了严肃而精专的研究。在那之后不久，最早的一批人工智能学者和技术开始涌现。达特茅斯会议被广泛认为是人工智能诞生的标志，从此人工智能走上了快速发展的道路。

20世纪70年代以来，人工智能与空间技术、能源技术并称为世界三大尖端技术。人工智能的应用范围非常广泛，主要包括虹膜识别、掌纹识别、机器视觉、智能控制、人脸识别、机器人学、语言和图像理解、遗传编程、视网膜识别等领域，人工智能也被认为是21世纪三大尖端技术（基因工程、纳米科学、人工智能）之一。[③] 这是因为近30年来它获得了迅速的发展，并已发展成为一门独立的系统学科。那么，机器“智能”从何而来呢？这主要归功于一种实现人

---

① 另外6位科学家分别是卡内基—梅隆大学纽厄尔和赫伯特·西蒙、麻省理工学院塞夫里奇（O. Selfridge）和索罗门夫（R. Solomamff），以及IBM公司塞缪尔（A. Samuel）和莫尔（T. More）。

② 蔡自兴：《明斯基的人工智能生涯》，《科技导报》2016年第9期。

③ 参见王新华、肖波《人工智能及其在金融领域的应用》，《银行家》2017年第12期。

工智能的方法——机器学习。机器学习最基本的做法，是使用算法来解析数据、从中学习，然后对真实世界中的事件做出决策和预测。与传统的为解决特定任务、硬编码的软件程序不同，机器学习是用大量的数据来“训练”，通过各种算法从数据中学习如何完成任务。机器学习直接来源于早期的人工智能领域，传统的算法包括决策树、聚类、贝叶斯分类、支持向量机、EM、Adaboost 等。从学习方法上来分，机器学习算法可以分为监督学习（如分类问题）、无监督学习（如聚类问题）、半监督学习、集成学习、深度学习和强化学习。

（2）人工智能的发展历程

回顾 60 多年的发展历史，人工智能经历了几起几落。在 1956 年的达特茅斯会议之后，人工智能迎来了属于它的第一段高峰。在这段长达十余年的时间里，计算机被广泛应用于数学和自然语言领域，用来解决代数、几何和英语问题。这让很多研究学者看到了机器向人工智能发展的信心。甚至在当时，有很多学者认为：“二十年内，机器将能完成人能做到的一切。”

20 世纪 70 年代，人工智能进入了一段痛苦而艰难的岁月。在当时，人工智能面临的技术瓶颈主要有三个方面，第一，计算机性能不足，导致早期很多程序无法在人工智能领域得到应用；第二，问题的复杂性，早期人工智能程序主要是解决特定的问题，因为特定的问题对象少，复杂性低，可一旦问题上升维度，程序立马就不堪重负了；第三，数据量严重缺失，在当时不可能找到足够大的数据库来支撑程序进行深度学习，这很容易导致机器无法读取足够量的数据进行智能化。1980 年，卡内基梅隆大学为数字设备公司设计了一套名为 XCON 的“专家系统”。这是一种采用人工智能程序的系统，可以简单的理解为“知识库 + 推理机”的组合，XCON 是一套具有完整专业知识和经验的计算机智能系统。这套系统在 1986 年之前能为公司每年节省下超过四千美元的经费。有了这种商业模式后，衍生出了像 Symbolics、Lisp Machines 等和 IntelliCorp、Aion 等这样的硬件、软件公司。在这个时期，仅专家系统产业的价值就高达 5 亿美元。然而，仅仅在维持了 7 年之后，这个曾经轰动一时的人工智能系统就宣告结束历史进程。到1987年时，苹果和IBM公司生产的台式机性能都超过了Symbolics等厂商生产的通用计算机。从此，专家系统风光不再。20世纪90年代中期开始，随着AI技术尤其是神经网络技术的逐步发展，以及人们对AI开始抱有客观理性的认知，人工智能技术开始进入平稳发展时期。1997年5月11日，IBM的计算机系统“深蓝”战胜了国际象棋世界冠军卡斯帕罗夫，又一次在公众领域引发了现象级的AI话题讨论。这是人工智能发展的一个重要里程碑。直到2006年，加拿大多伦多大学的计算机系教授杰弗瑞·辛顿（Geoffrey Hinton）在《科学》杂志上发表一篇关于深度学习的文章，人们又重新看到了人工智能的希望。

最近几年，谷歌、微软、百度等互联网巨头，还有众多的初创科技公司，纷纷加入人工智能产品的战场，掀起又一轮的智能化狂潮，而且随着技术的日趋成熟和大众的广泛接受，这一次狂潮也许会架起一座现代文明与未来文明的桥梁。

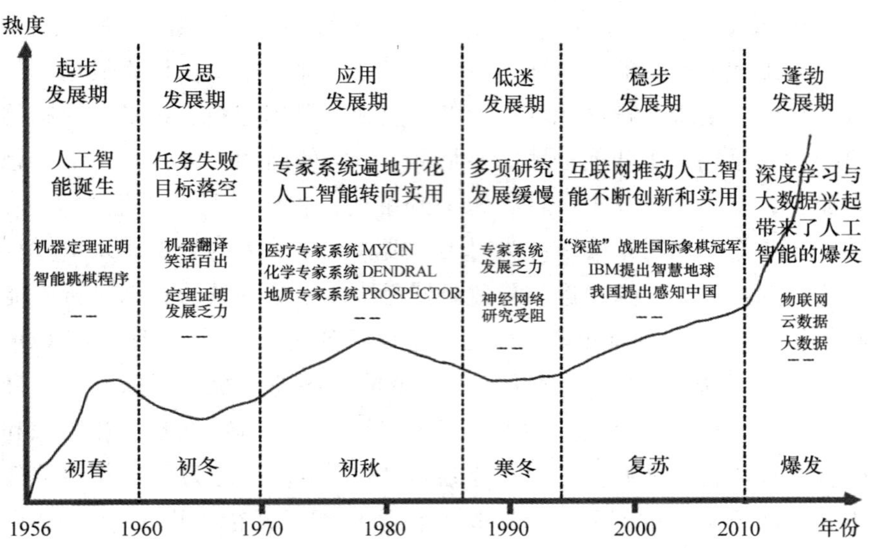

图2.1 人工智能发展历程

2. 人工智能的基本概念

对于人工智能，国际上没有一个公认的定义。麦卡锡认为，“人工智能就是要让机器的行为看起来像人所表现出的智能行为一样”。我国《人工智能辞典》将人工智能定义为“使计算机系统模拟人类的智能活动，完成人用智能才能完成的任务”。人工智能是一个融合计算机科学、统计学、脑神经学和社会科学的前沿综合学科，可以代替人类实现识别、认知、分析和决策等多种功能。“作为计算机科学的重要分支，人工智能发展的主要目标是使计算机能够胜任通常需要人类智能才能完成的复杂工作。”①

根据人工智能的内涵，人工智能可以分为类人行为、类人思维以及泛智能。类人行为是指人工智能主要用于模拟人的行为结果，类人思维是指模拟人的大脑的运行，泛智能是指人工智能不再局限于模拟人，而是要在某些方面超越人的思维。人工智能是一个非常广泛的领域。当前人工智能涵盖很多大的学科，可以把它们归纳为六个②：一是计算机视觉（暂且把模式识别、图像处理等问题归入其中）；二是自然语言理解与交流（暂且把语音识别、合成归入其中，包括对话）；三是认知与推理（包含各种物理和社会常识）；四是机器人学（机械、控制、设计、运动规划、任务规划等）；五是博弈与伦理（多代理人的交互、对抗与合作，机器人与社会融合等议题）；六是机器学习（各种统计的建模、分析工具和计算方法）。这些领域目前还比较散，它们正在交叉发展，走向统一的过程中。人工智能的表现形式：会看、会听、会说、会行动、会思考、会学习。会看就是能够进行图像识别、文字识别和车牌识别等；会听就是能够进行语音识别、说话人识别和机器翻译；会说就是能够语音合成、人机对话；会行动主要表现就是机器人、自动驾驶汽车、无人机；会思考就是人机对弈、能够进行定理证明、能够进行医疗诊断；会学习主要表现就是

---

① 王新华、肖波：《人工智能及其在金融领域的应用》，《金融科技》2018 年第12 期。

② 参见朱松纯《浅谈人工智能：现状、任务、构架与统一》，视觉求索，微信号，thevisionseeker。

机器学习、知识表示。

3. 人工智能的研究领域及分层

人工智能研究的领域主要有五层，最底层是基础设施建设，包含数据和计算能力两部分，数据越大，人工智能的能力越强。往上一层为算法，如卷积神经网络、LSTM 序列学习、Q-Learning、深度学习等算法，都是机器学习的算法。第三层为重要的技术方向和问题，如计算机视觉、语音工程、自然语言处理等。还有另外的一些类似决策系统，像 reinforcement learning（增强学习），或像一些大数据分析的统计系统，这些都能在机器学习算法上产生。第四层为具体的技术，如图像识别、语音识别、机器翻译等。最顶端为行业的解决方案，如人工智能在金融、医疗、安防、交通和游戏等上的应用，这是我们所关心它能带来的价值。

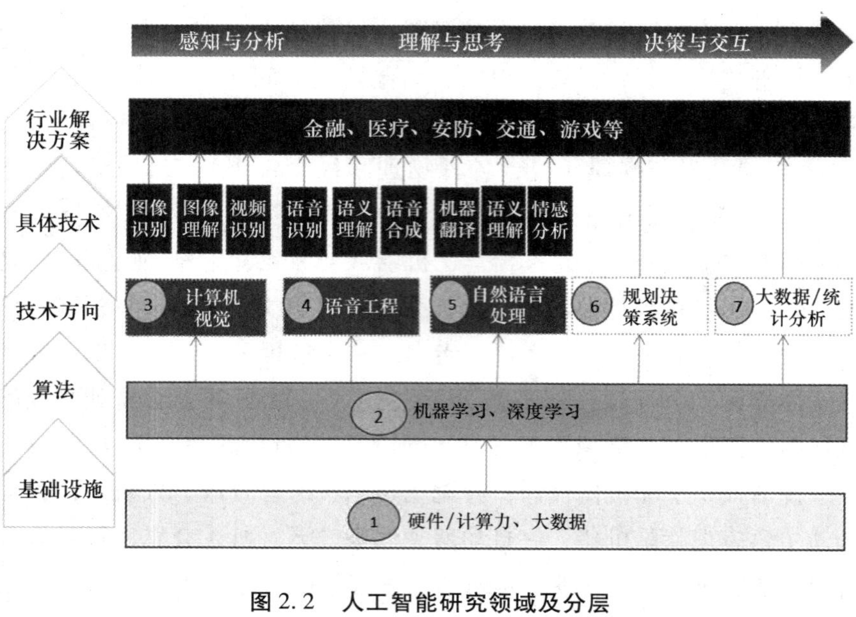

图 2.2 人工智能研究领域及分层

4. 人工智能在金融领域中的应用

人工智能会让很多重复性的工作被取代，释放人力去做更具有价值的事情。对于金融服务而言，该领域很早就已开始应用人工智能技术，例如，印章识别比对系统即是图像识别技术在金融领域的成功应用。人工智能对金融行业的优化集中在金融机构与客户的互动关系优化和更大规模的数据处理能力之上。常见的应用有智能投顾、量化交易、量化投资、授信融资等。

（1）智能投顾（Robo-Advisor）

2008 年开始，以美国与欧洲为中心，一些提供在线资产管理服务并收取相关手续费的金融公司相继成立，在线专业投资咨询服务迅速兴起。近几年，随着移动技术的迅猛发展，其增长势头进一步得以凸显。智能投顾是智能投资顾问的简称，也称作机器人投资顾问、智能理财、自动化理财等。它是根据投资者的风险承受水平、预期收益目标以及投资风格偏好等要求，利用算法为其选择合适的投资组合，并按照事先约定的交易方式进行交易，并在交易完成后，对投资组合进行后续跟踪、风险管理和组合调整①。目前，世界上最著名的两大“机器人投资顾问”公司 Wealthfront 和 Betterment 位于美国，其中，Wealthfront 掌控的资金已超过 20 亿美元。其他发达经济体也涌现了大量“机器人投资顾问”公司，如英国的 Money on Toast、德国的 Finance Scout 24、法国的 Marie Quantier 等。根据花旗集团 2016 年发布的研究报告指出，智能顾问所掌握的资产在 2015 年底达到 187 亿美元②。

智能投顾在不同国家的定义和名称略有不同③。在美国，智能投顾主要有两种形式。第一种形式是券商机构从业人员为客户提供投资咨询分析时辅助使用的数字化建议工具（Digital Advice Tools）。美国金融业协会（Financial Industry Regulatory Authority，以下简称 FINRA）发布的《数字化投资建议报告》指出，数字化建议工具是一个产生

① 参见徐慧中《我国智能投顾的监管难点及对策》，《金融发展研究》2016 年第 7 期。

② 参见中国人民银行武汉分行办公室课题组《人工智能在金融领域的应用及应对》，《武汉金融》2016 年第 7 期。

③ 参见李苗苗、王亮《智能投顾：优势、障碍与破解对策》，《南方金融》2017 年第 12 期。

于模拟和统计分析，对投资活动或投资策略和方式的多种投资结果进行呈现的互动型技术工具。第二种形式是作为投资顾问存在的机器人顾问（Robo-Adviser）。机器人顾问需要在美国证券交易委员会（Securities and Exchange Commission，以下简称 SEC）注册为投资顾问，并接受 SEC 的监管。根据 SEC《机器人投资顾问指导文件》，机器人顾问是一种运用创新技术、通过在线算法向客户提供全权委托资产管理服务的计算机程序。客户将个人信息和其他数据输入数字化互动平台（如网站和手机应用软件），机器人顾问基于这些信息为客户生成投资组合并管理客户账户。比如，2013 年成立的 Kensho 基于云计算在硬盘设置了 9 万个变量（企业业绩、经济指标、政策变化、风险参数等），容纳了 6500 万个计算机语言。Kensho 通过大数据分析和机器学习，自动探知最新新闻，把国外的金融分析师平均需要耗时 40 小时完成的报告在几分钟内自动完成，给客户提供综合性解决方案。美国近期一项研究显示，到 2020 年，智能投顾的资产管理规模将达到 2 万亿美元，大约占美国所有资产管理规模的 5.5%。在澳大利亚，智能投顾被称为“数字化建议”（Digital Advice）。根据澳大利亚证券投资委员会发布的《向零售客户提供金融产品数字化建议的指导文件》，数字化建议是通过使用算法和技术向零售客户提供的数字化金融产品建议，它可以是标准化的也可以是个性化的，包括从小范围的投资组合建议到全面的金融规划。在加拿大，智能投顾被称为“在线投资顾问”（Online Advisers）。根据加拿大证券管理局发布的《在线投资组合管理平台指导文件》，在线投资顾问是使用电子问卷收集客户信息、使用算法为客户创建投资组合的软件。在加拿大，在线投资顾问平台为客户提供投资建议，注册的投资顾问代表仍然参与投资决策，负责确保投资建议符合客户的投资需求和目标。

“2015 年，智能投顾概念首次被引入国内，并得到快速发展，已引起行业的关注。”① 2016 年 6 月，广发证券股份有限公司在“易

① 麻斯亮、魏福义：《人工智能技术在金融领域的应用：主要难点与对策建议》，《南方金融》2018 年第 4 期。

淘金”品牌下推出了智能投顾服务——“贝塔牛”。该智能投顾服务运用金融工程领域的重要模型以及生命周期等金融经济学经典理论，针对国内证券市场中投资者的风险偏好、投资风格等特征进行深度机器学习，结合证券市场发展动态，为投资者及时提供“i股票”“i配置”等功能服务，满足不同层次投资者证券投资、财富管理的需求[①]。2016年12月6日，招商银行宣布推出智能投顾服务——“摩羯智投”。这是国内银行业首项智能投顾服务，目前管理资产规模突破50亿元。目前，我国的智能投顾平台已有数十家，主要有几类参与者：一是初创金融科技公司。如雪球。二是BAT等互联网巨头。如百度股市通。三是互联网金融公司。如挖财网旗下的“钱管家”。四是银行、券商等传统金融机构。如招商银行的“摩羯智投”、天弘基金的风向篮子、海通证券的e海通财、广发证券的“贝塔牛”等。

（2）量化交易

量化交易也称为程序化交易（Program Trading），是证券交易方式的一次重大创新。传统交易方式下，一次交易中只买卖一种证券，而程序化交易则可以借助计算机系统在一次交易中同时买卖一揽子证券。程序化交易的概念范围比较广，目前学术界和业界并没有一个统一权威的定义。一般来讲，凡是使用电子程序的交易过程，均可称为程序化交易。美国纽约证券交易所（NYSE）网站2013年8月的最新规定，任何一笔同时买卖15只或以上股票的集中性交易都可以视为程序化交易，在之前的NYSE程序化交易还包括了一揽子股票的总价值需要达到100万美元的条件。在国内，通常意义下的程序化交易主要是应用计算机和现代化网络系统，按照预先设置好的交易模型和规则，在模型条件被触发的时候，由计算机瞬间完成组合交易指令，实现自动下单的一种新兴的电子化交易方式。“也就是说，我国资本市场对程序化交易的理解，不再如纽交所那样着重突出交易规模和集中

---

① 参见刘念、林琳、伍立杨《监管科技与金融科技发展》，《中国金融》2017年第24期。

性，而只强调交易模型和计算机程序在交易中的重要性。”①

程序化交易有别于算法交易（Algorithmic Trading）和高频交易（High Frequency Trading）②。算法交易是程序化交易的一个分支，它是在程序化交易的基础上增加了某些特殊交易目标的算法。欧盟《欧洲金融工具市场法规》将算法交易重新定义为用计算机算法对于交易触发、时间选择、价格、委托量以及如何止损等因素进行自动决策的交易，其中仅有少量或完全没有人为干预。而高频交易具有高速交易执行和周转资金的特征，为了实现这一目标，大多数高频交易都采用算法交易系统，即利用复杂的计算机算法来分析报价、做出交易决策并优化交易执行过程，完全不掺杂任何人为干预。因此，当交易者利用程序化交易或算法交易在日内频繁交易时，也就成为高频交易。程序化交易有别于传统交易模式，较为依赖计算机系统，使得市场上出现了更加丰富的交易策略，加快了交易速度，呈现出鲜明的特征：一是依赖计算机系统，减少人工判断；二是可以实现更为复杂的交易策略；三是表现出不同于传统的交易手法。

美国商品期货委员会数据显示，2015 年量化交易已占到总交易量的 50% 以上，但随着美国股市“闪电崩盘”、国内光大证券“8·16”等风险事件的发生，程序化交易的利弊也饱受争议。为规范程序化交易行为，2015 年 10 月，中国证监会组织起草了《证券期货市场程序化交易管理办法（征求意见稿）》，公开征求意见。

（3）量化投资

量化投资在欧美已经应用了 30 多年，最传奇的人物就是华尔街的对冲基金经理詹姆斯·西蒙斯。他率领一批数学家和统计学家，运用“壁虎式投资法”等独家宽客战术管理大奖章基金，在 1989—2006 年的 17 年间平均年收益率高达 38.5%。其实，量化投资的理念并不神秘，它是指借助于数学和统计学的分析原理，利用计算机对每

---

① 叶伟：《我国资本市场程序化交易的风险控制策略》，《证券市场导报》2014 年 8 月号。

② 参见佟伟民《程序化交易及其监管》，《中国金融》2017 年第 2 期。

只股票的数据进行分类对比，自动选出符合投资模型的股票组合。举例来说，比如有20个人去跑百米，哪些人能跑在第一梯队，哪些跑在第二梯队，哪些跑在第三梯队，在没有测试之前不知道答案，但可以根据身高、体重、肌肉、肺活量、历史成绩等指标来预测这20个人各自归属哪一梯队，这就形象地描述了量化投资模型的原理。

量化投资，是指建立在计算机技术的基础上，采用特定的数学模型去践行投资理念并实现投资策略的过程。① 量化投资建立在金融理论的高度数学化以及计算机技术高度发展的基础之上。一方面，金融理论数学化的深入使得通过统计和定量方式研究资产价格走势成为可能，该方法克服了人的思维局限性和心理因素造成的操作偏差；另一方面，计算机技术的高度发展使得对高频数据的采集和分析变为可能。相较于低频数据，高频数据具有统计学上更高的可靠性。② “量化投资最鲜明的特征就是模型交易，它是一种以数据为基础、以模型为核心、以程序化交易为手段的交易方式。”③ 具体而言，就是从那些稍纵即逝的市场变化中寻求获利的计算机化交易，关键在于捕捉到人们无法利用的短暂价差来实现套利。模型就如同医院里面的各种先进的医学仪器，医生通过这些仪器对病人进行扫描化验，获得反映病人身体状况的各项指标数据，然后判断出病人所患的疾病，从而对症下药。类似地，量化投资者在市场中寻找套利机会，其实就像是在发现市场的“疾病”，依托于模型的扫描和检测，获得市场的各项关键指标数据，从而找出套利机会，然后做出投资决策。目前，量化投资已经融入投资决策的全部环节。包括估值与选股、资产配置与组合优化、基于指数预测的时点择取、行为金融下的投资策略（包括小盘股策略、集中投资策略、反向投资策略和惯性交易策略）、程序化交易（包含高频交易）与算法交易。“2008年9月，雷曼兄弟公司的破产

---

① 参见丁鹏《量化投资策略与技术》，电子工业出版社2012年版。

② 参见彭志《量化投资和高频交易：风险、挑战及监管》，《南方金融》2016年第10期。

③ 郭喜才：《量化投资的发展及其监管》，《江西社会科学》2014年第3期。

引发了全球金融危机，不少人将金融危机归咎于金融创新过度。"[①] 2010 年 5 月 6 日，美国道琼斯指数狂跌，导致"闪电崩盘"事件。无独有偶，2013 年 8 月 16 日，我国股票市场发生了光大证券有限责任公司（以下简称光大证券）"乌龙指"事件。此次事件由光大证券使用的"铭创高频交易投资系统"发生技术故障引起。[②] 该故障导致系统生成大量委托订单并同时向交易所发出，市场瞬间出现爆发式上涨；其他金融机构的高频交易系统因此被触发，纷纷进行跟风交易，因而光大证券交易系统故障引发的"蝴蝶效应"瞬间变成了一场金融风暴。光大证券"乌龙指"事件让我们感受到了量化投资（Quantitative Investment）和高频交易（High Frequency Trade）所带来的风险。

量化交易、量化投资与智能投顾之间存在交叉。[③] 量化交易则是设计人员将交易策略的逻辑与参数放在计算机程序运算后，将交易策略系统化，强调的是自动下单的交易方式。量化投资主要是相对于定性判断而言，通过计算机程序把投资策略用模型固化，强调的是某种特定的投资方法，比如期现套利、基于基本面指标或技术分析指标的量化选股。智能投顾的核心是算法设计，包括证券投资组合理论、组合优化、技术分析、模式识别等机器学习和人工智能系统的理论或方法，其与量化投资的主要区别在于其个性化和多样性。智能投顾的服务层次如果延伸到交易层面，在投资组合建立和风险控制环节，均会涉及程序化交易。比如在满足止损规则的情况下，投资者可以选择让智能自动下单交易。

（4）智能授信

区别于传统的银行授信，人工智能可以通过接入多纬度的立体数据进行在线授信。目前业内做智能信贷的数据来源，一般分为外部数

---

① 廖旦、陆蓉：《高频交易对市场影响研究新进展》，《经济学动态》2013 年第 4 期。

② 参见史欣媛《谈"乌龙指"事件中的投资者保护——由光大 8·16 事件引发的思考》，《南方金融》2015 年第 3 期。

③ 参见姜海燕、吴长风《智能投顾的发展现状及监管建议》，《证券市场导报》2016 年 12 月号。

据和内部数据：内部数据是团队自己挖掘的互联网大数据，比如通过招聘网站挖掘的地区收入水平数据；而外部数据则主要包括央行个人征信系统数据、8 家个人征信试点机构数据、电商数据、运营商数据以及黑名单和业内共享数据等。金融机构将信贷、科技人员智慧和大数据、人工智能结合起来，通过人工智能等现代科技手段对目标用户进行画像，清晰地了解每个目标用户的经济状况、消费能力和需求情况，对目标用户建立用户标签库，通过用户标签寻找潜在产品的目标客户，为融资授信提供参考依据。在金融创新方面，运用用户画像可以为客户开发新产品。比如，人工智能程序可以通过提取企业和个人的工商、税务、社保、用水、用电等信用信息并加以分析、处理，进行信用评级和融资授信；对已经发放贷款的企业和个人，根据税务、社保、用水、用电数据变化情况，开展风险评估分析和跟踪，进而推测融资的风险点。运用上述基于人工智能技术的融资授信方法，根据某些可能影响借款人还贷能力的行为特征的先验概率推算出后验概率，金融机构能够对借款人还贷能力进行实时监控，有助于减少坏账损失。[①] 如拉卡拉可以通过平台自身的金融数据，获得更准确的用户画像；而隶属于 PINTEC 集团的读秒，能从合作伙伴那里获得多维度的数据，并且还会从用户申请贷款的行为中获得数据。通过这些线上数据的交叉比对，在短时间内勾勒出相对准确的客户画像是智能信贷的基础。依靠电商平台的京东金融，可以根据京东用户数据、商户数据、物流数据、产品数据，运用人工智能技术对客户进行精准画像，推出一系列诸如“京东白条”等消费信贷产品。“京东白条”在京东商城积累了大量的用户后，逐步走向线下，向租房、旅游、装修、教育、婚庆等各种场景拓展，还与商业银行合作推出联名电子账户“白条闪付”，赋予白条“闪付”的功能，让白条在线下所有银联闪付 POS 机上都能使用。

---

① 参见麻斯亮、魏福义《人工智能技术在金融领域的应用：主要难点与对策建议》，《南方金融》2018 年第 3 期。

（三）云计算（Cloud Computing）

1. 云计算的内涵

现在，无论是企业还是个人，只要有网络的地方就脱离不了对云计算能力的依赖。云是对互联网资源的一种形象说法。云计算即基于云的计算，这里互联网上的各类计算资源都可以视为云，“而云计算则是通过基于网络的一系列新的计算技术，为网络用户提供了一种便捷的、按需获取的、可配置的计算资源共享的网络应用模式”。①

“云计算”概念产生于Google和IBM等大型互联网公司处理海量数据的实践。2006年8月9日，Google首席执行官埃里克·施密特（Eric Schmidt）在搜索引擎大会首次提出“云计算”的概念。2007年10月，Google与IBM开始在美国大学校园推广云计算技术的计划，这项计划希望能降低分布式计算技术在学术研究方面的成本，并为这些大学提供相关的软硬件设备及技术支持。

云计算是继分布式计算、网格计算、对等计算之后的一种新型计算模式。目前全世界关于“云计算”的定义有很多。Michael Mille②将云计算定义为：以公开的标准和服务为基础，以互联网为中心，提供安全、快速、便捷的数据存储和网络计算服务，让互联网这片云成为每一个网民的数据中心和计算中心。我们比较赞同美国国家标准技术研究院（NIST）2009年关于云计算的定义：“云计算是一种按使用量付费的模式，这种模式提供可用的、便捷的、按需的网络访问，进入可配置的计算资源共享池（资源包括网络、服务器、存储、应用软件、服务等），这些资源能够被快速提供，只需投入很少的管理工作，或与服务供应商进行很少的交互。”根据这一定义，云计算的特征主要表现为：第一，云计算是一种计算模式，具有时间和网络存储的功能。第二，云计算是一条接入路径，通过广泛接入网络以获取计算能

① 肖四如、肖可砾：《云计算时代的金融创新》，《银行家》2013年第3期。

② 参见Michael Mille《云计算》，姜进磊译，机械工业出版社2009年版。

力，通过标准机制进行访问。第三，云计算是一个资源池，云计算服务提供商的计算资源，通过多租户模式为不同用户提供服务，并根据用户的需求动态提供不同的物理的或虚拟的资源。第四，云计算是一系列伸缩技术，在信息化和互联网环境下的计算规模可以快速扩大或缩小，计算能力可以快速、弹性获得。“第五，云计算是一项可计量的服务，云计算资源的使用情况可以通过云计算系统检测、控制、计量，以自动控制和优化资源使用。”①

根据云计算所提供服务类别的不同，云计算的服务模式可以分为软件即服务（Software as a Service，SaaS）、平台即服务（Platform as a Service，PaaS）和基础设施即服务（Infrastructure as a Service，IaaS）。“此外，为实现计算资源本地化，目前如 Microsoft、IBM 等公司提供的服务器集装箱租赁服务可以被认为是一种新的服务模式，并称之为硬件即服务（Hardware as a Service，HaaS）。”②

2. 云计算的原理

如图 2.3 所示，云计算系统分成两部分：前端和后端，二者一般通过网络互相连接。前端指的是用户的计算机或客户端，包括用户计算机（或计算机网络）以及云计算系统登录程序。不同的云计算系统具有不同的用户界面。以网络为基础的邮件系统一般都借助网络浏览器登录，其他云计算系统具有各自不同的登录程序，用户可以运行登录程序接入网络。后端指的是系统中的计算机群，也就是云，由控制结点、数据库、应用服务器和计算机网络。理论上，从数据处理到视频游戏，几乎所有计算机运用与管理程序，都可以在云计算系统中运行。

管理整个系统的是中央服务器，由它来监管流量和用户需求以确保运行顺利。中央服务器遵循一套被称为协议的规则，并使用一种被称为中间件的专门软件使得联网的计算机互相通讯。有大量用户的云计算系统一般需要很大的存储空间。要保证所有存储信息的安全，云

---

① 秦荣生：《大数据、云计算技术对审计的影响研究》，《审计研究》2014 年第 6 期。

② 林闯等：《云计算安全：架构、机制与模型评价》，《计算机学报》2013 年第 9 期。

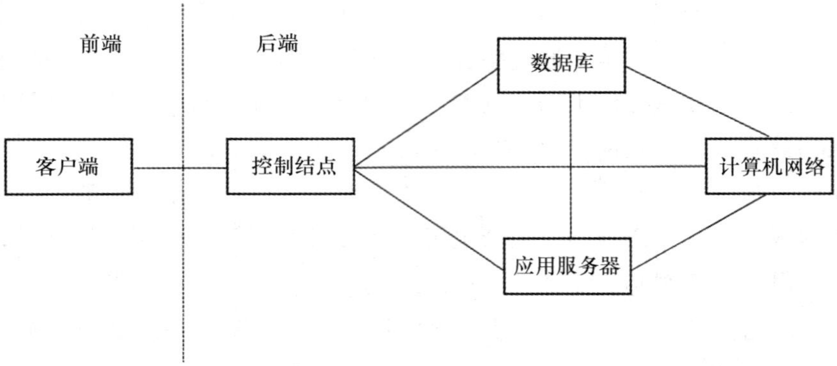

图 2.3 云计算的工作原理

计算系统至少要具备两倍于用户需求的存储容量，因为存储器和计算机一样，有时会出现故障。云计算系统必须备份所有用户信息，并存储到备用存储设备上。这样，中央服务器就可以访问备用存储设备恢复丢失的数据。

3. 云计算在金融中的应用

云计算在金融行业有广泛的应用可能。作为一种技术架构和服务模式，云计算可以被应用到金融业务价值链的方方面面，包括 IT 基础资源服务管理、BPM（业务流程管理）、内容管理、后台处理、CRM（客户关系管理）、个人银行服务、便捷支付服务和 P2P（小额金融服务）等诸多业务领域。某种意义上来说，金融业务的每个环节，都可以采用云计算的方式重新审视和改造其支撑技术和业务模式。云计算技术在互联网基础上，将成为金融业的底层物质技术结构，成为改变金融业务结构、流程、功能、范围和内容基础架构。云计算技术将使很多非持牌的非金融企业尤其是从事电子商务的企业获得从事小额乃至全新金融业务的机会，也迫使传统金融企业包括大型国有银行面临新的技术挑战和革新，将重新调整中国乃至全球金融业格局。比如被广泛使用的国际第三方支付机构 Paypal 和国内的第三方支付机构支付宝等专业网络支付服务，已经是一种基于云服务模式的金融支付方式，使得大量中小型企业商户和个人方便快捷地获得电子支付结算服务。①

云计算涉及的领域虽多，但在金融行业的应用方式主要表现为：公有云、私有云和混合云三种。

（1）公有云

公有云通常指第三方提供商为用户提供的能够使用的云，一般可通过 Internet 或者运营商使用，可能是免费或成本低廉的。应用在金融领域的公有云多体现为行业共享的行业云。所谓的行业云通过金融机构间的基础设施领域的合作，通过资源等方面的共享，在金融行业内形成公共基础设施、公共接口、公共应用等一批技术公共服务。用于对金融机构外部客户的数据处理服务，或为一定区域内金融机构提供资源共享服务。

经济实力较弱和技术能力偏弱的中小型银行、城商行通常采取行业云的方式进行云计算。如兴业数金是行业云，主要为中小银行和非银行金融机构、中小企业提供金融行业云的服务，率先将云计算技术用于生产系统，而且将云计算技术推向金融行业云的高度。

（2）私有云

私有云是为一个公司单独构建的数据解决方案。公司拥有基础设施，并可以控制在此基础设施上部署应用程序。技术实力和经济基础比较强的大型机构偏向于私有云的部署方式，可以将一些核心业务系统，存储重要敏感数据部署到私有云上。一般采用购买硬件产品，基础设施解决方案方式搭建，在生产过程中实施外包驻场运维、自主运维或自动运维方式。如邮储银行，是典型的私有云模式，首先部署到私有云上，从而满足对开放性、稳定性、灵活性以及安全性等方面的需求。

（3）混合云

混合云是指既用公有云又用私有云进行多基础设施处理的云计算。如瑞银银行利用云计算完成数字化转型，采取了混合云的方式，平时日常业务处理中使用的是瑞银数据中心的私有云，一旦峰值到

① 参见霍学文《关于云金融的思考》，《经济学动态》2013 年第 6 期。

来，可以将负载导入公有云平台，充分利用公有云计算资源。

2010年，金融业开始实施数据中心虚拟化、开发测试云、虚拟桌面云等小规模实验，简化IT运营。2011年，金融机构开始研究和模仿电子商务公司的模式，其中一些机构开始试点实施混合云并扩大云计算应用规模，营销与前台部门开始采用智能终端、平板电脑加移动云计算开展业务，并已经取得了很好的成效。此外，金融机构还进一步探索在新一代网银、手机银行和移动支付等领域应用更多的云计算服务。而到了2012年，金融机构已经有不少成功部署和实施云计算的案例，但尚未实现规模化，市场需求有待进一步激活。有的金融机构已经明确制定并开始实施"云+端"的战略，中国金融业采用云计算创新的模式已经出现。例如，交通银行信用卡中心推出"智能语音云"产品，能为海量通话录音提供归档、存储、在线访问和调阅等服务，还能为通话录音进行业务类别的识别和筛选。目前保险行业云计算实施案例多于银行业。

云平台已成为承载各类应用的关键基础设施。随着国家"互联网+"政策的落地，金融行业"互联网+"的步伐也在不断的加快。为保障银行后台信息安全、降低金融信息系统迁移成本和金融业务上的云风险，各大银行主动出击，启动云平台建设。目前，我国商业银行布局金融云的模式主要有三类①：一是以工行、建行、民生为代表的大型商业银行重建基于云技术的IT架构。2017年，工商银行基于SDN云网架构的新一代全球网络ASTRONET1.0落地上线，目前已经成功运行了7大互联网金融关键业务。二是通过成立云服务子公司攻克云计算技术，实现金融业务上云，同时向外输出相关技术和服务，例如兴业银行成立兴业数金、招商银行成立招引云创。三是借助互联网科技公司提供的云服务优化银行业务，例如南京银行通过与阿里云和蚂蚁金融云的合作，切入医、食、住、教、产、销等场景，扩充业务范围。在上述三种模式中，前两种模式主要以私有云开发为主，而

① 参见民生银行研究院产业研究团队黄剑辉等《2017年国内外金融科技发展态势及2018年趋势展望》，《民银智库研究》2018年第108期。

互联网公司提供的云产品主要以公有云为主。未来，商业银行基于信息安全、成本管控及监管要求，或将采取核心系统放私有云，其他系统放公有云的混合云解决方案。

（四）区块链（Block Chain）

2015 年以来，区块链（Block Chain）技术受到国际金融机构与资本市场的热捧[①]。该技术是建立在特定计算机网络和共识机制基础上的分散式记账系统，可以在没有信用中介或没有集中清算机构的情况下，完成点对点交易并更新账簿。区块链被视为互联网之后的重大创新，有望重塑现代金融业态与组织构架。欧美大型银行、交易所等金融机构以及 IT 巨头采取单边、参股、合作等多种形式积极布局、抢占先发优势。2015 年 9 月，由金融技术公司 R3 领导的区块链联盟宣布成立，主要致力于概念验证的试验和区块链技术标准的制定。目前在全球最大的 50 家银行中，除中资银行以外已有包括花旗、汇丰、摩根大通、巴克莱银行、高盛集团、西班牙 BBVA 银行、澳洲联邦银行、瑞士信贷集团、道富银行、苏格兰皇家银行和瑞士银行等在内的大部分机构已加入该联盟。花旗银行还在内部发行了自己的数字货币“花旗币（Citicoin）”的加密货币。纽约梅隆银行已尝试将比特币的点对点模型基础应用到银行系统，并在其员工内部中推出基于区块链技术的 BK Coins 虚拟货币，“瑞士联合银行（UBS）在区块链上试验了 20 多项金融应用，包括金融交易、支付结算和发行智能债券等。”[②]

2015 年 10 月，英国《经济学人》期刊以“比特币背后的，将是未来经济的驱动轮”为题，用长达十余页的篇幅，介绍虚拟货币和区块链技术，认为区块链技术将在未来改变我们的经济和生活[③]。与此

---

① 王焯、汪川：《区块链技术：内涵、应用及其对金融业的重塑》，《新金融》2016 年第 10 期。

② 林晓轩：《区块链技术在金融业的应用》，《中国金融》2016 年第 4 期。

③ 参见王硕《区块链技术在金融领域的研究现状及创新趋势分析》，《上海金融》2016 年第 2 期。

同时，区块链也受到监管机构的高度关注。美联储、IMF 与世界银行 2016 年 6 月初召开国际监管会议，全球 90 个国家央行应邀出席。美联储主席耶伦敦促与会机构加强对区块链的深入分析。

区块链是一个集成了多方面研究成果基础之上的综合性技术系统，有共识机制（智能合约）、密码学原理、分布式数据存储三项必不可缺的核心技术。区块链能弥补传统金融机构的不足，提高运作效率，降低运营成本，灵活更新市场规则，防止信息篡改和伪造，同时也大大提高了稳定性。

1. 区块链及其特征

（1）什么是区块链？

2008 年，区块链概念由化名为“中本聪”（Satoshi nakamoto）的学者在密码学邮件组发表的奠基性论文《比特币：一种点对点电子现金系统（Bitcoin：A Peer-to-Peer Electronic Cash System）》中首次提出[①]。2009 年，“中本聪”在区块链的基础上创建了比特币，业内普遍把比特币视为区块链在全球的首个应用。区块链技术是建立在特定计算机网络和共识机制基础上的分散式记账系统[②]。目前，全球对区块链并没有一个行业公认的定义，已经达成的逐步共识是：区块链是一种分布式数据库共享技术。一组或几组数据在计算机上建立仓库，且这些数据是以区块（Block）形式存在的，这些区块按照一定的数据模型存放一些记录，区块与区块之间按照密码学原理相互链接，即被称为区块链（Block chain）。“区块链技术是指通过去中心化和去信任的方式，由参与其中的成员共同维护一个特定数据库的技术方案。”[③] 该方案要让参与系统中的任意多个节点，通过一串使用密码学方式相关联产生的数据块（即区块，block），每个数据块中都包含

---

① 参见 Nakamoto S. Bitcoin，A peer-to-peer electronic cash system（https：//bitcoin. org/bitcoin. pdf，2009）。

② 参见 Silverberg，Kristen，“Banking on the Block chain：Reengineering the Financial Architecture”. *Institute of International Finance*，November 16，2015。

③ 童毛弟、牛哲、陈庭强：《区块链技术及其在数字货币领域的应用》，《财会月刊》2018 年第 8 期。

了一定时间内的系统完全信息交流的数据，并生成数据“密码”用于验证其信息的有效性和链接下一个数据块。从本质上来看，区块链可以理解为一个基于计算机程序的开放式总账，它可以独立记录在区块链上发生的所有交易，系统中的每个节点都可以将其记录的数据更新至网络，每个参与维护的节点都能复制获得一份完整数据库的拷贝，这就构成了一个去中心化的分布式数据，可以在无须第三方介入的情况下，实现人与人之间点对点式的交易和互动。“从技术原理上来看，区块链并不复杂，但在经济社会发展的各个领域有着十分广泛的用途。”①

（2）区块链特征

与通过计算机、互联网技术处理账簿、优化流程相比，区块链为什么是重大创新？它最鲜明的特征是什么？“去中介化”“不可篡改性”“公开透明性”“匿名性”是区块链的本质特征②。

一是去中心化。去中心化是区块链技术最本质的特征。区块链技术的产生意味着在没有中央处理节点的情况下，实现了全网所有数据的分布式记录、存储并且能够保证数据记录的真实性。区块链技术通过 P2P（点对点）协议组成网络。不同于中心化网络模式，P2P 网络中各节点的计算机地位平等，每个节点有相同的网络权力，不存在中心化的服务器。在这种去中心化的网络环境中，全网所有在网节点没有实质的区别，所有节点享有相同的权利和义务。区块链网络中的在网节点必须遵守同样的密码学规则，共同维护全网系统中的数据记录。对数据的记录、存储过程，必须得到区块链网络内其他节点的批准后才能执行。由于所有在网节点并没有第三方中介或者信任机构背书，所以在去中心化的区块链网络中，对单个节点的攻击无法控制或者对整个区块链网络产生影响。

二是信息不可篡改性。区块链区块中的信息是不可篡改的。一旦

---

① 姚国章、吴春虎、余星：《区块链驱动的金融业发展变革研究》，《南京邮电大学学报》（自然科学版）2016 年第 5 期。

② 参见李董、魏进武《区块链技术原理、应用领域及挑战》，《电信科学》2016 年第 12 期。

数据信息被验证通过写入区块并加入区块链中，就无法被篡改。区块链的数据信息必须经过全网大部分节点的审核以后，才能允许被记录。除非能够控制系统中51%以上在网节点，否则对单节点的区块记录篡改是没有意义的。即对个别节点的账本数据的篡改、攻击不会影响全网总账的安全性。这种信息的不可篡改性保证了区块链数据的稳定性与可靠性。

三是数据及操作的透明性。区块链技术作为分布式账本技术，系统内所有的数据记录及操作对于所有在网节点都是透明的。在典型的区块链网络中，每一个节点都能够存储全网发生的历史交易记录的完整、一致账本。区块链通过对非对称加密算法、散列加密等密码学技术的组合应用，保证区块链信息在全网的高度透明性。并且区块链网络运行的程序、规则、节点的接入方式都是公开的，这是区块链网络信任的基础。这些机制的运用，保证了区块链中记录的数据可以被全网所有节点审查、追溯。

四是匿名性。匿名性是指在实现数据透明的同时保护个人隐私，在进行私密交易的同时保证区块链的真实性。区块链技术在复杂的网络环境中解决了在网节点间的信任问题，因而区块链网络中的交易节点可以在无须了解对方身份的情况下进行交易。区块链网络中的交易是基于加密地址，而不会对交易双方身份进行认证。交易双方仅需要公布自己的地址就可以与对方进行交易通信。这种匿名性的技术基础就是非对称加密算法。

2. 区块链技术在金融业中的应用

区块链意味着一个可信任社会的到来——由于区块链的记录不可篡改、真实可信，人们对区块链的信任可能超过对中心化公司的信任，形成“去信用中介化”的系统信任。从国内外实践来看，除了在虚拟货币已开展实际应用外，区块链技术在金融领域，仍以探索性实验为主。但该技术在简化结算过程，降低交易成本上的巨大潜力，让众多金融机构，特别是商业银行为之侧目，并已开展了一系列探索和研究。2016年12月27日，国务院首次将区块链作为战略性前沿技术纳入“十三五”国家信息化规划，区块链上升至前所未有的高度。

区块链目前已经在数字货币、支付结算、票据与供应链金融、客户征信与反欺诈等金融领域进行试验和推广。

（1）数字货币（digital currency）

目前，数字货币还没有一个统一的定义①。在实践中，数字货币的概念非常宽泛。英格兰银行认为，数字货币是仅以电子形式存在的支付手段。与传统货币类似，数字货币可以用于购买实物商品和服务。在不同语境下，数字货币有着不同的内涵和外延。广义的数字货币等同于电子货币，泛指一切以电子形式存在的货币；狭义的数字货币指的是纯数字化的货币，它不需要物理载体。② 根据发行者的不同，数字货币可以分为央行发行的数字货币和私人发行的数字货币。其中，央行发行的数字货币，是指中央银行发行的，以代表具体金额的加密数字串为表现形式的法定货币。它本身不是物理实体，也不以物理实体为载体，而是用于网络投资、交易和储存、代表一定量价值的数字化信息。私人发行的数字货币，亦称虚拟货币（virtual currency），是由开发者发行和控制、不受政府监管、在一个虚拟社区的成员间流通的数字货币，如比特币（Bitcoin）等。有时候，采用密码学技术的数字货币又被称为加密货币（cryptocurrency）。数字货币（digital currency）更强调价值以数字形式表现，虚拟货币（virtual currency）更强调价值以虚拟形式存在，而非以实物形式存在。当它们的发行和交易确认使用到密码学时，则被称作加密货币。

区块链应用最成功的加密货币是比特币。比特币是一种基于分布式网络和数字签名技术以加密交易单形式存在的虚拟货币，其发行和交易验证基于比特币系统公认的数学算法和加密技术，不需要中央机构或第三方机构就能与法定货币进行双向兑换③。比特币颠覆了传统货币的央行背书，通过共享账本实现了货币的流转流通，帮助人类第

① 参见姚前、汤莹玮《关于央行法定数字货币的若干思考》，《金融研究》2017 年第 7 期。

② 参见刘津含、陈建《数字货币对国际货币体系的影响研究》，《经济学家》2018 年第 5 期。

③ 参见赵鹞《区块链技术在金融行业应用研究》，《武汉金融》2018 年第 3 期。

一次在没有任何中介机构参与的情况下，完成双方互信的转账行为，对世界货币体系产生了颠覆性的影响。

以比特币为代表的数字货币目前已在欧美国家获得相当程度的市场接受，不但能在商户用比特币支付商品，更是衍生出比特币的借记卡与 ATM 机等应用产品，且已有国家发行数字货币的先例。2015 年厄瓜多尔率先推出国家版数字货币，不但能减少发行成本及增加便利性，还能让偏远地区无法拥有银行资源的民众通过数字化平台获得金融服务。突尼斯也根据区块链的技术发行国家版数字货币，除了让国民通过数字货币买卖商品，还能缴付水电费账单等，结合区块链分布式账本的概念，将交易记录记载于区块链中，方便管理。瑞典、澳大利亚及俄罗斯也在研究发展数字货币的计划。

2016 年 1 月 20 日，中国人民银行专门就数字货币召开了专题研讨会，指出“发行数字货币既可以降低传统纸币发行、流通的高昂成本，又可以提升经济交易活动的便利性和透明度，减少洗钱、逃漏税等违法犯罪行为，提升央行对货币供给和货币流通的控制力，还有助于我国建设全新的金融基础设施，进一步完善我国支付体系，提升支付清算效率，推动经济提质增效升级”。可以肯定，无论是国际还是国内，加快基于区块链技术的数字货币的发行和流通，已成为普遍的共识，对重构全球未来货币金融体系无疑有着重要的意义。

（2）跨境支付与结算

区块链的去中心化特征可以实现点到点快速且成本低廉的跨境支付，安全透明，不但可以全天候支付、实时到账、提现简便及没有隐形成本，也有助于降低跨境电商资金风险及满足跨境电商对支付清算服务的及时性、便捷性需求，大大提高资金利用率。成立于 2012 年的 Ripple 就是基于区块链技术提供跨境支付服务，它使用云联网时代的基础架构协议，让不同的支付体系进行交流，这就使银行无须通过代理银行就可以实现直接、即时的交易，降低总结算费用。Ripple 表示，自己的技术能让银行在支付中减少 33% 的成本，数秒内即可完成交易。国内目前已经有民生银行、招商银行和平安集团等先后加入 R3 等国际区块链组织，参与标准的统一制定与合作。同时各大银行都在加强自身技术的研发与应用，在不同的领域进行积极尝试。目前，通过应用首创区块链直联跨境支付技术，招商银行实现了首单应用跨行支付，即国内的南海控股有限公司通过永隆银行向其在香港同名账户实现跨境支付，这在国内区块链金融应用领域具有里程碑意义。另外，2016 年 9 月，微众银行联合华瑞银行开发的基于联盟型区块链技术的银行间联合贷款清算平台投入试运行，用于优化两家银行“微粒贷”联合贷款的结算、清算。作为国内银行业的首个区块链实际应用场景，这个清算平台使得两个真实的银行机构可以通过区块链进行数据交换验证，完成实时清算。2017 年 11 月 3 日，招商银行西安高新科技支行通过招商银行总行自主研发的区块链直联跨境支付应用技术，成功完成一笔美元跨境支付业务。

（3）数字票据与供应链金融

票据及供应链金融业务因人为介入过多，导致许多违规事件及操作风险，急需实现票据价值传递和供应链金融业务的去中介化，兼顾安全性和流动性。

票据是金融业基础性的信息载体，是维持各项金融业务运行的基本“血液”。随着以互联网为主要表现形式的信息技术的快速发展，票据的电子化早已在行业内普遍应用，但基本还停留在传统纸质票据的无纸化阶段，必须依赖中心化的管理机构来确保虚拟票据的有效性和合法性。区块链技术的出现为传统票据的数字化提供了全新的思路，基于区块链技术的数字票据融合了区块链的技术特性和票据的属性，是一种更加安全、智能、高效、便捷的票据呈现形态。利用区块链技术的数字票据具有以下四个方面的特性[①]：一是票据不需要中心化的机构实现票据价值的传递，票据传递的各方可以直接进行点对点的数据交换，传统的票据中介的作用将会被替代；二是利用区块链不可篡改、全网公开的特性，确保数字票据的真实性和可验证性；三是票据不需要中心服务器储存数据，既可以减低票据管理的成本，又可

① 参见姚国章、吴春虎、余星《区块链驱动的金融业发展变革研究》，《南京邮电大学学报》（自然科学版）2016 年第 5 期。

以防范传统票据管理系统所面临的各种风险；四是区块链所具有的可追溯性可以对票据的合理性和业务的吻合性进行核查，对防范各类金融风险有着极大的帮助。数字票据在金融领域的应用十分广泛，各类支付凭证、外汇、纸黄金等金融产品均可通过数字票据的形式得以体现，传统的票据管理模式将会产生革命性的变革。2017 年 1 月 3 日，浙商银行基于区块链技术的移动数字汇票产品正式上线并完成首笔交易。基于区块链技术的移动数字汇票平台，提供在移动客户端签发、签收、转让、买卖、兑付移动数字汇票的功能，并在区块链平台实现公开、安全的记账。移动汇票通过采用区块链技术，将以数字资产的方式进行存储、交易，在区块链系统内流通，不易丢失、无法篡改，具有更强的安全性和不可抵赖性。

区块链技术在互联网供应链金融中的应用可以在金融活动和产业活动两个层面实现。“金融层面的区块链应用主要是支付清算和数字票据，而在产业活动层面，区块链技术可以运用在权益证明和物流运作证明上。”[①] 目前，供应链金融交易流程复杂，业务处理高度依赖人工，存在人工成本高、操作风险大、收益低的问题。“供应链金融通过应用区块链技术可减少人工成本、提高安全度及实现端到端的透明化。”[②] 区块链技术可以大幅减少人工干预，智能合约将严重依赖文书工作的程序数字化，而这将大大提高供应链金融的效率，降低手工操作风险。对于主要交易方的供应商、买方和银行以及分散在分布式账本上的共享合约信息，智能合约可以确保在预定的时间和条件达成后自动进行支付。

（4）客户征信与反“洗钱”

目前，商业银行信贷业务的开展，无论是针对企业还是个人，最基础的考虑因素都是借款主体本身所具备的金融信用。商业银行将每个借款主体的信用信息及还款情况上传至央行的征信中心，需要查询

---

① 宋华：《基于产业生态的供应链金融的创新趋势》，《中国流通经济》2016 年第 12 期。

② 金檀顺子、雷霆：《银行应用区块链的前景、挑战和对策建议》，《新金融》2017 年第 7 期。

时，在客户授权的前提下，再从央行征信中心下载信息以供参考。这其中存在信息不完整、数据更新不及时、效率较低、使用成本高等问题。利用区块链技术实现征信管理的去中心化是未来的趋势。区块链能自动记录各类金融活动的数据，并存储在区块链的每一个网络节点上，信息高度透明、不可篡改、使用便捷高效，当金融机构需要调取相关对象的征信数据时，不再需要通过传统的手段获得，并且所获得的数据的准确性、完整性和时效性等方面都将比过去有更大的提升。

反"洗钱"是一项长期艰巨的工作。据世界银行估算，全球范围内每年洗钱规模高达2万亿—3.5万亿美元（约占全球GDP的3%—5%）。金融机构为落实日益严格的监管要求，不断投入大量人力物力，开发和维护反"洗钱"系统。例如：在开户/建立业务关系环节，需要人工参与识别客户身份，有效保存客户身份资料和交易记录。在日常监测分析环节，由于反"洗钱"风险预警监测不能实现完全自动化，因此需要手工处理；此外，内控合规部门还要集中处理，审查分析大额和可疑交易。在报告环节，要及时向上级行及监管部门报告大额交易和可疑交易（包括涉嫌恐怖融资的交易），协助监管机构的反洗钱调查，接受监督检查①。金融领域"洗钱"行为的存在，主要原因在于金融机构之间的信息不对称，给不法分子提供了可乘之机。反"洗钱"一直是银行业的老大难问题，各国银行为之展开了各种探索，但至今收效甚微。据埃森哲统计，银行业每年反洗钱支出（含监管罚没）高达180亿美元。区块链技术的引入，将为抵制洗钱行为的发生提供可靠的技术支撑。利用区块链技术，各金融机构将各自管理和验证的客户信息进行数字化处理后，统一上传至区块链，可以实现数据之间的同步和比对，以便及时发现可疑的线索。与此同时，各金融机构为交易中的实体提供电子身份证明的私钥，并将用户地址与其电子身份证明信息实现一一对应，每笔交易的发生都需要经过该私钥和银行掌握的公钥进行验证，只有相互匹配才能促成交易，并通过用户地

① 参见王焯、汪川《区块链技术：内涵、应用及其对金融业的重塑》，《新金融》2016年第10期。

址进行，这就决定了区块链上数据的真实性和合法性①。据高盛预测，区块链每年可节省反洗钱支出25亿美元，避免5亿—25亿美元的监管处罚。

三 金融科技的驱动因素

（一）现有金融体系边界限制与不足

1. 发达经济体中金融体系边界限制

不管是在金融基础设施建设还是在科技的应用上，发达经济体的金融体系通常被认为是比较有效率的。但Philippon发现，美国金融中介的单位成本自2008年金融危机之后才开始下降，而在此之前的130年中一直保持在2%左右②。Bazot指出，德国、英国和法国的情形也是如此。这说明信息技术的进步并未及时有效地传递到金融服务的终端用户。近期的研究同样发现许多发达经济体的金融业已经到达了一个临界点——即在原有的市场环境下，进行更多的金融业务并不能拓展现有金融体系的边界，只有在新的企业进入金融行业之后，金融服务进步才能提高社会福祉。因此，发达经济体中FinTech的初衷在于利用科技提供风险管理、数据分析、交易平台从而完善金融服务，突破临界点。“也正因如此，FinTech与传统金融并非颠覆的关系，而是互为补充，使得金融服务体系更为丰富完善。”③

2. 发展中经济体金融体系服务不足

发展中经济体的金融服务供给常被认为是不足的，FinTech的出现恰好弥补了这一不足，从而缓解了金融排斥。据调查，全球拥有正规金融机构（包括商业银行、信用社、合作银行、邮政储蓄和微型金

---

① 得勤：《“区块链”技术深刻地影响金融业》（http：//www2. Deloitte. com/）。

② 参见Philippon T.，“Has the U. S. Finance Industry Become Less Efficient?，on the Theory and Measurement of Financial Intermediation”. *American Economic Review*，2015，105（4）：42－80。

③ 王静：《全球金融科技发展动因及监管科技发展趋势》，《证券市场导报》2018年2月号。

融机构）账户的人口比例只有51%。对于大部分人而言，银行账户是进入正规金融体系的“首道大门”，没有银行账户就意味着他们不仅没有银行存款和贷款，而且也没有支付结算、投资等任何金融服务。这部分“无银行”（unbanked）人口主要分布在发展中国家，特别是中东和撒哈拉以南的非洲，其中又以穷人和日收入低于2美元的人口为主。这样一个庞大的人口无疑就成为金融科技企业服务的对象，他们正好可以利用银行等金融机构留下的空白展示自己的金融科技产品。而另外一个更好的机遇是，这些国家拥有手机的人口比例等于甚至超过拥有银行账户的人口比例，在那些拥有广大农村地区但银行网点少的国家尤其如此。正因为如此，金融科技在发展中国家获得了更快的发展。

以非洲的肯尼亚为例，其金融体系的主要问题在于金融基础设施的不足。2007年，肯尼亚在英国国际发展部的资助下，由移动网络运营商Safaricom和移动通讯企业Vadafone联手推出了一种叫M-Pesa的移动货币，其建立的初衷在于促进微型金融信贷还款的便利性。当然，M-Pesa这项服务并非只能在城市或大型商业机构使用，偏远地区的农民也可以通过M-Pesa就农产品价格讨价还价，并最终使用自己的手机完成交易；当地的游牧民族马萨伊人可以使用自己的手机进行家畜交易，然后购买生活必需品带回家。对于生活在偏远地区的人们，M-Pesa服务意味着他们不必带着大量的现金去市场或城镇交易。对于那些没有固定住址或银行账户的人们，这项服务可以使他们把自己持有的任意一种现金充入M-Pesa账户，获得移动支付额度，并进行支付、转账或存款，进而从一个经济体内的被排斥者成为参与者。对于移民来说，M-Pesa服务可以使他们以安全、简单的方式把钱转给家人或村民。对于肯尼亚企业来说，M-Pesa服务意味着支付货款或维修款可以即时完成，不必依赖效率低下的银行或存在缺陷的基础系统。事实证明M-Pesa的出现不仅缓解了肯尼亚地区金融排斥的问题，还填补了肯尼亚金融体系内长期以来的系统性缺口，把手机变为银行账户（肯尼亚互联网用户人数从2007年的7.95人每百人增长到2014年的43.4人每百人），弥补了金融基础设施不足带来的服务缺口，成为全球移动货币典范①。M-Pesa 在肯尼亚推出获得成功后很快复制到阿富汗、南非、印度等国，也受到这些国家“无银行”人口的欢迎。除了“无银行”人口外，还有更大一部分“银行服务不足”（under-banked）的人口，贷款就是这样一个例子。

在中国，金融科技发展迅速，并且在某些领域处于世界领先地位。其中一个重要原因是我国金融体系存在低效率或扭曲现象。从贷款来看，我国正规金融一直未能给予小微企业、农户、低收入者等弱势群体充足的金融服务，这些群体创业创新、扩大生产规模、管理流动性的贷款需求经常遭到拒绝。根据西南财经大学中国家庭金融调查与研究中心《中国小微企业调研报告》，中国 5600 万小微企业和个体工商户中仅有 11.9% 能从银行获得贷款。世界银行的问卷调查也显示，2013 年中国 15 岁以上的人口中仅有 9.6% 获得银行贷款，低于东亚太平洋地区（仅发展中国家）11% 的比例，更低于高收入国家 17.3% 的比例。一项对我国拍拍贷平台借款人的问卷调查显示，他们从未从任何金融机构获得过贷款，而他们贷款的主要目的是为了“积累信用”，这无疑反映了现实的无奈。此外，我国被调查者在金融科技平台上投资的比例接近 40%，也远远高于其他国家，在此项调查中位居首位，比第二位的印度（大约 25%）高出十几个百分点。由此可见，金融科技是应小微企业和普通金融消费者投融资需求而产生的，它内生于市场机制中，具有合理性。对于支付清算方面的正规金融服务的不足，一个不可争辩的事实是，中国居民日常生活常见的例如理发店和便利店等存在大量的小额、分散和零散消费支付的场景，由于传统金融体系下的小额分散转账交易成本高昂，导致它们都被排斥在银行的支付体系之外，而支付宝、微信支付等移动支付瞄准了这一块市场，在各种场景下实现支付与其他金融功能的结合，便利了人们的日常生活。

---

① 参见王静、邢成《互联网金融：消费者行为变迁及银行变革》，《征信》2014 年第 9 期。

（二）政策支持科技进步与创新精神

人工智能、机器学习、大数据分析等科技创新已经对金融服务行业运营方式产生了巨大影响。监管机构对金融科技的包容，为金融科技的发展提供了良好的制度环境。Arner、Barberis 和 Buckley 指出，英国、新加坡、澳大利亚等国家推出创新中心、创新加速器，鼓励在本国发展 FinTech，目的就在于充分发挥其企业家精神，以金融科技集群的新型产业组织创造就业，拉动经济增长。①

1. 英国的金融科技政策

英国作为传统的金融帝国和全球金融中心，也是施行金融科技政策的先行者。2008 年金融危机以来，为应对新的科技革命的挑战，英国政府认为金融科技具有提升传统金融业的竞争力、吸引更多的国际投资、创造就业和促进经济增长等众多优点，因此不仅承诺支持金融科技的发展，而且积极采取措施，不断强化其金融科技的世界领先地位，打造全球的金融创新中心。早在 2010 年 11 月，英国就已推出将伦敦定位为科技城的政府计划，设立了科技城投资机构（TCIO）作为创新推动中心组织，积极构建创新业务的生态系统。

2014 年 8 月，英国财政部提出“金融科技振兴”策略，对于金融科技创新企业给予税收优惠；2015 年，英国金融行为监管局（Financial Condwct Authority，简称 FCA）设立了创新项目（Project Innovate），并增设创新中心（Innovation Hub）②。英国前首相卡梅伦在 2015 年还宣布英国金融科技规划 2020 年的三大目标，分别是：（1）打造全球金融科技投资最友善的环境；（2）成为全球金融科技中心并诞生至少 25 家领先的金融科技公司；（3）新创造 10 万个金融科技工作机会。2016 年 5 月 9 日，为实现英国金融科技规划 2020 年的三大目标，英国金融行为监管局正式启动了监管沙盒（Regulatory

① 参见李敏《金融科技的监管模式选择与优化路径研究》，《金融监管研究》2017 年第 11 期。

② 参见陈生强《金融科技的全球视野与实践》，《中国银行业》2017 年第 5 期。

Sandbox）计划，针对创新企业提供一个“缩小版”的真实市场和“宽松版”的监管政策，配合减税方案，为金融科技、新金融等新兴业态创造了一个“安全区域”（Safe Place），推进英国金融科技的竞争和创新。

2018 年 3 月 22 日，在英国政府的第二次国际金融科技大会上，英国财政部部长菲利普·哈蒙德宣布了《英国金融科技行业战略》，该战略包括由英国财政部、英格兰银行和金融行为监管局组成加密资产特别工作组，使金融科技公司能够更快更容易地满足复杂合规的“智能监管”；制定一套行业标准、让金融科技公司更容易与现有银行合作；帮助新的、小型的金融科技公司提供复杂的金融服务，并由此拓展业务获取新客户。行业和政府将共同努力创建“共享平台”，以帮助消除这些公司在建立新体系时面临的障碍，与政府的金融科技交付小组开发的工作计划相连接，帮助金融科技公司利用到英国多样化的劳动力；英国和澳大利亚建立新的“金融技术桥”，以帮助英国企业在国际范围内扩张。

2. 美国的金融科技政策

作为金融强国，美国金融科技支持政策也走在世界前列。2012 年 4 月，美国前总统奥巴马签署了《促进创业企业融资法案》（Jump-start Our Business Startups Act），即著名的“JOBS 法案”。这部法律确立了众筹平台作为新型金融中介的合法性，明确了平台权利与义务的基本原则，为众筹行业的发展提供了前瞻性监管指引。

2016 年 2 月，美国消费者金融保护局（CFPB）发布无执行行动承诺函（No Action Letters，NALs），按此规定，那些能够获得巨大收益的创新金融产品或服务提供商，如果不确定是否需要被监管或者不确定如何接受监管，可以向 CFPB 提出申请，由保护局发出无执行行动承诺函，以此促进金融科技进步与创新。

2016 年 3 月，美国货币监理署（OCC）发布文件，提供其对金融服务行业创新的观点，并概述指导其金融创新方法的原则，并征求对文件中提出的九个问题和其他主题的反馈；2016 年 11 月，美国证券交易委员会（SEC）举办论坛，讨论了诸如区块链技术、数字化投顾或机器人顾问、在线贷款等问题。

2017 年 1 月，奥巴马卸任之前，美国国家经济委员会发布了《金融科技监管框架白皮书》，全面系统地阐述了金融科技政策设计和监管策略的政策目标和基本原则。《白皮书》将鼓励金融科技创新创业、支持美国金融科技企业的服务和产品输出、营造监管友好型的金融科技创业环境以吸引更多金融科技企业入驻美国，增强国家的经济竞争力作为重要的战略目标。

3. 新加坡的金融科技政策

新加坡是全球 1200 家银行、保险等金融机构的总部所在地。2016 年全球金融中心指数（CFCIX）显示，在全球 86 个金融中心中，新加坡排名第三，仅次于英国伦敦和美国纽约。CFCI 指数反映了这些金融中心在营商环境、人力资本、基础设施和市场环境方面的先进性和总体竞争力。继英国和美国之后，新加坡政府较早就意识到 FinTech 的影响力。为顺应金融科技发展潮流，积极制定金融科技政策，使其成为具有吸引力的创业之地。2015 年下半年开始，新加坡将建设“智慧国家”作为政府的重点发展任务。在此背景下，新加坡结合自身的金融业基础，推动 FinTech 企业、行业和生态圈的发展。

2015 年 8 月，新加坡金融监管局（Monetary Authority of Singapore，MAS）下设立金融科技和创新团队（FinTech & Innovation Group，FTIG），在 FTIG 内建立支付与技术方案、技术基础建设和技术创新实验室三个办公室。并投入 2.25 亿新元推动《金融领域科技和创新计划（Financial Sector Technology & Innovation Scheme，FS-TI）》，鼓励全球金融业在新加坡建立创新和研发中心，全面支持地区金融业发展。

2016 年，新加坡设立了国立研究基金会（NRF，National research foundation），通过科技孵化计划、前期投资基金、概念证明等项目，对创新企业和科技研究人员提供资金。2016 年 5 月，由新加坡创新机构（SG-Innovate）和新加坡金融管理局（MAS）联合设立金融科技署（FinTech Office）负责审查 FinTech 相关资助计划，管理新加坡

FinTech 品牌战略，致力于成为全球金融科技枢纽中心，确保其国际金融中心竞争力。

2016 年 6 月，新加坡提出了“监管沙盒”制度，为 FinTech 初创企业和大型金融公司研发的金融科技方案测试提供一个良好的制度环境。MAS 敏锐地意识到，FinTech 领域正在蓬勃发展，而现有监管要求引起的摩擦可能会减缓创新过程。此外，MAS 认为，“在某些情况下，一个特定的金融科技方案是否符合监管要求或是否会带来不可接受的风险并不清楚。因为这种不确定性而不给予机会尝试可能扼杀有前途的创新，并可能导致错失良机”①。新加坡金融监管局 MAS 所提出的“监管沙盒”实质上是为 FinTech 产业的各种新模式、新业态、新理念等提供的一个“试验区”，让银行等金融机构和初创企业在这个既定的“安全区域”内试验新产品、新服务、新模式等，适当放松参与试验的产品和服务的约束和管制，甚至在必要时适度修改现行法例提高弹性让初创公司试验。

2016 年 11 月，新加坡金融监管局在举办的首届新加坡金融科技节上，宣布新加坡为打造智慧金融中心而推出一系列计划，包括将全国个人信息平台 MyInfo 的资料应用在金融领域、试用区块链技术进行跨银行和跨境付款等。

表 2.4　　**国际机构和主权国家金融高科技监管政策梳理**

时间	文件名称	发文机构	主要内容
2014 年 7 月	“创新项目”计划	英国金融行为管理局（FCA）	强调支持创新并保护消费者利益，建立了两个机制，承担不同阶段的任务：一是孵化器提供政策咨询，帮助初创企业获得 FCA 的许可。二是由创新中心从监管角度向持牌企业提出合规建议
2015 年 11 月	《普惠保险业务准则》	国际保险监督官协会（IAIS）	金融科技领域的消费者保护、数据保护等问题

① 参见白士洋《新加坡如何监管金融科技》，《中国金融》2017 年第 12 期。

续表

时间	文件名称	发文机构	主要内容
2016 年 3 月	《金融科技的全景描述与分析框架报告》	金融稳定理事会（FSB）	全球金融监管当局首次给出金融科技的定义，并对金融科技发展进行了全面的分析
2016 年 5 月	“监管沙盒（Regulatory Sanbox）”	英国金融行为管理局（FCA）	针对创新企业提供一个“缩小版”的真实市场和“宽松版”的监管环境
2016 年 6 月	《金融科技沙盒监管指引》	新加坡金融管理局（MAS）	鼓励金融机构和其他企业参加限定范围和时间的试验，由新加坡金管局通过放宽特定的法律和监管要求给予适当监管支持
2016 年 6 月	《进一步促进金融服务创新的相关措施（征求意见稿）》	澳大利亚证券和投资委员会（ASIC）	从两个方面促进金融创新：一是“监管沙盘”政策。允许符合条件的企业在不具备金融服务牌照的情况下，开展为期 6 个月特定金融创新服务的探索经营。二是帮助创新型金融科技企业达到高管任职资格的监管要求
2016 年 12 月	257 号监管指南《在不持有 AFS 或者信贷许可证的情况下测试金融科技产品和服务》	澳大利亚证券和投资委员会（ASIC）	一些金融科技企业提供金融产品和信贷服务可以金融科技许可证豁免的情况和条件。主要包括提供金瓯让服务金额以及对服务对象数量的限制
2017 年 1 月	《金融科技监管白皮书》	美国国家经济委员会（NEC）	提出拥抱金融高科技创新的同时，为监管机构提出 10 项评估新兴金融科技生态系统的原则，便于政策制定者及监管层思考、参与及评估金融科技生态圈，从而实现相应的政策目标
2017 年 2 月	《金融科技研究报告》	国际证监会组织（IOSCO）	报告全面评估了包括区块链、云技术等金融科技在证券和资本市场的运用及影响
2017 年 4 月	《金融科技监管创新计划》	英国财政部（HM Treasury）	探讨了监管如何适应并鼓励变个性的业务模式，并利用高新技术来减少业务的监管负担

资料来源：如是金融研究院。

4. 我国的金融科技政策

近年来，我国出台了一系列政策鼓励金融科技的发展，为金融科技行业发展提供了广阔的空间和有力的保障（见表2.5）。

首先，从国家层面来看，我们认为，国家对于金融科技创新，在监管初期采取的是较为宽松的政策。2015年3月，李克强总理在《政府工作报告》中两次提到“互联网金融”，并表述为“异军突起”，要求“促进互联网金融持续健康发展”。之后不久，国务院办公厅印发了《关于发展众创空间推进大众创新创业的指导意见》（国办发〔2015〕9号）。鼓励地方政府开展互联网股权众筹融资试点，增强众筹对大众创新创业的服务能力。2015年7月4日，国务院发布《关于积极推进“互联网+”行动的指导意见》（国发〔2015〕40号），指导意见文件出现15次“互联网金融”这个关键词，2次出现“网络借贷”。其中提到要促进互联网金融健康发展，培育一批具有行业影响力的互联网金融创新型企业。规范发展网络借贷和互联网消费信贷业务，鼓励互联网企业依法合规提供创新金融产品和服务，更好满足中小微企业、创新型企业和个人的投融资需求。2016年8月8日，国务院印发了《“十三五”国家科技创新规划》，将科技与金融融合列入“十三五”创新规划，引导银行等金融机构创新信贷产品与金融服务，推进各具特色的科技金融专营机构和服务中心建设。随后，国务院鼓励技术创新，金融科技的两项重要底层技术——区块链纳入“十三五”国家信息化规划、人工智能发展规划出台，上升至战略高度。2017年《政府工作报告》将“提升科技创新能力”与“抓好金融体制改革”列为了当年的重点工作任务，科技与金融的融合成为焦点。

其次，从主管部门来看，相关部门密切配合，引导和规范金融科技的发展。金融科技同时涉及金融和科技，主管部门既有主管金融的央行、银保监会等，也有主管科技的科技部、工信部等。相关政策较多，多由各方密切配合联合发文。比如，2015年7月18日，中国人民银行联合工业和信息化部、公安部、财政部、工商总局、法制办、银监会、证监会、保监会和国家互联网信息办公室十部委发布了《关于促进互联网金融健康发展的指导意见》（银发〔2015〕221号）。该意见以“鼓励创新、防范风险、趋利避害、健康发展”为总的要求，提出了一系列鼓励创新、支持互联网金融稳步发展的政策措施。中国人民银行对待金融科技的态度逐步明确，高度鼓励金融科技发展也高度重视风险防范。从高层表态来看，2017年两会期间央行原行长周小川表明，央行高度鼓励金融科技，希望和各种业界共同合作，把金融科技的发展搞上去。同时也指出了金融科技在发展过程中的一些不规范的情况，既要鼓励发展，同时也要防范风险，健康发展。从机构设置上看，2017年5月央行成立金融科技委员会，统筹金融科技工作。金融科技委员会定位为加强金融科技工作的研究、规划与统筹协调，由分管科技的行领导牵头，成员单位包括科技、货币政策、金融市场、金融稳定、支付清算、征信等相关司局。主要承载着四大使命：第一，金融科技研究，坚持宏观和微观相结合，从宏观分析金融科技发展带来的影响，从微观聚焦金融科技的具体技术和产品，探究新技术对金融的影响。第二，开展金融科技应用试点，借助应用试点验证创新成果，甄选出有价值的创新，帮助创新主体准确把握创新实质，充分激发创新活力。第三，研制金融科技标准，制定具有前瞻性、科学性的金融科技标准，以标准促发展，以规范保安全。第四，探索金融科技创新管理机制，加快建立适合国情的管理机制，加强监管，为金融科技的健康发展保驾护航。从上面两个大事件可以看出，央行对于金融科技的管理思路已十分明晰，鼓励与监管并重，全方位引导金融科技在正确的轨道中前行。2017年11月，央行发布规范金融机构资管业务指导意见征求意见稿，对金融机构运用人工智能技术、采用机器人投资顾问开展资管业务进行规范。

最后，对于金融科技这一重要机遇，地方政府亦高度关注。2017年3月，深圳福田区发布全国地方政府首个金融科技专项政策《关于促进金融科技快速健康创新发展的若干意见》，在金融科技方面推出若干创新举措，力争5年内将福田打造成为有国际影响力的金融科技中心。

表 2.5　　中国金融科技监管政策梳理

层级	部门	颁布日期	政策名称	政策要点
国家层面	国务院	2016.7	关于印发"十三五"国家科技创新规划的通知	完善科技与金融结合机制
	国务院	2016.12	"十三五"国家信息化规划	首次将区块链作为战略性前沿技术纳入
	国务院	2017.1	关于促进移动互联网健康有序发展的意见	对移动互联网信息服务实行分类管理，有效防范和化解风险
	国务院	2017.3	关于落实《政府工作报告》重点工作部门分工的意见	高度警惕互联网金融等积累风险
	国务院	2017.7	新一代人工智能发展规划	实行"三步走"战略，大力发展人工智能
主管部门	科技部、央行等6部门	2014.1	关于大力推进体制机制创新，扎实做好科技金融服务的意见	大力培育和发展服务科技创新的金融组织体系
	央行等10部委	2015.7	关于促进互联网金融健康发展的指导意见	采取适度宽松的监管政策，为互联网金融创新留有余地和空间
	银监会	2016.4	P2P网络借贷风险专项整治工作实施方案	整治和取缔互联网企业在线上线下违规或超范围开展网贷业务，以网贷名义开展非法集资等违法违规活动
	工信部	2017.1	大数据产业发展规划	推动金融领域跨行业大数据应用
	央行	2017.6	中国金融业信息技术"十三五"发展规划	加强金融科技和监管科技研究与应用
地方政府	深圳福田区	2017.3	关于促进金融科技快速健康创新发展的若干意见	出台首个金融科技专项政策，打造有国际影响力的金融科技中心

资料来源：如是金融研究院。

（三）金融业经营成本上升与消费者行为趋势的变化

1. 金融业经营成本上升

基于银行体系内在脆弱性等原因，银行业是一个受到严格监管的行业。在全球长期处于超低利率的环境下，行业盈利能力一直在下降。[①] 近五年，全球十大银行（按资产规模排序）的加权平均净资产收益率要么下降，要么在低水平处徘徊。2012—2016年，中国工商银行的加权平均净资产收益率分别为23.02%、21.92%、19.96%、17.10%、15.24%；摩根大通银行的数据变化不大，但均处于较低水平，分别为11%、9%、10%、11%、10%。银行的低效经营模式早已无法满足全球投资者的需求。导致银行业成本收入比率居高不下的原因很多，主要表现在经营成本上升、合规成本增加、外部竞争加剧、业内竞争激烈等因素。欧美国家的商业银行的成本与收入之比平均超过60%，而我国商业银行则严格地控制住了成本增长。日本东京三菱银行的成本控制效果十分显著，但日本银行业的整体比例仍高于欧美银行。

另外，从成本结构看，薪酬是银行最大比例的营业成本之一。据中国工商银行年报数据显示，2015年和2016年，中国工商银行薪酬分别占非利息成本的51.7%、58.7%；2014—2016年，花旗银行的占比分别为43.52%、49.91%、50.63%；摩根大通银行的薪酬占比分别为49.22%、50.41%、53.43%；东京三菱银行的占比分别为40.25%、35.39%、37.93%。由此可以看出，人工成本早已是银行主要成本之一。表2.6列出了我国部分上市银行及世界五大银行2008—2016年成本与收益率的变化趋势。从表2.6可以看出，人工成本是我国银行的主要成本之一。为此，欧美银行选择发展金融科技，在全球率先提高自动化和数字化水平，以改善银行的成本收入结

① 参见王应贵、梁惠雅《金融科技对商业银行价值链的冲击及应对策略》，《新金融》2018年第3期。

构、提高银行服务效率。

表 2.6　2008—2016 年全球主要银行成本和收益率的变化趋势

（单位：%）

年份 银行	2008	2009	2010	2011	2012	2013	2014	2015	2016
工商银行	35.02	29.84	33.18	30.99	29.24	28.8	27.93	26.69	27.4
建设银行	30.73	32.93	31.5	29.87	29.57	29.65	28.85	26.98	27.49
农业银行	45.3	43.37	38.53	35.89	36.76	36.3	34.56	33.28	34.59
中国银行	31.52	34.92	34.16	32.45	31.73	30.61	28.57	28.3	28.08
汇丰银行	60.1	52.00	55.2	57.5	62.8	65.58	71.87	70.91	89.32
摩根大通	64.68	52.13	59.59	64.7	66.71	72.94	64.42	63.09	58.30
花旗银行	135.16	59.57	54.70	65.00	71.96	63.09	71.29	57.12	59.27
美国银行	55.77	53.49	62.50	75.39	87.07	79.10	88.08	69.59	65.65
巴黎银行	70.86	58.07	60.43	61.62	67.95	64.64	71.14	68.13	67.67

资料来源：各银行年度报表。

2. 消费者行为趋势变化

在互联网环境中，由于大量资讯给金融消费者带来的“心理冲击”和社交媒体网络分享带来的“扩散效应”，客户要求实现金融消费的自主选择和多元选择①。互联网、智能手机的普及以及网络覆盖的扩大，客户消费行为继而发生数字化转型与变迁，转向“移动优先”。数字化的持续发展使客户的生活、消费方式改变，更密集地使用线上社交平台获取及分享信息、更多在网上、手机银行查询及购买产品。

美联储在 2016 年对消费者和移动金融服务进行的一次调查结果显示，一方面使用移动银行的人群占比明显上升，从 2011 年的 22% 增加到 2015 年的 43%；另一方面，从年龄结构来看，18—44 岁年龄

① 参见谢磊《中国移动互联网行业投资分析报告》，《中国风险投资》2011 年第 5 期。

段的人群是最多使用移动银行的群体。由此，越是年轻化的群体，越是偏好于提供更多便利、更多选择、随时随地接入的金融科技产品与服务（见表2.7）。

另有调查发现，在欧洲，客户通过直销渠道（包括ATM、网上银行及手机银行等）购买及办理业务占比在2010—2015年大幅上升，尤其是复杂度较低的产品和服务。

埃森哲《2018年中国消费者趋势研究》显示，中国消费者的行为和预期正在快速变化，从当前数字化的生活转向未来智能生活。手机已超过传统ATM、网点等物理渠道成为消费者最常使用的银行渠道，以手机为主导的多渠道格局已经形成。中国消费者巨大的理财需求，也能在指尖上轻松实现。同时，以社交媒体、视频服务为代表的新渠道正在悄然崛起，部分消费者正在尝试使用社交媒体、可穿戴设备等新潮方式获取银行服务。调研中，四成消费者已开始通过手机理财，只有不到二成的消费者还经常去银行网点。其中，80后、90后更依赖以手机为载体的数字化生活方式。超过半数的80后、90后经常使用手机银行，该群体中有三成通过社交媒体获取银行服务（如图2.4）。

表2.7 **美国移动银行客户年龄分布（%）**

年龄组（岁）	2011	2012	2013	2014	2015
18—29	45	54	63	60	67
30—44	29	37	43	54	58
45—59	12	21	25	32	34
60 +	5	10	9	13	18
合计	22	29	33	39	43

注：该调查为抽样调查。

资料来源：联邦储备系统理事会，《消费者和移动金融服务》，2016年5月。

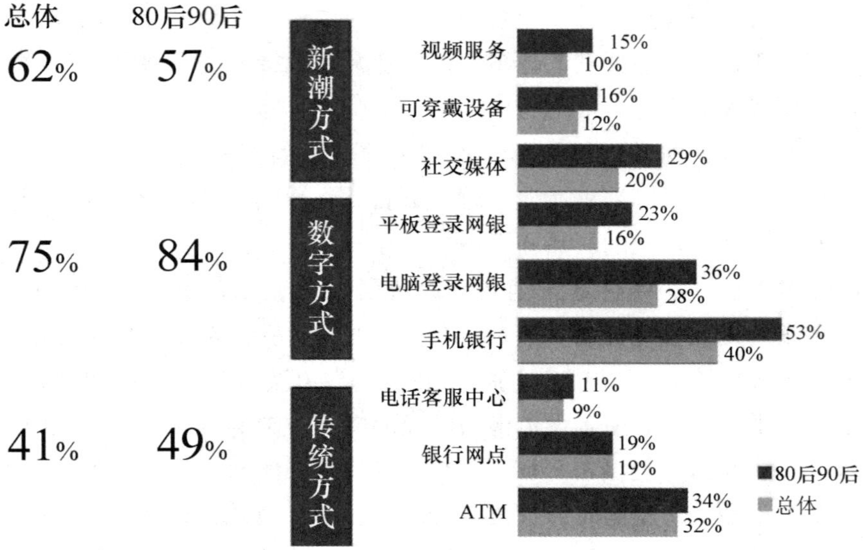

图 2.4　经常获取银行产品或服务的不同方式

（四）金融危机后监管合规成本的上升

2007—2009 年的金融危机触发了新的主动监管和逆周期监管①，金融监管方对银行合规程度的要求提高。如今，欧洲的银行必须满足各国政府、欧洲银行业监管机构、单一监管机制、欧洲证券和市场管理局和各国央行的要求。2008 年金融危机以后，美国政府针对各行各业出台了大量合规政策，其中尤以金融监管机构的最多。2008 年国际金融危机以来，我国金融监管体系掀起了一轮改革浪潮，不仅构建了逆周期调节的宏观审慎监管框架，而且也强化了人民银行对系统性金融风险的管理职能，同时对系统重要性金融机构的监管和对金融消费者权益的保护也逐步加强。因此，2008 年国际金融危机以来，全球所有金融机构不得不在合规领域投入前所未有的人力、物力，导

---

① 所谓逆周期金融监管是指金融资本监管随着经济周期不同阶段的转化而变：在经济扩张时期，商业银行应累积较多的资本，计提更多的拨备以应对经济衰退时期的需要；在经济衰退时期，可以适当降低对商业银行资本的监管标准，促使商业银行增加信贷投放，推进经济的复苏。逆周期监管也被通俗地理解为“以丰补欠”。

致金融业监管合规成本大幅增长。政策分析公司 Federal Financial Analytics 表示，2007—2013 年全球金融服务行业的合规成本每年达 1000 多亿美元，2013 年美国最大的 6 家银行在法规遵循上花了 700 亿美元，比 2007 年的 340 亿美元多了一倍。2012—2014 年，摩根大通为了对应政府制定的规范，公司增添了 1.3 万位员工，比重高达全体员工数量的 6%，每年成本支出增加 20 亿美元，约占全年营业利率的 10%。德意志银行表示，2014 年为了应对法令，追加支出的成本金额高达 13 亿欧元。HSBC2013 年追加聘用 3000 位法定程序人员（Compliance Staff）。合规成本（巴塞尔协议 III、反洗钱、多德 - 弗兰克法案等）已经占营业费用的 10%，在未来十年内预计还会上升。波士顿咨询集团（Boston Consulting Group）数据显示，全球大银行自 2008 年金融危机以来，因洗钱、市场操纵、为恐怖组织提供资金等违规业务被处以 3210 亿美元的罚金①（如图 2.5）。报告还指出，“这些成本的管理将继续成为银行重要的任务”。欺诈与金融犯罪风险、商业风险和网络风险将成为银行合规的重点监控对象。

自 2008 年全球金融危机以后，西方国家银行等金融机构变得更加厌恶风险，贷款和投资行为极为小心谨慎，而收益与利润下降使得它们从某些市场撤出，其中包括风险和成本均较高的小微企业贷款业务，这就导致危机后小微企业和低收入家庭贷款的可得性下降。P2P 网络借贷、众筹正是在这一时间兴起，通过为初创、起步阶段和早期发展阶段的企业提供资金弥补了这一融资缺口，从而在全球获得快速发展。P2P 网络借贷最早起源于英国，2005 年 3 月，Zopa 在英国开始运营。Zopa 全称为英国 Zopa 网上互助借贷公司，Zopa 是“可达成协议的空间（Zone of Possible Agreement）”的缩写。2006 年，美国首家 P2P 平台 Prosper 成立，2007 年美国的 Lending Club 成立。2007 年 6 月，中国首家网络借贷平台拍拍贷在上海成立。而众筹最早出现在美国，也是在美国发展得最为成熟。成立于 2005 年的美国众筹网站

---

① 参见朱丽萍《金融危机以来全球知名银行竞争力变迁考察》，《金融论坛》2013 年第 5 期。

Kiva 是最早为大众提供众筹业务的网络平台。2011 年，中国众筹网站——点名时间开始运营。①

监管层对 FinTech 初创企业的监管不像对大企业那么严格，所以金融科技企业更易于获得生存空间。与此同时，正是由于监管当局对不同企业的监管程度不同，触发了监管套利行为，从而间接促进了金融科技企业的快速发展。

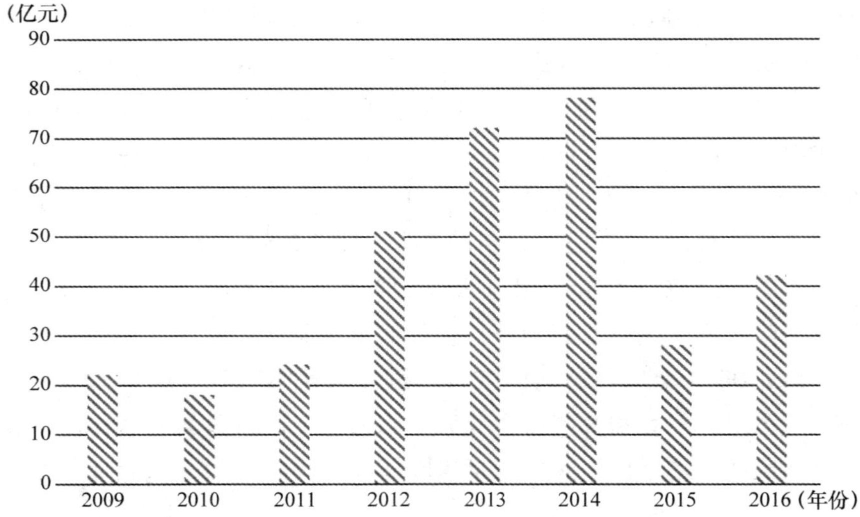

图 2.5　2009—2016 年全球银行罚金总数变化趋势

四　金融科技发展现状及趋势

(一) 全球金融科技发展总体情况

近年来，随着互联网应用日趋广泛，与互联网发展密切相关的 IT 技术在金融服务业中的应用越来越普遍，第三方支付、网络借贷、互联网保险、互联网基金销售等领域先后经历了爆炸性增长，而新兴信

① 关于 P2P 网络借贷和众筹的运营模式、发展情况等可参阅何平平、车云月编著的《互联网金融》(2017 年 10 月由清华大学出版社出版)。

息处理和数据分析技术的导入，又为金融科技的发展和应用奠定了新的基础[①]。自2014年以来，伴随着互联网与数字化进程的加速，金融科技领域呈现爆发式增长。在金融科技主体方面，传统金融机构、科技公司以及监管机构等各方主体积极参与金融科技。2005年，金融科技公司总数约为1600家，2010年约为3000家，而到2016年，全球金融科技公司总数达到8000家，金融科技公司数量几何式增加。2018年3月，全球知名创投研究机构CB Insights发布《2018金融科技发展趋势》（FinTech Trends to Watch in 2018）。据CB Insights统计，2017年全球金融科技公司共获得1128次融资，融资金额累计166亿美元。无论是融资数量，还是融资金额，都远远高于2016年。2017年，欧洲金融科技企业累计融资26.76亿元，相比2016年12.10亿元增长121%。然而，亚洲金融科技企业2017年获得融资57.94亿元，相比2016年64.38亿元，下降10%。自2013年以来，金融科技早期融资企业比例不断降低，从2013年的67%，降至2017年的58%。由此也可以发现，金融科技也进入了重新洗牌阶段，新进入企业门槛会不断增高。表2.8为CB Insights发布的2017年全球金融科技50强。

表2.8　　2017年全球金融科技50强（CB insights）

名次	公司名称	国别	细分领域	名次	公司名称	国别	细分领域
1	ant Financial	China	payments	7	kreditech	Germany	lending
2	zhongan	China	insurance	8	atom bank	UK	lending
3	qudian（qufenqi）	China	lending	9	JD Finance	China	lending
4	Oscar	USA	insurance	10	kabbage	USA	lending
5	avant	USA	lending	11	SoFi	USA	lending
6	lufax	China	Capital market	12	Nubank	Brazil	payments

① 参见熊伟《移动互联网技术及移动电子商务研究》，《电子技术与软件工程》2014年第2期。

续表

名次	公司名称	国别	细分领域	名次	公司名称	国别	细分领域
13	Funding Circle	UK	lending	32	sootcap	Germany	lending
14	Klarna	Sweden	payments	33	lendingkart	India	lending
15	Square	UK	payments	34	xapo	Switzeriand	Digital currencies
16	stripe	New Zealand	Accounting	35	vivarepublica	Korea	payments
17	xero	USA	payments	36	welab	China	lending
18	secure technologies	Canada	regtech	37	zipmoney	Australia	payments
19	solarisbank	Germany	payments	38	rong360	China	lending
20	adyen	Netherlands	payments	39	future finance	Ireland	lending
21	affirm	USA	lending	40	colnbase	USA	Digital currencies
22	revolut	UK	payments	41	league	Canada	insurance
23	clover health	USA	insurance	42	pushpay	New Zealand	payments
24	prospa	Australia	lending	43	vertaaensin	UK	insurance
25	ourcrowd	Isreal	Crowd funding	44	afterpay touch	Australia	payments
26	izettle	Sweden	payments	45	lendix	France	lending
27	51xinyongka (u51. com)	China	lending	46	lending club	USA	lending
28	ondeck	USA	lending	47	kueski	Mexico	lending
29	wealthsimpe	Canada	wealth	48	guiabolso	Brazil	lending
30	circle	USA	Digital currencies	49	iwoca	UK	lending
31	dianrong	China	lending	50	robinhood	USA	Brokerage

1. 金融科技参与主体分析

在起步阶段，科技类公司主导了金融科技行业的发展，但随着金融与科技的不断融合，金融科技公司与传统金融机构之间合作共赢空间不断显现，吸引着越来越多的参与者。从全球视角来看，金融科技的参与主体可分为三类：一是传统金融机构，如交易所、商业银行和各类非银行金融机构[①]。交易所长期以来一直是技术创新的推动者。它们通过加大与科技公司的合作力度和直接投资金融科技公司，积极探索金融科技在业务中的应用。商业银行则态度复杂矛盾，大多数商业银行持合作态度，也有部分持竞争和防御态度。非银行金融机构也普遍视金融科技为发展机遇，业界巨头已开始全球布局。二是科技公司，如互联网科技企业等，这类公司动力十足，不断地吸引人才和资金，加紧技术研发，努力创新产品，是金融科技发展的技术支持者。三是监管机构，如中央银行和其他金融监管机构。这方面，欧美国家走在前列，例如 2015 年 11 月，英国金融行为监管局（FCA）就最先提出"监管沙箱"这种针对金融科技监管的新模式，随后又有多个国家效仿英国的做法。监管机构对金融科技监管重点是持续研究和探索金融科技对经济社会的影响，关注技术风险和投资者保护，并相应发展监管科技（RegTech）。

这些参与主体在全球的分布也越来越广，从硅谷、纽约、伦敦等中心城市向全球各区域扩展，其中亚太地区目前的发展尤为瞩目。根据毕马威和 H2 Ventures 联合发布的《2017 年全球金融科技 100 强报告》显示，2017 年全球金融科技企业 100 强中，41 家企业来自香港和 EMEA（欧洲，中东和非洲），29 家企业来自美洲（北美和南美），30 家企业来自亚洲（包括澳大利亚和新西兰）。[②]

2. *金融科技公司融资情况分析*

自 2011 年以来，金融科技产业规模迅速增长，全球各路资本在金融科技领域的投资活动数量和投资额已连续多年保持高速增长态势，根据 CB insights 公司 2017 年发布的报告显示，全球金融科技领域的投资活动从 2013 年的 594 笔、38 亿美元增长到了 2017 年的 1128 笔、166 亿美元。图 2. 6 为 2013—2017 年全球金融科技企业 VC

① 参见刘芸《我国科技金融发展的困境、制度障碍与政策创新取向》，《福建论坛》（人文社会科学版）2014 年第 1 期。

② 数据来源于毕马威发布的《2017 年全球金融科技 100 强报告》。

轮融资笔数及融资金额。从推动金融科技发展的持久投入来看，各国资本呈现出明显不同。美国、欧盟和中国作为世界主要经济体，是推动金融科技发展的主要力量，中国作为科技发展的主要推动力量之一，近年来在金融科技的投入持续增长，已呈现出后来居上态势。花旗集团2017年的最新研究报告显示，2016年，中国金融科技风险投资占全球风险投资的比重由2015年的19%增长到46%，已超过美国跃居全球首位。从投融资视角来看，中国已是全球金融科技的中心。此外毕马威发布的研究报告显示，在2016年评选的前五十大金融科技创新企业中，有四家来自中国的企业排在前五位。预计随着各类资源投入不断增长，中国将在推动和引领全球金融科技发展方面发挥更大的作用。

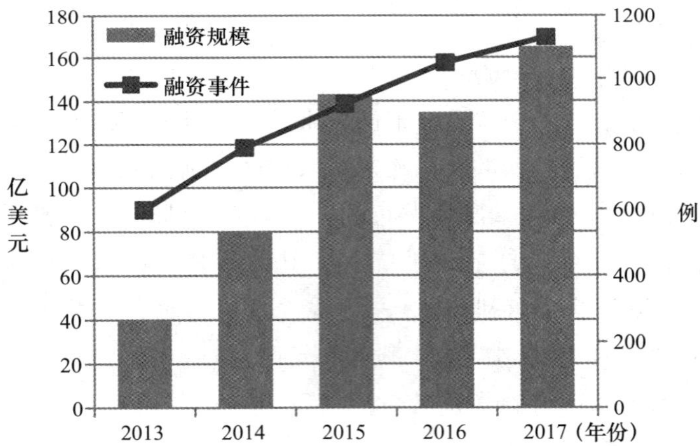

图2.6　全球金融科技企业VC轮融资情况

数据来源：CBINSIGHTS，民生银行。

3. 金融科技公司细分领域分析

金融科技的主要细分领域已从最初的网络支付和网络贷款领域，拓展到金融顾问服务、消费金融、保险等众多领域。“2016年，全球金融科技投融资涉及七个细分领域：支付、区块链、其他基础设施、网贷、众筹、理财、保险科技。”① 从投融资金额占比看，支付占8%，区块链占1%，其他基础设施占3%，网贷占33%，众筹占1%，理财占42%，保险科技占12%；从投融资笔数分析，支付占11%，区块链占6%，其他基础设施占7%，网贷占36%，众筹占5%，理财占19%，保险科技占16%②。

从各细分领域发展阶段来看，支付和网络贷款两个方面的发展相对成熟，无论是在美国还是中国，都有10年以上的发展历史，形成了较大的市场规模，也有代表性的企业和相应的监管框架落地。对于其他业态，无论是从需求端出发的智能投顾、保险科技、监管科技，还是从底层技术出发的区块链领域，虽起步晚，但发展态势很强，具有将金融科技一波波递次推进的潜力，其中的区块链技术更是具备了重建金融底层技术架构的巨大能量。

互联网和移动支付：过去几年，互联网和移动支付的应用场景不断丰富。从全球支付领域发展轨迹看，呈现从“线下”到“线上”，从“线上”到“移动”的特征。2016年，通过手机完成的支付交易占到消费者所有信用卡付款交易的5%，而这一比例在2021年将上升到11%。

网络融资：主要是指P2P和众筹。2017年5月，金融稳定理事会（FSB）和国际清算银行（BIS）联合发布的最新报告——《金融科技融资》认为，相对于传统银行，网络融资平台更强大的数字化处理能力和对于特殊市场的聚焦，降低了交易成本，为终端用户提供了更大的便利性，为尚未被金融服务覆盖的人群和商业领域提供了接触的渠道。

智能金融理财服务：主要是指借助人工智能技术，根据投资者的风险偏好和理财目标，为投资者提供财富管理的咨询、顾问等服务。据调查，从2012—2015年底，全球智能投顾管理的资产从0增加到

---

① 贺建清：《金融科技：发展、影响与监管》，《金融发展研究》2017年第6期。

② 参见王光宇《金融监管变革对银行业经营与发展的影响》，《银行家》2011年第4期。

了187亿美元[①]。

在区块链这一领域，区块链本质上是一种可以帮助参与者以安全有效的方式创建、传播和存储信息的数据库技术，是交易各方信任机制建设的一个完美的数学解决方案。虽然区块链已在一些机构的某些领域开始探索使用，但若最终要在金融体系全面使用，还需要克服很多技术和风险管理的现实障碍。然而，该技术一旦最终在金融领域全面采用，则可能会彻底改变现有金融体系结构和基础设施。香港金融科技督导小组评估认为，到2022年为止，该技术每年可减少银行基础设施成本150亿美元到200亿美元。

从金融科技细分领域来看，随着2016年国内外著名金融机构如高盛、大摩、招商银行以及计算机软硬件提供商如谷歌、苹果、百度等企业为金融科技行业投入了巨额资金，使金融科技领域快速发展，金融科技行业细分也不断丰富，支付、区块链、其他基础设施、网贷、众筹、理财、保险科技成为当前最受青睐的细分领域。

（二）主要发达国家金融科技发展情况

1. 英国金融科技发展情况

早在2008年，英国政府就开始大力支持金融科技发展，致力于打造伦敦全球金融科技之都。2010年11月，英国就已推出将伦敦定位为科技城的政府计划，设立了科技城投资机构（TCIO）作为创新推动中心组织，积极构建创新业务的生态系统。2015年，FCA设立了创新项目（Project Innovate），并增设创新中心（Innovation Hub），并于2016年5月推出“监管沙盒”制度。该制度为金融科技、新金融等新兴业态创造了一个“安全区域”（Safe Place），通过适当放松参与实验的创新产品和服务的监管约束，激发企业的创新活力。

目前，欧洲近一半的金融科技初创企业都属于英国公司。根据《2015年金融科技百强榜单》所统计，其中18家为英国公司，并且英国P2P借贷平台Funding Circle位列第一。2015年英国金融科技公

① 数据来源于安华信达《金融科技发展的国际经验和中国政策取向》。

司融资规模为5.24亿英镑，处于世界领先地位，有22亿英镑的企业融资来源于金融科技平台。2017年英国金融科技公司共获风险投资18亿美元，相比2016年的7.04亿美元提升了150%以上。“而全球此类投资则同比下降了18%，至144亿美元。英国超越中国，紧随美国之后，占据了第二的位置。”① 2018年前三个月，英国金融科技行业共收获创纪录的22亿英镑投资。英国金融科技企业主要业务为支付、借贷（包括P2P和众筹）、投资和保险，市场占比分别为54%、20%、18%和8%，吸引投资分别为2.43、2.33、0.43和0.05亿英镑。目前，英国金融科技在创业者和中小企业融资、创造就业岗位和培育创新等方面发挥了越来越重要的作用，共为超过2万家中小企业提供了创业、运行、成长和扩张的资金②。“金融科技正成为金融危机以来英国发展最迅猛的商业领域之一。”③ 据英国财政部报告数据显示，英国金融科技行业每年为英国经济贡献66亿英镑，目前从业人员超过6万名。

2. 美国金融科技发展情况

美国金融行业和高科技产业都极为发达，金融行业与高科技的融合也走在世界前列。FinTech这个名词早在20世纪80年代初就已经在华尔街业界使用，而FinTech作为一个产业也是在美国这一特殊的产业背景下自发成长，政府并未明显介入，是市场力量塑造产业生态的生动案例。目前，美国的金融科技产业发展处于国际领先水平，产业生态已经相当成熟。

美国金融市场经过逾百年的发展，已经相当完善，几乎覆盖了所有企业及个人的金融需求，能够提供比较完善的、全方位的产品和服务。发展年代较早的银行金融机构实力雄厚，极具竞争力，竞争也十

① 金珊珊：《日本科技创新金融支持体系的发展模式及启示》，《长春大学学报》2013年第9期。

② 参见王慧慧、李宏畅《金融科技创新及风险监管研究》，《金融纵横》2017年第17期。

③ 罗智斌：《科技创新项目风险监管与调控的研究》，硕士学位论文，天津财经大学，2015年。

分激烈，传统的银行金融机构一直非常积极地利用互联网等科技进行金融服务的创新。这让新兴 FinTech 行业只能在传统大金融企业涉及不深的夹缝中发展。如目前有 1000 多家大大小小的 FinTech 公司，真正成长良好并有希望获取投资的只有区区 50 家。

美国的金融科技发展地域分布比较集中，最有代表性的是硅谷和纽约。美国的金融科技从硅谷起源，硅谷拥有相对成熟的金融科技人才，金融科技生态系统内完善的互连结构，使得创业企业能够从具备金融科技投资经验的大型风险投资基金中获益。另外，美国的金融科技市场十分成熟。纽约是全球金融中心，紧密依托华尔街庞大的资本基础和既有的金融市场人才，纽约涌现出一批金融科技机构。硅谷的最大优势是科技创新，众多的金融科技独角兽企业在此孵化而生，而 GAFA 四大企业 Google、Apple、Facebook、Amazon 也持续在金融科技领域扩大投资。2016 年，美国金融科技企业获得风险投资总额为 62 亿美元。美国顶级的金融科技公司有很多。从公司架构来看，美国目前的金融科技公司主要分为两类：一类是金融为核心，科技为金融服务。如 Ondeck 和 Prosper，核心是金融，技术是实现手段，他们试图通过科技改变信贷。另一类是以科技为核心，作为数据服务商向其他企业提供服务①。如超智能大数据平台——Datameer 是首家通过单一解决方案来简化大数据处理程序的公司，通过 hadoop 打造的决策平台系统突破了几十年的传统，开发出的产品屏蔽了复杂的大数据分析底层技术，通过类似电子表格的可视化数据分析用户界面，任何企业的员工都能很快上手。

从金融科技业态来看，包括专注于在线借贷、为介于优级信用和次级信用之间的客户提供贷款服务的 Avant、世界首家 P2P 贷款企业 Lending Club；专注于互联网保险的 Oscar Health；以及专注于财富管理的 Wealthfront 等。

3. 新加坡金融科技发展情况

在政府政策的大力支持下，新加坡的金融科技企业发展很快，并

---

① 参见杜琰琰《从美国风险贷款看中国科技金融》，《新金融》2013 年第 7 期。

吸引了许多欧美、亚太地区的金融机构、科技企业的参与。相关的科创实验室、初创企业、共享空间和培育机构数目均呈现快速增长态势。根据毕马威统计，2015 年新加坡的金融科技企业有 200 家，该年在全球范围内共进行了 190 亿美元的投资，比 2014 年增加了一倍；2015 年，东南亚地区融资额最高的 15 家 FinTech 企业中有 10 家来自新加坡。此外，新加坡的金融科技初创企业都是来自不同金融科技领域的创新团队，提供的金融服务极其广泛。包括移动支付、征信、加密货币、跨境汇兑、智能投顾和身份识别等创新服务主题。新加坡本地最大的银行星展银行也积极参与金融科技的创业加速器计划。早在 2013 年，新加坡管理大学（SMU）就联合 MAS 和 IDA 成立了金融 IT 学院 SMU（FITA），旨在培养更多的金融科技人才，提升新加坡金融 IT 领域的人才储备。一些国际性高科技公司、金融机构都非常看好新加坡的金融科技市场的潜力和机会，纷纷抢滩新加坡的 FinTech 领域。比如，美国的花旗银行、摩根大通、美国运通以及香港的汇丰银行等全球金融巨头都在新加坡推出了金融科技创新实验室①。

（三）中国金融科技发展情况

从目前的情况来看，中国是金融科技的受惠者，是全球金融交易最活跃、支付最便利、成本最低、效率最高的国度之一②。比较而言，在整体金融最发达的美国，线下金融体系比较发达，金融科技的角色被定义为覆盖传统体系的遗漏客户和市场缝隙。在我国市场上传统的金融供给本身就不足，金融科技的发展却可以填补这个空白，并且利用互联网的优势形成高速扩展，吸纳科技人才和创新技术，具备了占领先机的可能性，为普惠金融和共享金融提供了最好的解决方案。中国是全球增速最快的金融科技市场之一。据第三方统计数据，2015 年流入中国金融科技公司的风险投资总额达 45 亿美元，超过前一年的

① 参见钟鸣长《新加坡 FINTECH 生态系统建设及其启示》，《电子科技大学学报》2016 年第 18 期。

② 参见王长义《信息科技的转型创新发展之路》，《金融电子化》2015 年第 1 期。

四倍，约占全球同领域投资总额的20%。而2016年，全球金融科技公司拿到了504笔共1177亿元投资，中国的融资笔数占比56%，融资金额更是占到了78%。中国可谓是全球金融科技投融资领域当之无愧的领头羊。自2014年开始，H2 Ventures与毕马威每年均会联合发表全球金融科技公司百强报告，旨在关注全球通过技术革新改造传统金融行业的优秀企业和机构，从中挑选100家企业并进行排名。报告排名主要是根据企业的集资总额、集资率、地域广泛性、行业多样性及商业模式创新而决定。2017年的报告称，中国继续主导金融科技领域，中国企业以支付和保险为发展重心。报告不显示，2017年全球金融科技100强企业中前10家有5家来自中国。他们分别是蚂蚁金服（位列全球第一）、众安保险（位列全球第二）、趣店（位列全球第三）、陆金所（位列全球第六）、京东金融（位列全球第九）。

目前，我国金融科技企业大约为5000家，金融科技活动主要集中在三大类机构，包括传统金融企业、新兴科技（互联网）公司、支持服务（通信、基础设施、相关专业服务）机构，主要的业态包括互联网支付、网络借贷、众筹融资、互联网销售（基金、保险）、消费金融、企业金融服务、征信与数据服务七类。根据亿欧发布的“2017中国金融科技50强”榜单显示，中国金融科技50强主要涵盖10个行业，分布为综合金融服务集团12家、民营银行2家、互联网保险2家、消费金融服务公司14家、金融大数据4家、农村金融3家、汽车金融2家、网贷8家、财富管理2家和区块链（分布式技术）1家。

（四）中美金融科技发展比较

1. 与金融机构合作情况比较

如今，金融服务越来越多地出现在网上、手机上，我们不会再回到以前纸质化的金融服务。花旗银行2016年的研究报告指出，无论是美国还是中国，金融科技公司越来越像银行，它有学生贷款、企业流动性贷款、消费性贷款还有理财和保险等。并且金融科技公司拥有多样化的金融产品。与此同时，传统银行也已经深刻意识到，故步自封的道路再也走不通了，他们必须适应新的环境，开放地去跟金融科技公司合作，学习他们所不具备的金融科技的专业知识。

在美国，传统银行和金融科技平台之间的界线会越来越模糊。不少银行机构投资 P2P 网络借贷平台上的信贷产品。比如，花旗银行与 Lending Club 合作，在信贷服务不足的社区中提供相关服务；2015 年 12 月，JP Morgan 与小企业贷款平台 On Deck 合作开发信贷产品和服务等。2016 年，摩根大通、花旗银行、瑞银集团、高盛集团等 43 家金融巨头联合 IBM、Intel 等 IT 行业服务商积极加入 R3 CEV 发起区块链联盟，研究制定金融领域区块链行业标准和协议框架。

在中国，阿里巴巴、腾讯与中国平安保险集团合作成立了中国第一家互联网保险公司——众安在线，开创了金融科技公司与保险公司合作的先河；百度与安联保险、高瓴资本联合发起设立了互联网保险公司——百安保险，旨在凭借百度这一强大搜索引擎所掌握的线上用户行为数据，在中国拓展旅行险、健康险等业务；蚂蚁金服收购国泰保险 60% 的股权，以此帮助阿里巴巴打造线上保险销售平台、进一步完善保险产品和服务体系，有效满足在淘宝平台上运营的中小企业对各种保险服务的需求。2017 年 3 月 28 日，阿里巴巴、蚂蚁金服与中国建设银行宣布战略合作，双方将共同推进建行信用卡线上开卡业务，以及线下线上渠道业务合作、电子支付业务合作、打通信用体系。2017 年 6 月 16 日，京东金融与中国工商银行签署金融业务合作框架协议，双方在零售银行、消费金融、企业信贷等方面开展全面业务合作。

从目前情况来看，中国与美国的银行业明显已经意识到金融科技的重要性，并且与金融科技机构的合作在不断深化。

2. 发展路径比较

在美国，银行这样的传统金融机构长久以来形成的信贷优势难以打破。信贷早已深入了美国人的生活。“由于习惯贷款消费，接近一半的美国人连 400 美元的基本应急资金都拿不出。”美国网贷“鼻祖”Lending Club 首席执行官 Scott Sanborn2018 年 4 月 10 日在美国旧金山召开的朗迪美国峰会时指出，“45% 的美国人借债消费，1.75 亿美国人对这种现状十分满意”。所以，银行对于美国人过往的信贷数据了如指掌，围绕信贷开展的服务也非常成熟，于是那些金融科技企业入局的机会就小了很多。比如，Lending Club 能做到的服务，银行也都可以做到。另外，美国的监管比较严格，在美国想获得一张金融牌照难度较大。美国在牌照和业务层面严格的监管也让金融科技企业发展缓慢。所以，美国金融科技发展走的是由新兴技术向金融领域渗透与融合的路径[①]。金融科技企业的作用被定义为覆盖传统金融体系遗漏的客户和市场缝隙，以及提高已有业务的效率。金融科技从硅谷成长起来，但华尔街迅速替代硅谷，成为研发中心。

在中国，金融科技更应视为互联网金融转型发展的延伸。传统的金融服务本身供给不足。“银行对中小企业贷款与银行的规模之间存在很强的负相关性，即大金融机构通常更愿意为大企业提供融资服务，而不愿意为中小企业提供融资服务，这为 P2P 和众筹提供了发展空间，也是我国 P2P 在全球发展最快的根本原因。”[②]

尽管如此，美国金融科技企业在创新上仍然处于领先位置，而中国只是在落地环节的效率上更加有优势。

3. 创新主体比较

“美国金融科技创新的主体是初创企业。”[③] 2016 年 9 月，国际知名金融数据服务提供商 Visual Capitalist 的数据显示，在全球现有 27 家估值不低于 10 亿美元的金融科技私营初创企业中，美国有 14 家企业上榜，占比超过一半。与蚂蚁金服、陆金所、众安保险等中国金融科技巨头相比，虽然美国金融科技公司规模相对较小，但是其数量较多、创新能力较强，成为推动美国金融科技发展的主要动力源[④]。这些金融科技公司给美国金融业带来了较大的冲击。比如，美国金融科技公司 Acorns 通过设计一个软件绑定贷记卡和信用卡，帮助客户对每次购物金额中不足 1 美元的部分扣足 1 美元，然后将多扣的零钱投入一个交

---

① 参见王光宇《金融监管变革对银行业经营与发展的影响》，《银行家》2011 年第 4 期。

② 王灵敏：《中小企业融资困境舒缓与融资制度供给分析》，《金融与经济》2004 年第 7 期。

③ 顾雪金：《中美金融监管体制的比较与启示》，《金融经济》2011 年第 12 期。

④ 参见中国人民银行广州分行课题组、李思敏《中美金融科技发展的比较与启示》，《南方金融》2017 年第 5 期。

易所交易基金（ETF）投资组合，以此提升客户的理财能力；另一家金融科技公司 Avant 为普通民众提供 1000—35000 美元不等的即时在线贷款，贷款期限为 2—5 年，利率从 10%—36% 不等，这对银行信用卡透支业务带来了较大的竞争压力。在美国，谷歌、亚马逊和脸书等科技巨头并未成为美国 FinTech 生态圈的主力。其主要原因是，美国科技企业有着聚焦和专注的传统风格，相比"颠覆"银行等传统机构，科技公司更多的是寻求与之合作，挖掘未被传统金融服务覆盖的客户或市场缝隙。"此外，美国的科技巨头也不热衷跨界金融，因为美国金融体系成熟、金融监管完善，而 FinTech 天生具有创造性破坏的基因，这样的'异类'很难在传统金融体系萌芽、发展壮大。"①

中国金融科技创新的主力军是互联网企业巨头②。在金融科技领域，百度、阿里巴巴、腾讯和京东既拥有技术、人才、数据、资金等优势，也拥有相对于金融机构更加成熟的互联网市场运营经验，先行一步建立了"互联网 + 金融"闭环，因而在第三方支付等金融业务细分市场中占据了领先地位。艾瑞咨询发布的 2016 年中国第三方支付市场核心数据显示，支付宝在第三方支付市场的份额为 48%，财付通的市场份额为 20%。根据 Analysys 易观发布的监测报告，2016 年第 4 季度，支付宝在第三方支付移动支付市场的份额为 54%；财付通的市场份额为 37%。

4. 服务对象比较

美国金融市场比较成熟，消费者的基本金融需求满足度相对较高，不能获得金融服务的人群比较少，只有 4400 万人左右。因此，美国金融科技企业侧重于为消费者提供更加便捷的金融服务，提供有个性化的金融需求，类似于"锦上添花"。P2P 网络借贷平台的一项主要服务是为个人偿还已有债务。以 Lending Club 为例，借款人通过该平台借款的目的是偿还包括信用卡透支额度在内的其他贷款。据

---

① 侯甜甜：《浅析我国商业银行个人金融业务的发展策略》，《知识经济》2017 年第 10 期。

② 资料来源于投中研究院发布的《2017 年中国财富管理行业研究报告》。

Lending Club 官方平台信息披露，这部分人群占比，2015 年为 67.7%，2016 年 12 月末为 62.36%。

中国金融科技的主要服务对象是未被传统金融体系覆盖到的客户群体。在中国，有大量消费者没有获得正规金融机构的金融服务，甚至连基本的信用记录都没有。据统计，在中国人民银行征信中心，具有信贷征信记录的人群，不到中国人口的 30%。金融科技企业主要把目标瞄准那些广大的未开发市场，无信用和低信用人群。与美国有 4400 万人未被传统金融市场覆盖相比，中国有 7 亿—8 亿人未被传统金融服务所覆盖。为了满足客户享受普惠金融服务的需求，中国金融科技巨头正在积极搭建全方位的金融服务平台，通过多种方式完善对客户生活场景的布局。对于这些人群来说，金融科技服务类似于“雪中送炭”①。这也是我国 P2P 平台近年来快速发展的原因所在。以腾讯旗下的微信为例，它经过一系列的发展和演变，已经完全超越了传统社交媒介平台的运营模式，通过场景布局和功能拓展，为用户提供包括在线转账、出租车预约、通信费用充值、餐饮外卖预订、数字媒体订阅等诸多服务，成为第三方支付平台财付通业务拓展的重要支撑。2014 年 1 月，腾讯依托微信平台和财付通构建的社交网络客户群，推出了面向个人客户的在线投资理财基金。

（五）金融科技未来发展趋势

1. 金融科技生态圈趋于完善

一个国家在金融科技领域优势的建立通常与其金融科技行业所处的生态圈、生态圈的属性以及生态圈所包含的各种因素息息相关。从欧美等发达国家情况来看，商业银行与科技公司、初创公司的合作十分紧密，且合作方式多样化。包括花旗集团、高盛和摩根大通在内的银行积极投资于金融科技初创公司，涉及数据分析，基础设施建设，替代贷款，个人理财等类型的企业。未来，因其开放包容的创新文

---

① 参见中国人民银行广州分行课题组、李思敏《中美金融科技发展的比较与启示》，《南方金融》2017 年第 5 期。

化、活跃成熟的资本市场及长期合作的经验积累，发达国家的金融科技合作体系将更加完善。

中国是高速成长的金融科技市场之一，并拥有全世界最大的消费者群体，为日益活跃的金融科技市场提供了坚实基础。金融科技具有颠覆传统行业的潜力，并因为以下因素而增强，其中包括：大量的资本、优秀的人才和鼓励性的政策环境。近年来，国内商业银行与金融科技企业通过在金融科技方面的布局，各自优劣势已经显现。金融科技公司在应用场景、细分前瞻技术、科技资源、用户体验、人才储备等方面的优势日益彰显；而商业银行在客户基础、资金规模、市场可信度、风控体系、金融牌照等方面具有绝对优势；在对各自优劣势有了充分认识之后，商业银行与金融科技企业将进一步探索合作共赢的新局面。

此外，我国政府一直在积极鼓励并尝试各种创新计划，支持金融科技创新。例如，初创企业的税收政策包括享受适用于“高新技术企业”的15%的税收（一般为25%）。2015 年 7 月 18 日，央行等十部委发布的《关于促进互联网金融健康发展的指导意见》指出：“支持各类金融机构与互联网企业开展合作，建立良好的互联网金融生态环境和产业链。”未来，除了商业银行与互联网公司以外，预计具备敏锐市场洞察力和高效资本配置能力的风险投资机构也将加大金融科技合作的步伐。随着各类型机构取长补短、深入合作，金融科技生态圈将得到更加有效的充实。

2. 区块链将产生巨大发展机会

区块链等是如同蒸汽机到电力的颠覆性技术。2018 年 5 月 20 日，工信部发布了《2018 中国区块链产业白皮书》指出，区块链作为一项重点前沿技术，有望推动我国经济体系实现技术变革、组织变革和效率变革，推动“信息互联网”向“价值互联网”的变迁。《白皮书》同时指出，区块链对于金融的改造主要分为三个方面：一是具备改变金融基础架构的潜力；二是区块链技术的去中心化，能够降低交易成本；三是区块链技术与金融业的相结合，必然会创造出越来越多的业务模式、服务场景、业务流程和金融产品。具体来讲，在交易清算方面，传统的交易模式效率低下，清算业务环节多、链条长、清算中心过于集中。那么，基于区块链技术的去中心化可以大大提升现有金融系统的清/结效率；在贸易金融方面，国际贸易流程中有太多的利益相关方，如物流公司、港口、航运公司、海关、轮船等，流程中涉及很多文件的转递是通过纸质的方式。而且，由于人们对这些情况没有透明的了解，比较耗时，但区块链技术则可以实现文件共享，流程会大大缩短和简化。

目前，区块链仍然处于起步阶段，就像人工智能和大数据一样，它是一个渐进的过程。预测在未来3—5年，才会有真正成熟的区块链应用落地。

3. 智能投顾技术将成为财富管理行业的基础设施

智能投顾诞生于美国，是人工智能与投资顾问的结合体。根据客户自身的理财需求，它可以通过大数据分析、量化金融模型以及智能化算法为客户提供资产配置、理财投资等方面的“最优解决方案”，被看作财富管理领域的颠覆性“利器”。智能投顾的作用主要体现在降低和规避不必要的成本，帮助投资者更加省钱。目前，美国在智能投顾技术方面处于世界领先地位。2017年初，美国智能投顾管理的资产规模只有300亿—400亿美元，但就在随后的短短几个月时间内，其资产规模就达到了1000亿美元，数额翻三番。与欧美等成熟市场相比，我国智能投顾发展尚处于早期阶段。国内对智能投顾的关注最早始于2016年12月招商银行推出“摩羯智投”，几乎同一时间，浦发银行“财智机器人”上线。2017年5月，兴业银行“兴业智投”上线，同年11月工商银行“AI投”上线；12月中信银行智能投顾系统“灰度”上线……还有一些规模稍小的城商行也开始纷纷尝试智能投顾。但中国智能投顾的发展逻辑和美国不同。智能投顾在中国兴起的这几年，国内甚至还没有成熟的人工投资顾问市场，相对而言，销售性质大于顾问性质。

虽然欧美国家在人工智能（Artificial Intelligence，AI）的基础研究和算法方面较强，但中国科技渗透率极高且拥有庞大用户交互场景的独特优势，为人工智能的发展提供了优质土壤。同时，我国政府也设立了“力争到2030年成为人工智能应用领域全球第一”的目标。2017年7月20日，国务院印发的《新一代人工智能发展规划的通知》指出，在智能金融方面，要建立金融大数据系统，提升金融多媒体数据处理与理解能力。

在金融中，人工智能将使得中低端的分析活动被大面积替换，客服、风控、获客、身份识别等金融行业中的内容都可以利用人工智能进行改变。在客服环节，人工智能可以通过大数据分析收集分析用户最关心的金融服务问题，设定专门的回复内容，根据用户在移动端提出的问题做出相应的语音回复，从而大幅降低机构的客服运营成本；在风控环节，人工智能通过大数据分析与机器深度学习，不断优化风控效率降低坏账率同时，还能给予借款人更精确的风险定价；在获客环节，基于人工智能的人脸识别、语音识别技术可以协助平台完成远程面签，降低线下人工运营成本；在催收环节，人工智能可以针对不同资产、职业、年龄的逾期借款人设定个性化的催收还款方案，在合适的时间给借款人发出催款信息，既能顾及借款人面子又能提醒他们尽早还款，提高催收效率。

4. 大数据和云计算在金融领域作用凸显

金融是一个强数据导向的行业，经过多年的数据发展和积累，大数据的数量、分析速度与数据种类都发生着快速的变化。可穿戴设备、智能家居等智能硬件的兴起，再次扩充了数据的维度，使得可获得的数据维度扩展到线下，形成了多维度多层次的金融大数据。近几年，金融科技迅速发展，并不断出现新的模式和应用，但其本质还是属于金融范畴，其核心还是数据。目前，大数据已经发展到公司及第三方处理、分析大量终端用户数据的阶段，为金融科技公司提供了良好的数据基础，进而出现了包括客户认证、精准营销、风险管理以及信用评价等金融科技方面的大数据应用。

云计算是推动信息技术能力实现按需供给、促进信息技术和数据资源充分利用的全新业态，是信息化发展的重大变革和必然趋势，有利于分享信息知识和创新资源，极大地降低金融业创新和进入门槛①。

① 资料来源于教育部教育信息化推进办公室于2015年发布的《国务院关于促进云计算创新发展培育信息产业新业态的意见》。

越来越多的金融企业认识到只有与云计算结合，才能更好地支持业务发展和创新，凭借强大的数据分析、存储、高并发业务处理等能力，云计算在金融行业发展中正发挥着越来越重要的基础性作用。

五 金融科技发展对银行业的影响

金融科技对于银行业来说既有积极影响，又带来巨大挑战。金融科技对于银行业的积极影响主要体现在：金融科技推动了商业银行供给侧改革，助推普惠金融发展，满足客户多样化的金融需求。本部分重点分析金融科技发展对于银行普惠金融发展的作用与优势。

金融科技发展对传统银行业带来了深刻影响以及变革。以大数据、云计算、人工智能、区块链等为主要类型的技术创新，对于银行延伸服务范围、提高服务效率、降低运营成本以及满足客户多样化金融需求方面发挥了积极作用。与此同时，金融科技的迅猛发展也对传统银行业带来了巨大冲击。花旗银行于2016年3月发表了题为《数字化搅局：金融科技如何将银行逼向拐点》的报告，2017年1月再度发布《再论数字化搅局：金融科技风险资本告诉了我们什么样的行业秘密》报告。巴克莱银行前CEO Antony Jenkins在2015年秋天的一场演说中曾经表示，金融技术或FinTech将会颠覆传统银行体系，他将此称之为"Uber式颠覆"。2017年，他在接受纽约时报采访时同样这么认为。Jenkins表示，银行业将会面临一种"柯达时刻"——柯达曾经作为全球影像产品行业巨头，如今因为颠覆性的数码技术的到来而走向没落。如果银行业不采取措施来避免这种情况，这就意味着如果他们无法跟上金融技术快速发展的脚步，那么他们将会成为"路人"。

（一）金融科技对银行业的积极影响

始于21世纪初的这一轮金融科技浪潮与以往的金融科技不同，它以包括移动互联、大数据、云计算、人工智能、区块链等一系列前沿信息技术的巨大进步为前提。前沿信息技术与金融相结合，具有改变甚至颠覆传统金融模式的潜力。

1. 金融科技变革开辟触达客户的新路径

相对于传统的线下获客，互联网具有用户和渠道入口的巨大优势，利用互联网技术，金融机构有效突破地理和距离限制，极大提升了触达及连接用户的能力。传统金融机构具有资产管理和风险定价的核心竞争力，但在客户触达及获取方式上，主要通过网点辐射、路演和线下广告，其所覆盖的疆域有限，获客成本高，容易成为业务发展的瓶颈。互联网的本质是把握或激发用户需求，创造服务场景、发现或重塑客户关联，同时提高有效资源的周转效率和服务客户频次，实现客群、渠道、产品、交互及周转频次等多维度相互叠加的全面价值发掘和创造，即抓住并黏住客户，创造反复提供服务、延伸服务链条、扩大服务覆盖面、加速服务循环的机会，找到双方乃至多方共赢点。

2. 金融科技实现金融服务的新体验

金融科技秉承“开放、平等、协作、分享”的理念，一切以用户为中心。在快速“触达”用户之后，在交易和服务体验环节，互联网技术也优势明显，互联网银行为改善客户服务提供了新的解决方案。借助互联网信息技术，服务提供商和客户双方不受时空限制，可以通过网络平台更加快捷地完成信息甄别、匹配、定价和交易，降低了传统服务模式下的中介、交易、运营成本；双方或多方信息充分透明，交易适时进行，便捷有效率；金融交易突破了传统的安全边界和商业可行性边界，焕发出新的活力，客户感受到全新的金融服务体验。业务可在线上完成，操作流程标准化，用户不再需要排队等候，业务处理速度快，实现了为用户提供 7×24 小时跨市场、跨地区的服务，还可以针对不同用户推出个性化产品和服务。

3. 金融科技革新传统业务的服务模式

在支付清算方面，由于网络支付具有能够满足用户存、取、借贷、理财、记账等多元化需求的特点，已经成为主流的使用方式，这就要求商业银行积极推动数字账户快速融入社交、旅游、消费等生活场景，提升用户使用便利性；在融资借贷方面，“去中介化”的网络融资理念已经逐渐被社会理解并接受，商业银行需要搭建融资平台，对接投融资需求，重构借贷业务模式以获取新的竞争力；在理财服务方面，技术成熟降低了理财服务门槛，促使网络理财放量增长，银行可借助机器人投顾变革传统的服务方式、提升运营效率，进而将服务客户扩展至大众市场。

4. 金融科技驱动银行实现渠道融合

互联网金融服务已经深刻改变了用户的偏好，占领了大量的用户入口。在零售业务上，网络金融服务能够帮助客户迅速自如地实现资产转移；在对公业务上，新兴科学技术和金融产品加速优质客户的“脱媒”，可选融资渠道不断增多，导致存量信贷资产质量下降，利润增速下降。在此背景下，传统五里网点数量优势及服务方式已无吸引力，商业银行必须构建以网络支付为基础、移动支付为主力，实体网点、电话支付、自助终端、微信银行等为辅助、多渠道融合的服务体系。

5. 金融科技推动风险控制的新探索

互联网信息技术解决了银行信息不对称和风控难题，用更为有效方法找到了互联网银行风控的完美途径。互联网银行依靠其底层的海量数据，通过挖掘分析提供充分的参考信息，并依托线上模式，逐渐形成一套行之有效的破局策略。通过挖掘客户信息、产品交易、信贷行为、征信、合作方和第三方平台等多个不同领域的风险数据，对客户进行综合的评价和推断，形成细致的客户分群和诚信评级，立体评定客户的最高可授信金额。在反欺诈方面，通过分析客户线上行为的一致性、终端设备、IP、区域等信息，预测客户申请和交易中的欺诈可能性；通过分析客户与客户之间信息所呈现的共性特征，预测群体客户的欺诈可能性，从而最大限度地规避集团性、规模性的欺诈行为。

总结起来，以互联网信息技术为支撑的金融服务模式，以网络化运营为基础，具备低成本、高效率、低门槛的服务优势，不但客户体验更好，而且营销投入精准。依托银行业长期积累的风控、管理、数据和技术优势，积极适应互联网金融创新发展的趋势，加强跨界合作，促进金融互联网与互联网金融相互融合，互利共赢，是下一时期的发展重点。金融科技大潮既有效挖掘了传统银行业的优势，又给传统银行业带来新的生命力和增长动力。

（二）金融科技发展对银行业的挑战

目前，金融科技在银行提供的所有服务类别中均成发展态势，包括：日常银行业务、投资银行业务、理财规划、抵押贷款、金融和贷款、支付、网上银行、国际业务等。对于传统金融机构来说，金融科技企业会利用多种竞争优势来源，从而挑战每层价值链。金融科技的快速发展已经充分表明：传统金融机构盈利能力将受到冲击，可能分流部分银行业务，对现有银行的盈利模式、盈利能力形成巨大挑战。

1. 弱化商业银行的支付功能

由于上网人数急速增加，金融科技公司以支付业务为突破口向银行发起了猛烈的冲击。对银行来说，支付业务每笔交易额小、利润点低，属于银行价值链上的最低端业务。目前，支付收入约占银行总收入的9%左右。网上支付具有担保交易、快捷支付、移动支付、先享后付、验证方便等技术特点，彻底解决了传统支付方式过程中的客户痛点，极大提升了客户体验。我国电子商务占全球总额的40%多（美国约占20%）。“以支付宝、财付通、快捷支付为代表的第三方支付平台通过创新其发展模式，不断延伸其业务领域，大肆渗透、抢占银行的支付结算份额，蚕食商业银行传统领域的中间业务市场。”①图2.7为2013—2017年我国银行业金融机构电子支付和第三方支付情况。虽然，我国第三方支付的交易金额不及银行业，但交易笔数远高于银行。第三方支付无论是交易笔数还是交易金额的增长情况高于银行业网上支付。从图2.8还可以看出，银行业网上支付在2017年出现了负增长。第三方支付业务具有金额小、笔数多的特点，支付机构与客户互动次数增加，会逐步疏远银行与客户的关系，并在未来竞争中占得先机。此外，这些第三方支付机构还积极拓展海外市场，为客户提供跨国界、流畅的支付服务。

① 邱峰：《互联网金融冲击与商业银行应对》，《金融会计》2015年第11期。

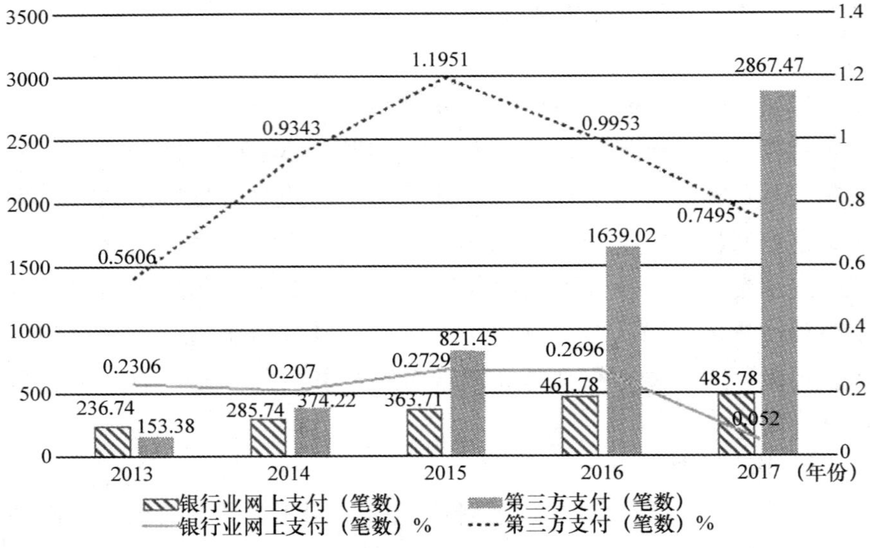

图 2.7　2013—2017 年中国银行业网上支付与第三方支付笔数情况

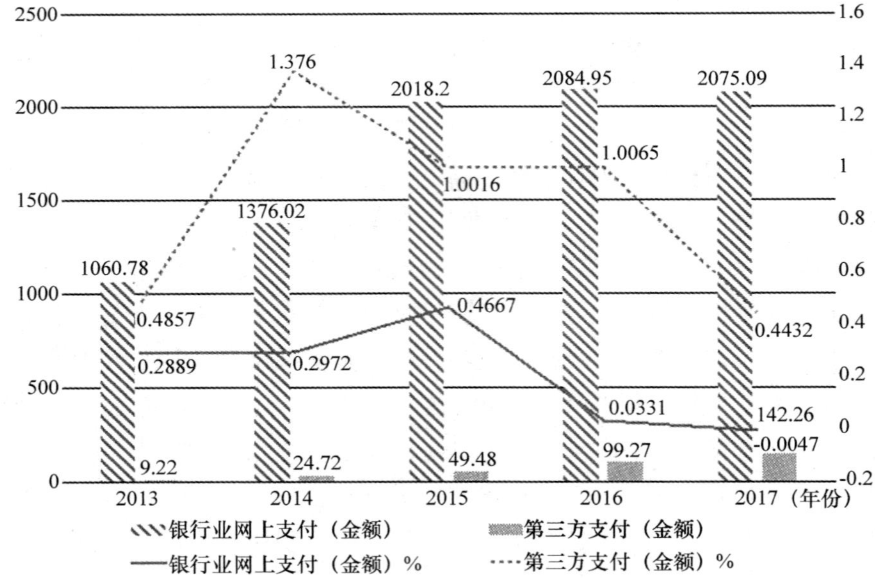

图 2.8　2013—2017 年中国银行业网上支付与第三方支付金额情况

2. 分流了银行部分业务

理财业务是金融科技公司侵入银行价值链的另一个领域。如其他业务一样，相当一部分客户由于价格原因得不到投资理财服务，或者有资金实力却没时间和投资顾问面谈，因为目前理财业务依然基于面对面交谈和书面推荐模式。许多第三方支付机构利用自己的品牌优势由支付业务转向了理财业务，向客户兜售非银行产品和服务。比如，2013 年 6 月 13 日，阿里金融依托支付宝巨大的沉淀资金优势，推出其余额增值服务——余额宝（货币基金），用户可以通过支付宝门户网站进入余额宝，直接购买各类理财产品，获得远高于银行活期存款的收益。截至 2017 年 12 月 31 日，余额宝总规模 1.58 万亿元，相比 2016 年底几乎翻倍，余额宝用户共计 4.74 亿人，其中绝大多数是个人投资者，持有份额占比 99.94%，平均每人持有 3329.57 元。2017 年，余额宝实现利润 524 亿元，平均每天赚 1.44 亿元，收益率 3.92%，是传统银行活期存款收益的 11 倍，这对于用户来说无疑拥有巨大的吸引力，其潜在的威胁不容小视[①]。

图 2.9 为我国自 2013—2017 年商业银行分季度资产增长率与负债增长率。从图中可以看出，近年来，我国商业银行负债增长率明显低于资产增长率。这其中一个重要原因在于互联网金融的理财业务分离了商业银行的存款业务。

我们统计了 2012—2017 年工农中建四大行与其他股份制银行各类存款的存款总量及其变动趋势（见表 2.9 和表 2.10）。其中，各类存款由单位存款、个人存款、临时性存款和其他存款构成。对比两类中国银行业吸收存款情况时发现，自 2013 年至今，全国性大型银行以及全国性中小型银行的存款总量都是在上升的，但是增长率却是下降的，且中小型银行存款增长率的下降速度要大于全国性大型银行存款增长率的下降速度。

---

① 数据来源于《天弘余额宝货币市场基金 2017 年年度报告》。

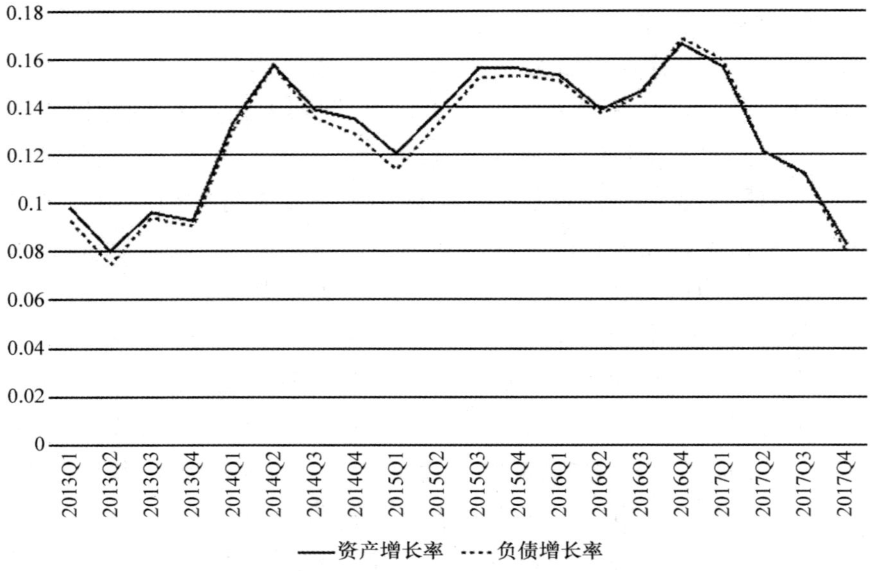

图 2.9　2013—2017 年商业银行金融机构资产负债情况

个人存款由活期存款、定期存款和结构性存款构成。由表 2.9 可见，活期存款增长率由 2016 年的 14% 逐步降低到 2018 年第一季度的 3.46%，2016 年、2017 年以及 2018 年第一季度的定期存款增长率分别为 -2.47%、-2.46% 以及 -4.74%，而其中结构性存款的增速转降为升，数据显示，全国性大型银行在 2018 年第一季度和 2017 年的结构性存款较上年同期分别增长 31.12% 和 20.75%，且全国性中小型银行个人存款和储蓄存款的变动趋势呈现同样特征。这就表明，受金融科技影响，个人存款受到一定冲击，增速下滑，但更多地是对其中活期存款和定期存款产生影响，而结构性存款是运用汇率、利率产品与存款业务相结合的创新性存款，对收益率要求较高，其增速的上升也间接表明人们理财观念的转变①。

① 参见郑霄鹏《互联网金融对商业银行的冲击及其对策》，《现代管理科学》2014 年第 2 期。

表 2.9　两类银行个人存款变动情况

时间	全国性大型银行			全国性中小型银行		
	2018	2017	2016	2018	2017	2016
活期存款增长率	3.46%	10.17%	14.00%	0.81%	13.12%	20.84%
定期存款增长率	-4.74%	-2.46%	-2.47%	1.17%	11.63%	15.64%
结构性存款增长率	31.12%	20.75%	-28.15%	11.73%	47.78%	-6.59%

表 2.10　两类银行单位存款变动情况

时间	全国性大型银行			全国性中小型银行		
	2018	2017	2016	2018	2017	2016
活期存款增长率	7.37%	14.80%	16.82%	-1.63%	13.22%	29.81%
定期存款增长率	-1.92%	-2.65%	-12.74%	0.08%	-1.69%	7.42%
保证金存款增长率	-3.70%	-5.75%	-11.40%	0.86%	-10.87%	-8.44%
结构性存款增长率	1.26%	11.58%	-2.02%	15.18%	37.32%	13.24%

对于单位存款来说，数据显示，全国性大型银行单位存款的增速由 2016 年的 9.93% 降至 2018 年第一季度的 4.52%，下降 5.41%，单位存款包括活期存款、定期存款、保证金存款和结构性存款增长率，其中活期存款增长率由 16.82% 降至 7.37%，下降 9.45%。全国性中小型银行单位存款和活期存款的增长率变动表现出同样特征，佐证了金融科技对中国银行业单位存款的影响中对单位活期存款的影响最大。

3. 客户对银行的依赖度降低

2000 年后，受互联网浪潮的影响，客户行为方式发生了极大的变化，即客户对银行实体的依赖度降低，对银行的服务水平则提出了更高的期望和要求。据埃森哲最新调查报告显示，发达国家的银行客户每月与银行互动平均 16 次，当中包括网上银行 8 次、手机银行 2 次、自动存取款机 4 次、实体分行 1 次；新兴市场国家的银行客户每月与银行互动 21 次，包括网上银行 7 次、手机银行 4 次、自动存取款机 5 次、实体分行 2 次、社交媒体 2 次、呼叫中心 1 次。换言之，客户与银行的联系渠道越来越数字化了，对银行的依赖程度减弱了，客户已逐渐倾向在“外部”办理业务。银行业平均离柜率（电子替代率）在过去几年中大幅攀升，图 2. 10 显示了 2013—2017 年我国银行业平均离柜率，从 2013 年的平均 63. 23% 左右上升到 2017 年的 87. 58% 以上，上市银行平均则接近 95%，其中最高的民生银行已经达到 99. 27%。客户习惯迅速变化所导致的“用户脱媒”（转向用户体验更好的互联网企业），对传统的金融业务模式和流程提出了严峻的挑战。另据安永的调查，全球银行相关指数在逐渐下降，全球平均值为 75. 10，中国、日本、美国、英国、法国、瑞典、德国的均值分别为 69. 5、71. 8、72. 2、75. 6、79. 4、80. 4、81. 1。在数字化时代，互联网的影响早已渗透至银行多种服务渠道，迫使银行业走向转型之路。90 后、00 后（或 X - 代）均为互联网业务的生力军，同时也是未来十年银行最具价值的客户群体，故此他们的需求无疑决定了银行业的未来业务模式。

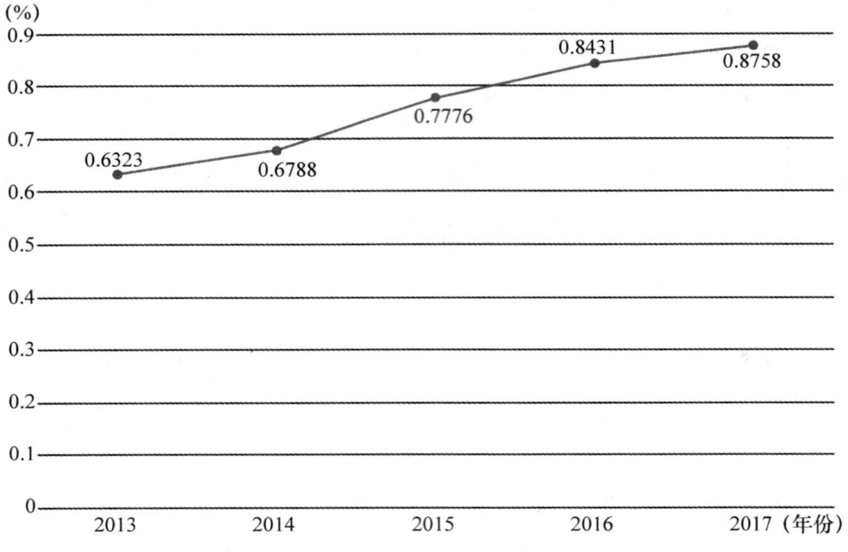

图 2. 10　2013—2017 年银行业平均离柜业务率

数据来源：根据中国银行业协会历年行业数据整理。

金融科技既可以帮助商业银行提高产出效率，同时也能为非银行机构服务，助力他们跻身银行业。因此，金融科技对银行业的冲击是多方面、多层次的。随着金融科技的不断发展，商业银行各个层面的运行模式也会随着改变，并且金融科技将全面颠覆传统金融服务的制度基础和商业流程，促使商业银行调整战略发展方向。

第三章　传统金融与金融科技融合的理论与模式

一　产业融合的一般理论分析

产业融合是指在技术创新、政府放松管制下、企业追求经济利益最大化这三者的共同驱动下，各产业之间的边界逐渐模糊，形成原来独立产业之间新的竞争关系。其实质就是将原有的产业或企业间的分工进行打破，重新分工，再将新的产业链进行组合，从而建立起新的产业内或企业内的分工链。产业融合的发生是由于产业间的竞争关系促使企业之间的竞争加剧，不同产业中的企业跨产业并购、合作发生。随着这种行为的发展，企业逐渐拓展原有经营范围，开发新产品，创造新的市场需求，在产业融合的过程中形成共同的技术基础和市场基础。

金融科技是一种将金融与科技两个不同的产业相互融合的新型产物，传统金融与金融科技机构的融合更是产业融合的一种创新和体现。因此，从产业融合的基础理论入手了解产业融合的动因，可以更好的分析传统金融与金融科技企业融合的内在机理。

（一）产业融合思想发展

产业融合的思想可追溯到马克思与马歇尔关于分工的研究。马克思在《资本论》中提道："一方面，工场手工业在生产过程中引进了分工，或者进一步发展了分工，另一方面，它又把过去分开的手工业结合在一起。”[①] 这里的分工基础上的结合生产，可以视为早期的产业融合思想。同时，马歇尔在《经济学原理》一书中提道：“当分工的精细不断增大时，名义不同的各种行业之间的分界线，有许多正在缩小而且不难越过。”[②] 马歇尔认为，行业间以及不同行业之间精细的分界线与不同行业的分界线同样具有重要的作用。这些观点是关于产业融合理论研究早期的萌芽，但鉴于二人均未提出明确的理论构架，因此，产业融合的理论在那时并没有得到广泛的认知。

19 世纪，罗森伯格（Rosenberg，1963）通过对美国机械设备业演化的研究提出了“技术融合（technological convergence）”的概念。罗森伯格认为，技术融合是一种过程，是指那些产品功能和性质完全无关的产业因为使用通用技术而使独立的、专业化的机械工具出现的过程[③]。这一理论为产业融合发生的动因奠定了一定的基础。

产业融合的理论在 20 世纪 70 年代才被学者进行广泛研究。这一时期先后出现了“电脑与通信（Computer and Communication）”的结合理论，认为电脑和通信是产业融合的一大推动力。1978 年，尼古拉斯·尼古路庞特（Nicholas · Negroponte）开启了运用图形解释产业融合的路径。尼古拉斯认为，用三个重叠的圆圈分别代表计算机、印刷和广播三者的技术边界，三个圆圈的交叉处将成为成长最快、创新最多的领域。此后，各国学者也开始从不同的角度探索产业融合发展研究。其中，英国学者塞哈尔（Sahal，1985）和意大利学者多西（Dosi，1988）的研究强调了产业之间技术关联的重要性，不同产业间通用技术的不断发展促进了新技术的出现，从而引发产业融合现象的发生。这个观点也是对罗森伯格“技术融合”的研究做了进一步的深化和解释。

---

① ［德］卡尔·马克思：《资本论》第 1 卷，中共中央马克思恩格斯列宁斯大林著作编译局译，人民出版社 2004 年版，第 392—395 页。

② ［英］阿尔弗雷德·马歇尔：《经济学原理》上卷，朱志泰、陈良璧译，商务印书馆 1983 年版，第 272—275 页。

③ 参见 Rosenherg N.（1963）“Technological Change In the Machine Tool Industry：1840 - 1910”，*The Journal of Economic History*，（23）：414 - 446。

此外，在欧洲委员会的绿皮书（Green Paper，1997）一书中提道：产业融合是“产业联盟和合并、技术网络平台和市场等三个角度的融合”。这三个角度的融合即是对早期“三网融合”的解释，绿皮书认为，这是经济增长的新的动力。这里的“三网融合”指电信网、广播电视网和计算机通信网的相互渗透、互相兼容、并逐步整合成为全世界统一的信息通信网络。现如今，三网融合是更为一种广义的概念，主要是指高层业务应用的融合。随着社会经济的不断发展和进步，三网融合更多的表现为技术上统一性，网络上的互通性，以及业务上的交叉性，更加丰富了产业融合的形式。

1997 年，于刃刚在《三次产业分类与产业融合趋势》中提出，在第一产业、第二产业、第三产业之间出现了产业融合现象。

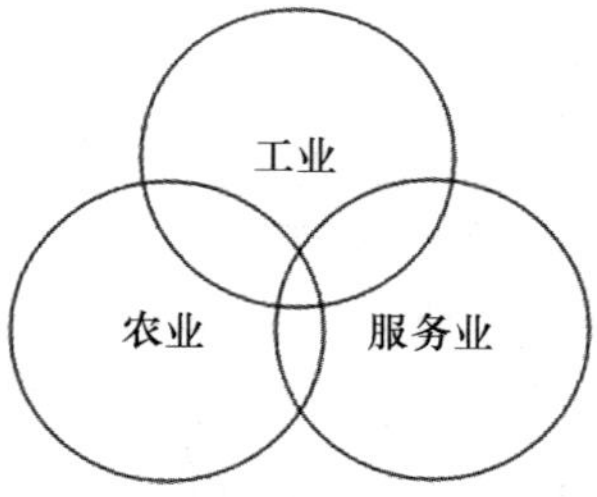

图 3.1　一、二、三产业融合示意图

马健在其《产业融合论》一书中认为，产业融合带动产业升级，是通过产业内企业之间业务融合的模仿扩散过程和信息技术投资在产业之间的模仿扩散过程实现的。[①] 这种模仿扩散效应使得大多数产业与信息技术产业逐渐相互融合，使整个产业升级，从而带动整个国家的经济增长能力和水平。

从产业融合思想的发展历程来看，产业融合是随着社会经济的不断进步而出现的一种重要经济现象，是产业发展的必然。产业融合的发展是逐渐形成的，必须经过技术融合、网络融合、业务融合，然后

① 参见马健《产业融合论》，牛津大学出版社 2006 年版，第 79—80 页。

到市场融合，最后完成产业融合的整个过程，是一个逐步一体化的动态过程。

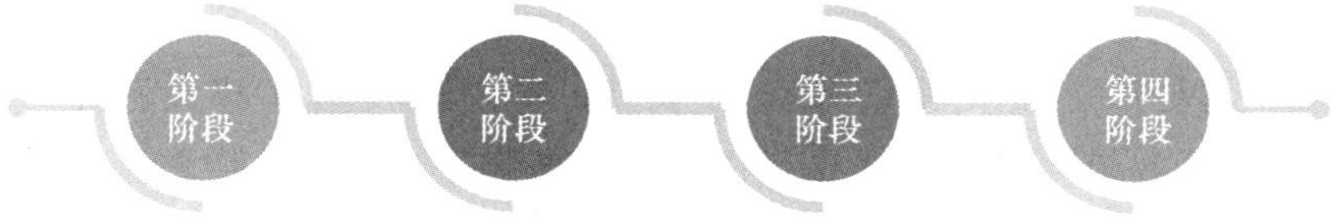

图 3.2　产业融合的动态过程

（二）产业融合的基本理论

产业融合涉及的基本理论包括：分工理论、产业集群理论及产业组织理论。

1. 分工理论

产业分工是产业融合的本质特征，因此分工理论是产业融合最基础也是最重要的理论组成部分。早期柏拉图（Plato）关于专业化分工与社会福利之间的促进关系的探讨以及威廉·配第（William Petty，1690）就荷兰商船运作对于分工专业化与生产力进步之间关系的分析都具有浓厚的分工理论思想色彩。

随着社会经济的进一步发展，亚当·斯密以扣针的分工生产为例，就分工带来的效率提升现象进行了经济学的解释。亚当·斯密认为，分工可以提高劳动力的专业化程度，进而提高了劳动生产率，他将国民财富的增长看作劳动生产率提高的结果，而劳动生产率的提高则是由于分工的发展。他在《国富论》中提道："一个国家的产业与劳动生产力的增进程度如果是极高的，则其各种行业的分工一般也都达到极高的程度"①，并认为经济增长和分工程度具有高度正相关关

① ［英］亚当·斯密：《国富论》（上），郭大力、王亚南译，商务印书馆 1981 年版，第 7 页。

系。随着大卫·李嘉图在其代表作《政治经济学及赋税原理》中比较成本贸易理论的提出，亚当·斯密的分工理论进一步扩展到不同国家之间，从国际贸易角度阐述国家之间分工的比较优势理论，并提出了著名的斯密定理："通过分工促进经济增长。"该定理较为全面的概括了亚当·斯密的早期分工理论的精髓，即市场规模扩大引发了分工和专业化程度的加强，技术的进步其实就是分工和专业化的一个派生结果。

马克思的分工理论批判地继承了亚当·斯密的观点。马克思认为，社会分工与企业分工在发展的程度上具有高度的正相关性，当一个国家的社会分工越来越发达时，其企业内部的分工程度也会越来越细致。马克思认为："工厂手工业分工通过手工业活动的分解，劳动工具的专业化，局部工人的形成以及局部工人在一个总机构中的分组和结合，造成了社会生产过程的质的划分和量的比例。"① 但马克思并不认为分工的发展会带来无限的产业细分，而是一个收敛的过程，在分工达到一定的水平后所引起的产业细分就会趋于停止并逐渐在此基础上产生融合。同时，马克思在肯定分工带来的好处的同时，结合剩余价值理论提出了分工的不足：分工只是改变了相对剩余生产的形式，发展的最终结果会导致劳动的异化②。此外，马克思还认为，随着分工的逐渐细化和生产效率的提高，人们只从事一种单调的劳动会由于缺乏振奋和刺激而使得分工对效率的提高作用减弱。

马歇尔认为"在低级工作上，极端专门化能增大效率，而在高级工作上，则不尽然"③，根据不同级别的工作内容，分工带来的作用也不同。低级工作和高级工作在工作性质、内容和对工作者个人能力上的区别，导致分工带来的专业化发展为低级工作提高效率的现象在高级工作上则不一定。此外，马歇尔通过在规模经济的条件下分析企

---

① ［德］卡尔·马克思：《资本论》第1卷，中共中央马克思恩格斯列宁斯大林著作编译局译，人民出版社2004年版，第390—426页。

② 参见涂静《产业融合的经济学分析》，《现代管理科学》2017年第8期。

③ ［英］阿尔弗雷德·马歇尔：《经济学原理》第1册，朱志泰译，商务印书馆1981年版，第267页。

业在规模和分工专业化程度的不同情况下的效益也会不同。大企业通过提高设备质量和工人的分工更细致，实现规模经济从而实现更高的分工效益，反之小企业在设备和工人专业化程度上的落后使得其分工效益相对较小。

阿伦·杨格在《报酬递增与经济进步》中就亚当·斯密的分工理论进一步进行了研究与发展。1928 年杨格在斯密定理的基础上提出了斯密－杨格定理："分工取决于市场规模，而市场规模又取决于分工，经济进步的可能性就存在于上述条件之中。"该定理被视为"在全部经济学文献中是最有阐述力并富有成果的基本原理之一"。不难看出，随着分工理论的逐步发展，经济学家们认同分工可以促进经济进步，随着分工逐渐深化到趋于收敛，这一过程是产业融合发展的前提条件。因此，分工理论是产业融合的重要基础理论之一。

2. *产业集群理论*

"产业集群是指在特定区域中，具有竞争与合作关系，且在地理上集中，有交互关联性的企业、专业化供应商、服务供应商、金融机构、相关产业的厂商及其他相关机构等组成的群体。"① 这一概念在 20 世纪 80 年代由美国哈佛商学院教授麦克尔·波特创立。产业集群理论是针对某一特定区域内的经济活动发生聚集的现象，包含了某一产业从投入到产出以致流通的各个相关行为主体的完备的经济组织系统，这个系统的核心是特定区域的优势产业。② 正是这种优势产业的存在吸引和构建了产业集群现象的基础，也是对该区域内资源的一种有效配置过程。产业融合而言，产业集群是一个较为明显且容易识别的载体和表现形式。同时，产业集群的形成为产业融合提供了空间支持、资源聚集等不可或缺的条件，而产业融合的进一步发展在某种程度上也促进了产业集群的形成与壮大，推动了产业集群的交易成本的降低，巩固与提升了产业集群的综合竞争力。③ 因此，产业集群是研

---

① 陆雄文：《管理学大辞典》，上海辞书出版社 2013 年版，第 367 页。

② 参见秦琴、方苏春《产业集群：提升区域经济竞争力的战略模式》，《商场现代化》2007 年第 11 期。

③ 郑明高：《产业融合发展研究》，硕士学位论文，北京交通大学，2010 年，第 15 页。

究产业融合的重要理论基础之一。

目前而言，产业集群的研究主要集中在产业集群的机理、技术创新、组织创新、社会资本以及经济增长与产业集群的关系研究、基于产业集群的产业政策和实证研究方面。[①] 而较为经典的产业集群理论主要有产业区理论、新经济地理学理论、集聚经济理论、增长极理论以及竞争优势理论等。

产业区理论的代表人物弗雷德·马歇尔在继承和发展了亚当·斯密的分工理论后，从古典经济学的角度出发系统地研究了产业集群。马歇尔的产业区理论是其为研究外部经济理论而做的铺垫，通过对传统工业的企业集群现象的考察，他认为产业集群与内、外部规模经济有密切的相关关系。马歇尔在其《经济学原理》一书中阐释了“外部规模经济”的概念：“由于某种产业在特定区域的聚集发展所引起的该区域内生产企业的整体规模扩大、成本下降。”并认为追求外部规模经济是企业聚集的原因和动力，而这些专业化产业集聚的特定地区则称为“产业区”。产业区理论主要解释了产业集群带来的外部规模经济的优势所在：企业在聚集的过程中会有更多的潜在劳动力，对于这些潜在劳动力的需求和供应也会增加；其次，产业区的形成会促进辅助性中间产品的出现，可以起到降低企业成本提高生产专业化的积极作用，并有利于技术和信息的共享，加速知识和新思想的传播。

新经济地理学理论主要研究产业聚集产生的原因，该理论的代表人物为保罗·克鲁格曼（P. Krugman），新经济地理学的主要贡献在于除了构建反映经济活动地理集中现象的理论模型外，还将新经济地理模型结合实际案例进行实证分析，强调了模型的实用价值。克鲁格曼在垄断竞争模型：迪克西特－斯蒂格利兹（Dixit-Stiglitz）模型的基础上，认为产业集聚是由企业的规模报酬递增、运输成本和生产要素移动通过市场传导的相互作用而产生的，并提出了产业聚集的最初形

① 参见郭金喜《产业集群理论综述》，北京国际城市发展研究院 2009 年。

成是一种历史的偶然。[①] 该理论以收益递增（不同于新古典增长模型的收益递减规律，收益递增理论是在受到区域收敛率较慢的事实和前者有效性的假设的影响下提出的）作为理论基础，并通过地理区位的优势，放大“路径依赖”现象，通过在这特定区域内的放大现象和内外部规模经济的形成，给予该产业聚集区内更好的效益，从而吸引外部的企业向该区域聚集。

集聚经济理论从区域产业发展的角度对产业聚集做出了解释，该理论的代表人物有阿尔弗雷德·韦伯、埃德加·M. 胡佛和巴顿等区位经济学家。韦伯在考虑了运输、劳动力成本对区位选择的影响后，强调了集聚经济的作用，他认为产业集群的原因主要是由于技术设备、劳动力、市场化以及经常性开支四个方面造成的。[②] 埃德加·M. 胡佛在1948年出版的《区域经济学导论》一书中，将集聚经济为生产区位的一个变量，并把产业集聚产生的规模经济定义为某一产业在特定地区的集聚体的规模所产生的经济。[③] 他认为产业集聚存在一个最佳规模，如果集聚企业太少，或集聚规模太小的话，集聚则达不到最佳效果；若集聚企业较多，则可能由于某些方面原因使集聚区的整体效应下降。企业主要追寻集聚所产生的减少运输费用、降低生产成本等外部规模经济效果。[④] 巴顿在其《城市经济学理论与政策》一书中提出：“产业集群有利于熟练工人、经理、企业家的发展，集群内日益积累起来的熟练劳动力和适应当地工业发展的职工安置制度，进一步加强了企业间的相互关联。”[⑤] 巴顿认为产业聚集有利于上下游企业的交流和信息的传播，从而促进创新的产生与发展。

增长极理论于1950年由法国经济学家弗郎索瓦·佩鲁（Francois Perroux）第一次提出。该理论被视为是西方区域经济学中经济区域观

---

① 参见 Krugman, P. (1991) “Increasing Return and Economic”, *Geography Jouxnal of Political Economy*, Vol (3): 483–502。

② 参见［德］阿尔弗雷德·韦伯《工业区位论》，商务印书馆1997年版，第127页。

③ 参见马建会《产业集群成长机理研究》，中国社会科学出版社2007年版，第86页。

④ 参见［美］埃德加·M. 胡佛《区域经济学导论》，商务印书馆1990年版，第187页。

⑤ ［英］巴顿：《城市经济学理论与政策》，商务印书馆1986年版，第249页。

念的基石，是不平衡发展论的依据之一。该理论的主要观点为：区域经济的发展主要依靠条件较好的少数地区和少数产业带动，应把少数区位条件好的地区和少数条件好的产业培育成经济增长极。增长极理论强调增长极性质的产业及政府和企业对推动区域经济的巨大作用。佩鲁以自上而下的观点，阐述了政府在产业集聚的形成和发展过程中的重要作用。[①]

竞争优势理论由哈佛大学商学研究院迈克尔·波特提出，1990年完成的《国家竞争优势》一书中，首次使用“产业集群（Industrial Cluster)”一词，将产业集群与国家、地区和产业竞争力联系起来，提出了著名的“钻石模型”即国际竞争优势模型。波特对产业集群现象进行了比较系统的研究，强调了区位集中性的作用。波特认为，区位集中性为生产要素条件、需求条件、相关支撑产业、企业的战略与结构结合在一起形成一个动态系统，可以提高区位内企业的生产率以及创新能力，并降低企业进入风险从而形成区域内产业集群的竞争优势。

3. 产业组织理论

在产业融合过程中，产业组织理论也需调整以适应产业组织、结构等创新和调整的发展，因此产业组织理论是研究产业融合必要的理论基础。

产业组织理论（Industrial Organization）是微观经济学（个体经济学）中的一个重要分支，后逐渐发展成为一种进一步解释微观市场的主流理论。产业组织理论的发展也是源自马歇尔对微观经济进行了经典的解释以及市场竞争与规模经济之间的矛盾——“马歇尔冲突”。马歇尔首次提出产业组织的概念是在其《产业经济学》一书中，他认为产业组织是指产业的内部结构。随后，美国哈佛大学的张伯伦和英国剑桥大学的罗宾逊夫人进一步发展了产业组织理论，其中张伯伦分析了厂商进入和退出市场的问题、产品差别化问题和过剩能力下的

---

① 参见 Enright J. （2001）“An overview of regional clusters and clustering”, Presentedat the annual conference of the competitiveness institute, Tuscon, Arizona。

竞争问题等。[①] 张伯伦与罗宾逊夫人对市场中竞争和垄断问题深入的研究，使人们对经济领域的微观部分的认识加深，推动了产业组织理论向市场结构方向发展，为现代产业组织理论的形成奠定了坚实的基础。[②] 到20世纪30年代，为了解决“马歇尔冲突”问题，美国经济学家梅森（Edward，S. Mason）、乔·贝恩（J. Bain）创立了现代产业组织理论，使产业组织理论有了进一步的发展。

产业组织理论主要侧重于从供给角度分析单个产业内部的市场结构、厂商行为和经济绩效三个方面，多年来在各国学者的研究下逐渐形成哈佛学派、芝加哥学派等不同的流派。

哈佛学派以哈佛大学的经济学教授为主，以市场结构为研究重点，吸收了马歇尔、张伯伦等人的理论基础上，继承了克拉克的有效竞争理论而形成的学术派别，其主要代表人物为哈佛大学的梅森及其学生贝恩。梅森发展了传统的市场结构—企业行为—经济成果（structure-conduct-performance，简称SCP模式）的模式，使之成为产业经济学内容的框架。梅森认为，产业经济学或称产业组织理论，既要靠实践经验的研究和经济制度的研究，又需要结构—行为—成果的理论分析框架。1959年，贝恩的关于产业组织理论的教科书《产业组织》出版，标志着哈佛学派正式形成。哈佛学派研究的市场结构主要包括集中度、产品差异、规模经济、进入障碍和政府管制；企业行为主要涉及合谋和策略性行为、广告和研究开发等方面；市场绩效包括资源配置效率、利润率、生产率等。哈佛学派认为SCP三者之间存在递进制约的因果关系，市场结构决定企业的市场行为而市场行为决定市场资源配置的绩效，因此为了获得良好的市场绩效，必须采取积极的反托拉斯政策和政府管制，以改善市场结构，进而规范企业的市场行为。

哈佛学派建立的SCP分析范式，为产业组织理论研究提供了早期

① 参见魏娟、邢占文《产业组织理论三大流派综述及最新进展》，《内蒙古财经学院学报》2009年第1期。

② 参见郑明高《产业融合发展研究》，硕士学位论文，北京交通大学，2010年，第21页。

的分析框架，使该理论得以沿着一条大体规范的途径发展。随后，谢勒（Scherer，F. M. 1970）发表了《产业市场结构和经济绩效》，通过对 SCP 范式的完善研究了各环节的反馈效应，使得传统产业组织理论的 SCP 分析范式得到了系统完整的阐述。“结构—行为—绩效最具开创性的意义是建立了产业组织理论的分析框架和分析范围，在大量的经验性分析中运用了主流微观理论的推论并提出了问题，大大深化了厂商理论的微观经济研究。”①

芝加哥学派在理论上继承以奈特（F. Knight）为代表的芝加哥传统的经济自由主义思想和社会达尔文主义，强调自由市场经济中竞争机制的作用，认为市场力量具有自我调节的能力，市场竞争过程是市场力量自由发挥作用的过程。该学派以施蒂格勒（J. Stigler）、德姆塞兹（H. Demsetz）、波斯纳（R. Posner）等人为主要代表人物。不同于哈佛学派强调 SCP 三者的相互作用，芝加哥学派更多的认为市场绩效是决定作用的部分。1968 年，随着施蒂格勒《产业组织》一书的出版，标志着芝加哥学派理论上的成熟。芝加哥学派主要采用竞争性均衡模型，提出了在长期均衡中的配置效率和技术效率，从价格理论的基本假定出发认为市场结构与市场行为、市场绩效即哈佛学派采用的 SCP 模式之间是非直接相关性关系，并强调了技术和进入自由这两个因素决定市场结构，特别是进入自由可以保证市场行为最优、市场绩效最好。

（三）产业融合的动因

从 20 世纪 70 年代无线通信技术、光缆等信息处理技术的变革带来通信、邮政、广播、报刊等传媒产业间的相互融合，拉开了新时期产业融合的序幕。到 20 世纪 90 年代数字、通信网络、互联网的发展和电脑的普及又推进了出版、电视、音乐、广告、教育、运输等产业的融合，电子网络技术向传统商业、运输业融合诞生了电子商务与物

---

① ［法］泰勒尔：《产业组织理论》，张维迎总译校，中国人民大学出版社 1998 年版，第 274 页。

流业创新产业；高新技术向汽车制造业的渗透将产生光机电一体化的新产业等增加了产业融合的广度。[①]

21 世纪以来，随着全球经济的高速发展，产业融合现象不再局限于通信和网络领域，我国逐步推动“一、二、三产业”的不断融合，打破产业边界，对传统产业结构、产业组织以及产业政策形成了挑战。写入“十一五”规划的“三网融合（广播电视网、电信网与互联网）”逐步实现了功能和业务的融合，使信息服务由单一业务转向多媒体综合业务，极大地减少基础建设投入，并简化网络管理，降低维护成本；使网络从各自独立的专业网络向综合性网络转变，网络性能得以提升，提高资源利用效率；衍生出了更加丰富的增值业务，拓展了业务提供的范围，降低电视、上网、电话等费用。[②] 电子商务、跨媒体、大电信、网络出版等融合多个产业特性的组织形态不断涌现，一些大型企业的跨产业融合并购，如美国在线公司与时代华纳公司合并、索尼联手爱立信成立手机公司等，使得产业融合现象更为深入和普遍。

产业的发展依然遵循一定的经济发展规律，产业发展的规律决定了产业种类的数目，组织的复杂度和边界的模糊程度都随经济发展而不断增加，从而出现产业结构由低级向高级不断进步演化的过程。因此，产业融合是产业结构发展的必然结果。产业融合不断发展的过程是产业发展的内在动力，其产业融合的动因离不开技术进步的推动、企业间竞争压力、对范围经济的追求、跨国公司谋求发展的诉求的内部条件以及政府放松管制的外部条件的共同作用。

1. 技术进步推动、跨国公司发展、放松管制

技术进步推动是产业融合发生的前提。这里所指的技术进步包含两个维度的含义：技术创新、技术融合。Hacklin 认为，技术创新是产业融合的促成器，而技术融合是产业融合的引发器。技术创新带来

---

① 参见陈柳钦《产业融合的发展动因、演进方式及其效应分析》，《西华大学学报》2007 年第 4 期。

② 参见赵珏、张士引《产业融合的效应、动因和难点分析——以中国推进“三网融合”为例》，《宏观经济研究》2015 年第 11 期。

的新技术、新工艺渗透到其他产业之中，改变原有产业生产技术路线的同时，具有丰富产业经营内容与形式的作用，在技术创新的基础上产生的技术融合又给原有产业的产品带来了新的市场需求，为产业融合提供了市场的空间。技术创新与技术融合是一个相互促进的过程，二者在不断发展中推动了产业融合的发生。20 世纪 90 年代的产业融合大浪潮，使通信技术和信息技术不断发展加之其扩散效应的作用下促进的技术融合的产生，技术融合又促使不同产业之间形成了共同的技术基础，不断模糊不同产业的边界线并最终形成产业融合。

诸如信息技术的创新与进步带来电信业、有线电视业和计算机网络业三大信息技术融合促成的产业融合，“三网融合”下允许电信业经营网络业务，广播电视业经营电信业务，网络业经营广播电视和电信业务，企业跨产业兼并和重组，三大产业的原先边界日益模糊，催生了交互式网络电视业等新型产业；银行业、证券业、保险业三大金融产业的融合，催生了网络银行、网络证券、网络保险、保险银行、家庭银行等新产业。这些都是在技术进步的基础上先通过技术融合从而实现产业融合。

此外，企业的竞争压力也导致企业会从内部的技术进步来推动大的产业融合。就产业融合领域而言，技术进步的范围不但是指单纯性技术，也包含商业模式创新。商业模式即为企业盈利的途径和方法，是企业发展战略的顶层设计。商业模式的创新属于企业内部进行产业融合的驱动力。商业模式创新涉及企业技术方向和路线的选择，以及企业组织、文化、资源配置的全方位、深层次革命，是增强企业竞争力的重要途径。商业模式创新属于企业发展的内在动力，因此企业进行商业模式创新的动力有时会大于技术创新对产业融合动力。商业模式创新是由传统的企业本位转向客户本位，由占领市场转向占领客户，以客户为中心，从客户的需求出发，为客户创造最大化的价值。例如，戴尔公司采取“消除中间人”的直销模式，通过电话和互联网络与客户沟通，直接与客户建立关系，生产出满足客户需要的产品。新的商业模式不仅为客户提供更低的价格、更好的服务和最大化的价值，也使公司缩减了不必要的成本和开支，拥有了成本和价格优势。商业模式创新就是构建一个利益共赢的价值网，充分整合和利用资源，创造新的价值，或者提升原有价值。

随着互联网的普及，信息网络的开放性和灵活性为企业选择更多更复杂的运作方式提供了平台条件，由于硬件技术的易扩散性和生产的易模仿性，任何基于硬件的商业模式都不会长久，而基于信息网络平台的商业模式则成为企业商业模式创新的主流。信息网络平台将相互独立的产品或服务提供者和用户联结起来，通过全新的商业模式，使产品和服务价值实现了聚变。对于新兴产业和变革性的新技术而言，由于技术不成熟、研发成本高、缺乏配套设施等原因，技术和产品的市场推广应用是其发展的重要难题。通过商业模式创新有效降低成本，是推进产业融合，帮助新技术新产品走进市场的一条重要途径。

2. 对范围经济的追求

范围经济（Economies of scope）指由厂商的范围而非规模带来的经济，也即是当同时生产两种产品的费用低于分别生产每种产品所需成本的总和时，所存在的状况就被称为范围经济。只要把两种或更多的产品合并在一起生产比分开来生产的成本要低，就会存在范围经济。当企业内部存在一定的剩余资源，但这部分资源既不能扩大企业原有生产规模又不能出售获利，且企业不愿放弃这部分资源时就存在范围经济发生的可能性——企业会寻求和其他产业进行多元合作从而实现范围经济效益。在企业追求范围经济的情况下，不同产业中的企业为追求范围经济进行的多元化经营、多产品经营，通过技术融合创新改变了其成本结构，降低了其生产成本，通过业务融合形成差异化产品和服务，通过引导顾客消费习惯和消费内容，实现市场融合，最终促使产业融合的发生。①

企业通过跨产业的融合带来业务上的创新和服务的差异化，使得消费者的消费习惯和内容被引导，从而实现市场融合，最终促使产业

① 参见周振华《产业融合拓展化：主导因素及基础条件分析》，《社会科学》2003 年第 3 期。

融合化。例如，传统金融机构和金融科技企业合作推出的创新型理财产品所消耗的成本支出低于二者分别生产的支出，二者的结合就可以产生范围经济。当这种效益越来越显著时，其他的传统金融机构也会通过和金融科技企业相互合作的方式试图追求这种效益。随着跟进企业跨产业经营的方向逐步趋同，产业融合就会发生，只有当产业内大多数企业都出现内容趋同的跨产业经营时，产业融合才能最终完成。[①]

3. 跨国公司谋求发展的诉求

跨国公司的快速发展是产业融合的重要载体。在技术创新与知识经济不断进步的背景下，大量的生产制造部门逐渐向低成本的发展中国家转移，跨国公司本身为了实现降低成本和贴合当地经济发展，也越来越重视作为生产并推动技术创新据点开展。因此，跨国公司可以有效的在其开展业务的国家通过产业聚集的形式推动产业融合的发生。

从20世纪起，跨国公司的发展为全球经济体带来了新的活力。在当前技术飞速进步和竞争日趋激烈的背景下，各国的跨国公司和大型企业集团在扩大经营规模和服务范围时，它们综合了技术开发、投资、生产、制造、贸易、售后服务等于一体，而计算机网络和通信网络的融合为跨国企业的全球化发展提供了重要的技术支撑平台。跨国公司投资最密集的行业有微电子业、汽车制造业、家用电器业、通讯设备业、办公用品业、仪器仪表业、制药业、化工业等技术、资金密集型的行业。20世纪90年代，全球500强企业在电子及通信设备、机械、交通运输设备、化学原料及化学制品4个行业在我国的投资项目合计486个、占其在中国投资项目总数的40%。[②] 与此同时我国的产业结构发生了重要变化，一定程度上反映了跨国公司在技术创新与推广，经验传承与产业聚集效应上的重大作用。

公司都是以盈利为目的的，跨国公司在追求整体经济效益最大化

---

① 参见席晓丽《产业融合视角下的现代农业发展研究》，硕士学位论文，福建师范大学，2008年，第25页。

② 参见焦聪《跨国公司投资对中国产业结构的影响》，《经济与管理》2006年第3期。

的过程中，实际上是国际金融资本融合与产业不断融合的过程。跨国公司和大型企业集团在全世界的广泛发展，将传统的“国家生产”产品变为“公司生产”产品。可以说，“跨国公司是推动产业融合发展的主要载体”。[①]

4. 政府放松管制

政府放松管制是产业融合的外部条件。从自然垄断到垄断竞争，再到完全竞争、竞合关系的出现，都离不开政府规制政策的放松。管制的放松导致其他相关产业的业务加入本产业的竞争中，从而逐渐走向产业融合。[②] 美国学者施蒂格勒认为，“进入壁垒是新企业比旧企业多承担的成本，各国政府的经济性管制是形成不同产业进入壁垒的主要原因”。因此，管制的放松导致其他相关产业的业务加入本产业的竞争中，从而逐渐走向产业融合。[③]

管制政策在相当程度上体现了产业分立条件下的管制框架，客观上起到了划分产业边界的作用，构成了一种制度性障碍。[④] 产业融合与放松管制之间存在一个互动的过程：经济管制的放松为产业融合创造了制度环境，宽松的制度环境下可以激励和扩展企业技术和商业模式创新的市场边界。降低的市场准入壁垒往往可以为该产业带来新产品或新商业模式[⑤]；产业融合的内在要求又促使管制理论与政策的不断改善，以适应变化了的技术和经济条件。即新技术、社会变革、全球化、自由化、放松管制、法律变化以及现有价值链的市场变动等会影响产业融合。[⑥]

---

① 陈柳钦：《产业融合的动因及其效应分析》，《西南金融》2007 年第 4 期。

② 参见席晓丽《产业融合视角下的现代农业发展研究》，硕士学位论文，福建师范大学，2008 年，第 25 页。

③ 陈柳钦：《产业融合的发展动因、演进方式及其效应分析》，《西华大学学报》2007 年第 4 期。

④ 参见周宇、惠宁《试论产业融合的动因、类型及其对经济发展的影响》，《山西师大学报》（社会科学版）2014 年第 41 卷第 5 期。

⑤ 参见 Lei，D. T. （2000）“Industry Evolution and Competence Development：The Imperatives of Technological Convergence” . International Journal of Technology Management，19 （7 – 8）：699 – 738。

⑥ 参见 Theilen，F. （2004） “Gesch ftsmodellbasiertes Konvergenzmanagement auf dem Markt für Mobile Financial Services. Wien” Germany：Springer，Bank Verlag。

二 传统金融与金融科技融合的动因

（一）来自金融科技机构的因素

1. 以技术输出换取货币资金

“金融科技企业的创新动态性决定了其对资金的需求是非常态化的，需要一个高效、持续的融资平台提供资金服务，但光凭技术本身是无法产生价值的，技术创新下企业的资金需求很难得到满足，也抑制了科技型企业的创新动力。”[①] 高科技创新项目一方面具有巨大的、潜在的社会和经济效益；另一方面，金融科技企业的创新动态性也具有高度不确定性，对金融科技企业来说，整个经营发展过程中，更是面临技术研发、市场反应、企业管理等各种风险，因此对人力资源、管理技术、资金投入等方面都有特别高的要求。其融资常常显现出如下几个明显特征[②]：（1）资金需求量大，需要持续不断的融资，各个发展周期风险、收益、资金需求和融资方式不尽相同。（2）投资回报风险高。由于研发创新活动的不确定性，初期的投入一般是净支出，后期加大投入后才有可能收益，甚至研发创新活动失败，将会导致净损失。科技研发创新的高投入导致金融科技企业对资金的需求更加迫切，但金融科技企业管理经营风险、客户质量及有限的市场往往令其融资更加困难，技术输出以换取货币资金的需求加大。

金融科技企业的技术输出对象正是传统商业银行。随着商业银行的发展运营，其资产规模不断扩大、各个层面的数据信息不断积累，传统的银行运营和管理模式已经不再适用，银行的经营转型、产品创新和管理升级等都需要充分利用新科技。[③] 现行监管制度的变化、客户需求的提高以及科技水平的提升都在激励商业银行不断提高对智能

---

① 丁涛、胡汉辉：《金融支持科技创新国际比较及路径设计》，《软科学》2009 年第 3 期。

② 参见李启才、顾孟迪《基于金融创新的中小型科技企业融资对策研究》，《现代管理科学》2014 年第 9 期。

③ 参见张建国《大数据时代银行业应对策略》，《中国金融》2014 年第 15 期。

技术的投入。近年来，以 BAJT 等互联网巨头为代表的互联网公司，借助其雄厚的技术实力、规模庞大的数据资源、灵活的运营体制逐步积累客户资源，不断冲击商业银行的传统业务。为了抵御金融科技企业对银行业的冲击，商业银行也必须要引入大数据、云计算、区块链等先进技术，构建商业银行自动化、智能化。为优化运营管理的需求和应对金融科技企业的冲击，很多商业银行不得不加大了在信息科技方面的投入，在强化传统电子银行业务优势的基础上，积极学习吸收新技术。新兴技术的运用能够极大推动银行智能化发展和创新，新兴科技也将成为传统商业银行突破发展瓶颈并完成转型的一个关键要素。正是金融科技企业输出技术的需求与传统金融机构引进技术的需求一拍即合，促成二者的融合。

2. 技术与金融业务融合实现价值

技术自身不产生价值，技术只有与其他主体相结合，才能在释放出其巨大价值的同时，推动主体的发展与进步。就好比新兴技术只有与金融结合应用在金融场景中，需要基于客户对金融业务的需求与金融结合。人工智能、大数据、区块链这些底层技术，如何与金融结合，又具体运用在金融的哪一个细分领域，新技术的运用下能产生什么样的价值和商业利益，还需要金融和科技两个领域的不断求索。科技只有与金融业务融合才有生命力。如果没有金融业务这个载体，科技作为工具手段便失去了其活力所在。科技与金融业务的深度结合，有利于技术实现其价值，为金融科技企业实现利润。对于金融科技企业来说，随着监管力度不断加强，部分金融科技企业开始走上了重科技、轻业务的道路，这样就会造成技术实力、客户基础与业务发展错配的问题，业务面变窄但是科技实力急剧提升，使得原本有较大发展空间的技术受到了业务的制约，不利于企业自身的发展。在这种背景下，通过与传统金融机构的合作实现内部“冗余”资源的最大化利用，商业银行一直处于金融市场的核心地位，主要原因是商业银行控制着绝大部分金融业务和渠道，并且长期享受着政策和体制的红利，使其在金融市场中处于明显的优势地位。未来金融科技的发展过程中依旧需要借助传统金融模式的内容支持与风险防控，强化金融科技的安全、稳健、可持续发展特性。

3. 科技需要回归应用场景、服务实体经济

“金融科技中，技术本身不产生价值，要和金融结合起来才能产生高附加值。”①

金融科技的发展要以实体经济为中心，立足服务实体经济是中央对金融工作的要求，金融业既要把这个要求当作方向，也要当作操作指南，当作自己的生存之道，如果没有与实体经济共生共荣，如果不能协助实体经济的发展，科技便失去了其活力所在，由此金融业创造的利润不但不可能持续，而且很可能形成泡沫，最后化为泡影。

金融科技与应用场景的深度结合，有利于金融回归实体经济。“通过与传统金融机构的合作，实现内部‘冗余’资源的最大化利用便成为顺理成章之事，当企业明确了‘金融科技’定位之时，也就埋下了‘开放合作’的基因。”② 二者融合发展既能完善金融市场、拓展金融业务和渠道，又能响应国家号召，在各种利好的政策支持和环境下快速发展。所以，金融科技的发展离不开传统金融模式的内容支持，只有这样才能实现金融科技机构安全、稳健、可持续发展。

4. 金融科技企业存在流量瓶颈

流量作为网络时代最核心的资产，在互联网诞生之初就是各互联网平台相互争夺的资源。然而如今的网络环境，流量资源的格局基本已经定型。由图 3.3 可知，互联网和移动支付用户规模经过两年的高速增长后，在 2017 年及以后，逐步呈现出缓慢趋向平稳的趋势，说明我国互联网及移动支付用户数量已经趋于饱和，各个金融科技平台的流量规模已基本定型。因此，金融科技企业一再追求以流量为导向的盈利模式已经不可取。而且互联网金融行业有明显的标签化特征，用户对实力雄厚、信誉卓著的平台形成固定的认知，造成在整个国内的移动应用分发市场中，行业内排名前 200 的头部应用占据了整个行

① 郑君：《高新技术转化融资途径选择的契约分析》，硕士学位论文，中国科学技术大学，2006 年，第 19 页。

② 薛洪言：《银行与科技开放合作的动因及前景》，《金融博览》2017 年第 8 期。

业全平台分发总量的55%，而微信、QQ、支付宝、UC浏览器、手机淘宝、手机百度等超级移动应用更是几乎覆盖了国内所有的智能手机用户群体，这从侧面反映了一个非常明显的现象：移动用户流量都在向头部应用倾斜。最近中农工建与BATJ的融合现象也表明，金融科技企业都在逐步向实体金融业务倾斜，与传统金融机构融合发展，实现用户数量广度延伸向深度延伸的转变，更好的为中小客户提供金融服务，实现普惠金融。

跨界合作是扩大金融服务领域的重要手段。在新形势下，曾经弥漫在互联网科技公司和传统金融之间的紧张对峙，也因各取所需而开始加强合作。一方面，受监管约束，互联网科技公司的金融业务发展空间收窄，需要寻找与持牌金融机构合作。虽然许多互联网巨头公司已经取得支付业务等许可证，也有通过小贷公司进入信贷领域，但是伴随互联网金融监管收紧，互联网金融公司转型为金融科技公司寻求监管套利的空间也变得相对窄小。

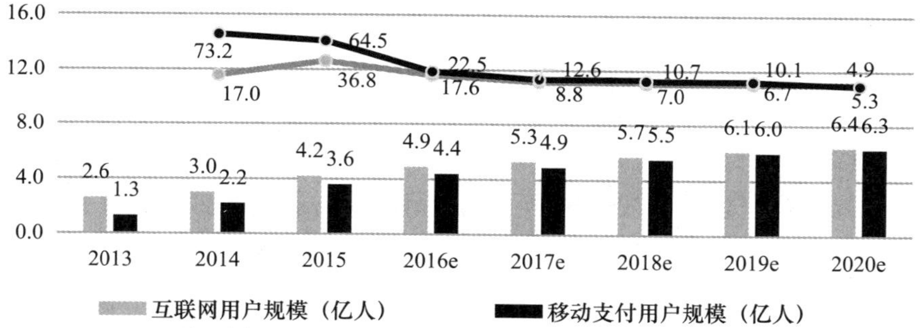

图3.3　2013—2020年中国互联网支付及移动支付用户规模

资料来源：艾瑞咨询。

央行已明确指出要划清互联网金融和金融科技的界限：金融科技不直接从事金融业务，必须与持牌机构合作。迫于压力，互联网科技公司纷纷强调自身技术先于金融的科技属性。蚂蚁金服、京东、百度多次表态将定位金融科技，重在用技术和数据能力帮助金融机构服务客户促进普惠金融。

5. 实现数据的共享与利用

这一波金融科技的底层基础是数据，本质上，谁的数据量越大、越多元，谁就越有竞争力。就银行与金融科技企业而言，二者都有大量的数据沉淀。就几大金融科技巨头来说，“其本身就是互联网时代的数据黑洞，沉淀了巨量的用户数据，当其转型做金融时，之前积累的电商数据、社交数据、行为数据等便成为其可用的自有数据”①。但是金融科技巨头对用户财富数据的掌握程度远远比不上银行，银行依然掌握着大量真实可信的用户信用、业务往来等方面的数据，不过好在银行最有价值的金融数据——信贷数据已经在征信中心实现了共享。而银行的自有数据主要是各种业务数据，是对全行客户业务活动过程和结果的记录，数据的维度单一，缺乏行为数据积累，除了信用风险防控的特定领域，银行业的大数据应用并不具备优势。因此，如何推动金融科技企业和传统商业银行之间实现多元数据的共享，尤其是推动多元征信体系的建设与发展，对于从根本上推动传统金融机构和金融科技企业能力的发展与提升，进而推动双方融合发展，具有重要意义。

（二）来自传统金融机构的因素

近年来，金融科技业务的发展空间受到全球资本市场的密切关注。花旗集团 2017 年的研究报告显示，全球金融科技的年投资额规模从 2010 年的 18 亿美元增长至 2015 年的 191 亿美元，5 年时间增幅近 10 倍，期间引进投资额规模累计达到 497 亿美元。金融科技正在融入支付、借贷、零售银行、保险、财富管理、交易结算六大金融领域，全面推动着传统金融行业的转型升级②。根据国际咨询公司毕马威与 CB Insights 的报告，自 2009 年以来，包括美银、花旗、富国银

---

① 薛洪言：《银行与互金都在谈大数据，相比之下有何不同》，《信息与电脑》2017 年第 9 期。

② 参见朱辰、华桂宏《基于内生驱动视角的欧洲金融互联网发展历程及启示》，《江苏社会科学》2018 年第 2 期。

行、摩根大通、摩根士丹利以及高盛在内的各大投资银行已经在30家金融科技公司进行战略投资。在全球范围内，各大传统金融机构正在以高姿态拥抱金融科技。

金融科技遵从金融本质，依靠与科技的无缝衔接，从本质上保证金融行业提高工作效率、降低运营成本，最终实现利润最大化。因此，金融科技被视为能够重塑金融行业的全新领域，也是世界各国在21世纪想要努力抓住的发展机遇之一。

金融科技的核心生产力是大数据与云计算存储，通过这个技术工具来挖掘客户内在需求痛点、实现客户高端个性化需求、扩大金融产品与服务的覆盖广度与深度，最终实现普惠金融所倡导的创新、大众、共赢等理念。

金融科技为金融市场提供了一种平等、独特的新型供给模式，给金融行业带来了包括技术、生态、场景、渠道、媒介、交互、风控等多方面的业态延伸与变革，推动金融产业链缩短、连接通道拓展、服务场景丰富、交互模式创新、交易实时高频、风控技术重构，满足了多层次的金融需求①。美国著名咨询研究机构麦肯锡指出，随着技术日新月异以及政府金融监管更加严厉，银行业光靠裁员已经解决不了盈利持续下行的窘境。“未来每年有能力赚150亿美元的大型银行，才能负担得起高额营运成本，最终活下来的银行恐怕只剩下五分之三，而靠拢金融科技才能有机会让传统银行及金融业走出泥淖。”②

借助于金融科技的大数据、云计算、区块链、人工智能、移动互联等信息技术，传统金融机构延伸了金融的服务群体和范围，提升了整体运营效率，使得风险控制更加有效，更进一步的实现了发展普惠金融的目标。金融科技渐进式在运行速度、运营成本、业务数据、传播媒介等方面对传统金融业产生深远的影响。具体来说，金融科技充分发挥了技术革新对金融的赋能作用：移动互联改变了金融的触达能

---

① 参见黄向庆《金融科技国内实践与主要影响》，《金融纵横》2017年第9期。

② 卢宏奇：《裁员救不了银行！麦肯锡：靠拢FinTech才有存活机会》，台湾工商时报出版社2016年版，第9页。

力和便捷性，大数据改变了信息搜集的成本和处理效率，并进而改变了甄别风险的能力，云计算改变了金融的成本和效率。随着人工智能技术及区块链技术的日渐成熟，金融科技正向更广阔乃至传统的领域蔓延。机器学习和人工智能能解决信用欺诈的问题；数字广告能低成本拓展金融业务，帮助机构以比较低的成本获得借贷者；区块链凭借去中心化、去中介化等优点，有望成为未来最具颠覆性的金融底层技术，在跨境支付、借贷、清算、股权交易等领域应用前景广阔，帮助交易者在供应链上完成支付。

1. 客户行为需求

金融科技带来的客户特征行为变化形成了商业银行零售业务转型升级的根本动力。随着金融科技的蓬勃发展和快速应用，金融生活化、生活金融化趋势的日益显现，人们的思维和行为方式发生了巨大变化，金融行为愈发线上化、需求日趋多元化，客户对于银行产品和服务的认知更加充分、预期大大提升，更关注个性、强调体验、渴望互动、要求掌控。因此，传统金融机构必须摒弃以产品为中心、以自我为中心的经营模式，及时转变拓客模式，顺应客户行为的变化、改善客户体验。此外，金融科技的兴起也使商业银行能够更深刻地洞察客户，掌握客户潜在需求，并在一定程度上预判客户行为；运用金融科技能够更好地创新产品、优化流程、防控风险；基于金融科技能够更广泛地延展银行与客户的接触点，拓宽渠道视野，实现个性化、差异化服务，更加主动便捷地将产品和服务推送给目标客户。更为重要的是，金融科技使得商业银行服务全量客户成为可能。

2. 业务发展模式

在金融科技的发展浪潮下，传统商业银行的诸多业务都受到了挑战。因此，传统商业银行需要通过与金融科技企业融合，不断改进自身的业务发展模式，实现长远发展。2016 年，非银行支付机构累计发生网络支付业务 1639.02 亿笔，金额 99.27 万亿元，同比分别增长 99.53% 和 100.65%，仍保持着高速增长态势。第三方支付机构对客户提供跨行收付款、多层级交易自动对账和一对多批量付款等各种资金结算产品，不断侵蚀银行客户；还借助互联网、移动通信等渠道推出边界的电子支付服务，如转账、缴费、购票等，正逐步培养起用户习惯。虽然第三方支付背后的账户体系仍然由银行掌握，但前端的支付场景正在被互联网和移动支付快速攻陷，银行卡支付的市场份额正在下降。二是信用中介受到挑战。P2P“去中介化”的网络融资模式逐渐被社会特别是90后年轻人理解和接受，使得个体之间直接金融交易模式呈现出较强的生命力，金融脱媒有所加剧，一定程度上冲击了商业银行信用中介地位。三是传统金融服务受到冲击。在理财服务方面，技术成熟强化了风险防控，同时也降低了理财服务门槛，促使网络理财快速增长。

在大数据时代，由于媒介透明化，银行依靠金融媒介与中间环节获取利润的空间越来越狭窄。从资产业务上看，银行原先行之有效的风险控制能力不断弱化，乃至失效。对风险过程监管的缺失，使传统银行在应对行业性风险、区域性风险、系统性风险、国际化风险、道德风险甚至经营性风险中越来越力不从心。从近几年不断出现的重大不良贷款项目来看，在项目已经出现重大风险时，银行往往成为最后一个知道船要沉没的人。而大数据、云计算、区块链、数字货币、人工智能等一系列新技术正全面应用于支付清算、借贷融资、财富管理、零售银行、保险、交易结算六大金融领域，为传统金融的基础框架和生态体系带来全面而深刻的变革。

3. 市场竞争格局

不同于传统金融机构，金融科技企业对服务“小微”受众，整合碎片化的需求方面具有极大的技术优势，从这一层面来说，传统金融机构的目标市场更偏向于宏观的、规模化的场景，因为传统金融机构在这些场景中具有成本优势。此外，在互联网与金融的关系日益不可分割的今天，传统金融机构要通过与金融科技的融合逐步向泛金融、非金融领域的延伸，以实现线上线下结合发展。以商业银行为例，金融科技构筑的全新市场格局对商业银行零售战略转型形成强大推动力。“金融科技打破了金融与信息、科技间的行业壁垒，从而使零售金融竞争的参与者快速多样化，并悄无声息地改变着零售金融主流业务的模式和流程，商业银行已经从零售金融绝对的主导者逐步演变成较为被动的竞争参与者。"[①] 因此，"商业银行必须因需而变、因时而动，充分运用金融科技手段，实施全量客户战略，以智慧零售的转型发展引领经营转型"[②]。

金融科技模式衍生出了一个和传统金融大相径庭的特征——信息透明化，其实现路径就是通过金融科技技术中的大数据分析与云计算存储而达到的个性需求挖掘、信息高效匹配、信用风险评估、信贷流程处理等一系列目标[③]，从而突破了传统金融模式取信难、征信体制不健全的被动局面，这在很大程度上解决了目前传统金融难以突破的发展瓶颈；从交易的实现路径来看，金融科技企业是通过各种互联网平台来实现金融产品与服务的交易，而传统金融模式还主要以线下交易为主，金融科技企业的线上交易具有成本低、效率高等优势，这也是其发展普惠金融的有利条件。

（三）来自政府的政策因素

政策支持是传统金融与金融科技融合的重要动因：一是2015年7月18日，中国人民银行等十部委联合发布《关于促进互联网金融健康发展的指导意见》（银发〔2015〕221号，以下简称《指导意见》)，《指导意见》明确指出："支持各类金融机构与互联网企业开展合作，建立良好的互联网金融生态环境和产业链。"《指导意见》透露出支持联合创新的政策和监管导向。二是2016年4月，人民银行、银监会、科技部联合发布《关于支持银行业金融机构加大创新力度开展科创企业投贷联动试点的指导意见》，鼓励和指导商业银行开展投贷联动业务试点，为商业银行与金融科技公司的联合创新提供了新思路。同时，2016年7月，银监会发布《中国银行业信息科技"十三五"发展规划监管指导意见（征求意见稿)》，指出："支持开展跨界合作，拓展金融服务场景，建立新的获客与活客模式，积极拓

---

① 周明：《创新与合作的力量》，《中国信用卡》2018年第1期。

② 宋建华：《金融科技助力智慧零售金融转型》，《中国信用卡》2017年第11期。

③ 参见钱娜、蒋微《互联网金融、传统金融与农村普惠金融的互动发展——基于苏北农村普惠金融服务调研的分析》，《中国经贸导刊》2017年第11期。

展互联网金融跨境、跨领域、跨行业的服务能力”，这一政策透露出支持商业银行开展跨界合作的监管和政策导向。三是 2016 年 11 月，国务院办公厅发布《国务院办公厅关于推动实体零售创新转型的意见》，指出：“鼓励线上线下优势企业通过战略合作、交叉持股、并购重组等多种形式整合市场资源，培育线上线下融合发展的新型市场主体”，这一政策透露出支持线上线下融合发展的监管和政策导向；中国人民银行条法司副司长刘向民在 2016 年 6 月举行的中国互联网金融协会从业机构高管系列培训会上也明确指出：“要划清互联网金融和金融科技的界限，FinTech 要与持牌机构合作才能从事金融业务。”包括蚂蚁金服、京东、百度等互联网科技公司纷纷强调自身技术先于金融的科技属性，定位于金融科技，重在用技术和数据能力帮助金融机构服务客户促进普惠金融。

在此背景下，互联网科技公司与传统银行已经更加清晰地认识到，它们之间并非零和游戏，而是彼此互补、互为生态。二者取长补短，强强联合将会产生“1 + 1 > 2”的乘数效应，也将形成新金融格局。

三　传统金融与金融科技融合的难点

（一）企业体制结构的不同

我国金融科技企业的体制结构与国际上其他国家存在一定差别，这体现在国际上的金融科技企业主要由初创企业组成。例如美国有 14 家企业出现在全球现有 27 家估值不低于 10 亿美元的金融科技私营初创企业当中，占比超过一半[①]。H2 Ventures 与毕马威联合发布的《2017 年全球金融科技百强（FinTech 100）报告》显示，前三甲蚂蚁金服、众安保险和趣店三家都是金融科技巨头。在这些以互联网企业巨头为主力军（例如百度、阿里巴巴、京东、腾讯，简称 BAJT）的带领下，我国的金融科技企业在体制结构上相对复杂、成熟，市场占

① 资料来源：http：//www. business. sohu. com/20160922/n468941838. shtml。

有份额高。以第三方支付的市场占有份额为例，阿里巴巴旗下的支付宝的市场份额为48%，腾讯旗下的财付通为20%。

根据全球金融科技发展现状，我们认为金融科技企业的体制结构分为两种，即初创类和巨头类。对于初创类FinTech企业，由一些较小的初创公司组成，它们提供针对个人用户和公司客户所提供的一系列金融服务并不是独立的金融服务体系，而是依托于目前主流的传统金融或者是创新的互联网金融服务平台的数据、技术、生态进行的一种科技化的金融产品尝试。“这里的金融产品首先都是由正规的持牌机构或者是互联网金融服务平台来提供的，只不过在产品的体验流程或者是底层架构中融入了更多大数据、人工智能、机器深度学习等前沿的科技因素。”[①] 巨头类金融科技企业如我国的BAJT，既拥有技术、人才、数据、资金等多方优势，也拥有相对于传统金融机构更加成熟的互联网市场运营经验，建立了自身的“互联网+金融”闭环。巨头类金融科技企业“互联网+金融”闭环通过满足客户对于享受普惠金融服务的需求，为用户提供包括在线转账、出租车预约、数字媒体订阅、话费充值、外卖餐饮、在线投资理财基金等金融服务，积极搭建全方位的金融服务平台，通过多种方式完善对客户生活场景的布局[②]。

传统金融机构在企业结构上往往追求“大而全”的发展道路，并试图将业务范围拓展到金融的每个领域。[③] 与金融科技企业在细分领域深入发展模式有所不同，前者以金融业务为核心，后者以科技驱动为核心。

在企业类型方面，传统金融机构的设立受到多重监管以及资本金的要求，颇为严格。反观金融科技公司，起步门槛相对较低，需要充分发挥网络效应以获得快速增长的能力，由于其采用的创新技术使得其业务规模爆炸性增长但不必付出对应的成本，反而其边际成本呈现

---

① 穆迪：《FinTech正在改变竞争格局但它们未必能取代银行的中心地位》，2016年。

② 参见李伟《金融科技时代的电子银行》，《中国金融》2017年第1期。

③ 参见刘涛《国内外银行投行业务发展模式的比较》，《银行家》2014年第7期。

递减状态，并且有易于监管合规的技术优势，这种技术也能够使合规管理的成本呈现边际递减[①]。

1. 风险管理模式区别

（1）传统金融机构与金融科技企业的风险点

学术界认为，传统金融机构面临的风险主要包括系统性风险和非系统性风险两大类别，常见风险的细分有8种："市场风险、信用风险、国家和转移风险、利率风险、流动性风险、操作风险、声誉风险及法律风险。"[②] 其中，传统金融机构面临最主要的是两种风险即信用风险和市场风险。

相对而言，FinTech本质是金融中介，传统金融机构面临的信用风险、市场风险、操作风险、声誉风险也存在于金融科技企业之中。不同的是，金融科技企业带有互联网和科技类企业特性：低利润率、轻资产、高创新、上规模（网络效应）等，使其具有一些新的风险特征：如终端安全风险、平台安全风险、网络安全风险等。且金融科技企业的业务金额具有小额而分散、受众人群广泛的特点，更容易加剧风险的扩散。

因此，我们认为金融科技的风险与传统金融机构风险的区别主要体现在六个方面：一是长尾客户风险高。长尾人群的金融知识、风险意识和承受能力相对欠缺，更容易出现个体非理性和羊群行为，一旦出现风险，涉众多，影响大，加上缺乏资本充足率的监管，金融科技更容易产生突出的偿付能力的问题，形成较大的违约风险。塔勒布（Nassim Nicholas Taleb）指出，传统经济金融的理论与现实基础是正态分布或称高斯分布，其风险管理方法论也是以此为基础的，但人类社会、经济、金融历史中的极端风险事件或称"黑天鹅"事件（Black Swan Event）是不在正态分布的理论框架中的，风险分布的常态由正态分布转化为极值分布，甚至幂律分布（Power law，最典型的"长尾"分布）使得"黑天鹅"事件发生渐频，经济金融的稳定性受

① 参见赵鹞《略论金融科技的特征及其监管》，《中国电子银行网》2016年第7期。

② 巴塞尔银行监管委员会：《有效银行监管的核心原则》，1997年9月。

到严重挑战。二是“脱媒风险”加大。FinTech 使资金供给能够绕开现有的商业银行体系，直接输送给资金需求方和融资者，完成资金体外循环，金融交易脱离现有金融管制的情况愈发严重。三是技术风险更突出。FinTech 业务发展有赖于先进的技术和交易平台系统，技术和交易平台系统选择失误可能给 FinTech 机构带来较大风险。四是数据风险与信息安全风险相互交织：由数据使用和保护不当同时带来的数据风险与信息安全风险等。金融科技加深了金融业、科技企业和市场基础设施运营企业之间的融合，增加了整个行业复杂性，特别是部分科技企业在信息技术管理方面的局限性，有可能导致风险在这三者以及整个体系之间进行传导，系统越来越复杂，风险就越来越复杂。五是监管套利风险。由于一些 FinTech 公司处于监管灰色地带，从事类似银行的业务，但却没有受到类似的监管，从而容易使不法分子有机可图。风险管理一直是金融机构的重要一环，也是发展短板。在我国普惠金融服务边界不断拓展的背景下，信用风险问题更加暴露，传统金融机构的风险管理模式已经无法满足需求。六是增加操作风险：金融机构更多运用新技术，并进行外包，增加风险管理难度，在实际运行当中，已经有部分第三方合作机构因为系统缺陷导致金融交易数据泄露。

由于风险管理模式和内容有别，传统金融机构与金融科技机构的风险管控模式各有侧重点，但是两者在逐步融合的进程中，传统风险与伴随新科技新金融业态的风险也将融合在一起。因此，单单只采用各自原来的手段进行风险控制是行不通的，需要二者互为补充相互加强，逐步建立起更加全面、系统的风险管理模式。

（2）传统金融机构的风险管理模式

商业银行风险管理是指商业银行通过风险识别、风险估价、风险评估和风险处理等环节，预防、回避、分散或转移经营中的风险，从而减少或避免经济损失，保证经营资金安全的行为。中国商业银行在经历了一系列改革之后，风险管理已经取得一定成效，但在当前“互联网+”的时代背景下，商业银行风险管理还存有一些问题，亟待改进。

以商业银行风险管理模式为例，伴随着全球金融一体化进程的加快，商业银行面临的经营风险日益复杂，银行业固有和新增风险进一步加大，风险管理能力随之成为商业银行生存与发展的核心能力之一。在过去的十几年间，我国商业银行经历了重组、引资、上市，体制改革、机制再造等一系列改革。在这些改革过程中，商业银行在完善风险管理方面也取得了一系列成效：一是建立和完善风险管理组织架构，实行风险执行官制度，提升风险管理的权威性。二是完善风险管理的各项制度，如贷审分离制度，并且引进了很多技术、模型、方法，建立了基于 RAROC 为基础的风险管理体系。三是建立了初步的信息管理系统，初步有了对风险监测、集团企业授信、关联交易等风险管理手段。

整体而言，金融行业在过去主要依靠经验和宏观经济形势来实施风险控制，以定性为主，更多依赖风险管理精英的个人能力，特别在经济发展很好的时期，风险管理偏好不太科学，不能够反映出真正的风险水平。定性的风险管理占主体，定量的风险管理起到很小的作用。传统金融机构的风险管理，对于普惠金融服务的对象比如农民、学生以及收入较低资产较少人群的风险缺乏评估方式，使得他们无法享受有效的金融产品或服务。以商业银行为例，由于其对信用风险依赖性强的特点，不同的风险偏好决定了银行的经营水平。信用贷款分为抵押贷款和无抵押贷款，其中抵押贷款的风险相对较低，而风险管理的核心问题就是要关注抵押品的自身价值和贷款覆盖率，贷款用途和还款能力占信用审批权重比例较低。就银行而言，大部分贷款类型为个人贷款属抵押贷款，其中房贷和车贷的比重最大。无抵押贷款称为信用贷款，贷款人无须进行财产抵押，仅仅依靠自身信用分数或还款能力申请贷款。相对于抵押贷款，信用贷款的风险较高，也是银行信用风险管理的重点领域。

（3）FinTech 机构的风险管理模式

FinTech 企业多采用智能风控，可以利用大数据、云计算等技术，实时获得多维的数据，比如社交信息等非结构化数据使得金融机构能够在风险可控的前提下有效服务这些不易捕捉信用信息的长尾客户。

金融科技企业将人工智能、区块链、云计算等科技手段与风险管理相结合，并以 AaaS（智能分析即服务）的全新风控理念，为延伸金融服务触角以及探索普惠金融的新路径助力。区别于传统的风控模型，金融科技采用的 IaaS（基础设施即服务）、PaaS（平台即服务）和 SaaS（软件即服务）等模式，可以根据不同金融机构的业务需求，在多种细分金融场景中提供基于智能算法模型的分析服务。为金融机构提升普惠金融服务助力，我们统称这些技术为金融科技技术[①]。

具体而言，我们总结了全球当前较为先进的金融科技企业进行该风险管理的模式和方法，体现在五大技术应用：一是生物特征识别技术。生物特征识别技术，即人脸识别、语音识别以及不限于图像、语音、触摸和身体语言识别的生物特征识别技术。利用人脸识别技术将采集的照片与已存照片、身份证照片进行比对并提供人脸相似值，风控人员可根据相似值的高低判断是否直接通过或进行人工审核[②]。同时，也可以通过人脸联网核查，将采集的照片与公安部已存的身份证照片进行比对、核查，更客观、科学的实现“人证合一”，降低“肉眼”观察的主观意识和失误辨认。此外，语音识别、指纹识别及图像识别的技术也可以帮助风控人员进行风控判断，提高风控水平。二是机器学习技术。机器学习是把人类思考归纳经验的过程转化为计算机对数据处理计算模型的过程。反欺诈应用：与传统金融风控依赖复杂且严格的规章制度进行欺诈识别不同，互联网金融风控使用机器学习技术，能够积极的学习并识别特殊或异常行为对其进行标注识别。机器学习算法能够根据数百万消费者案例数据，如：资产、履约、身份、偏好、社会关系及借贷情况等进行开发和训练，利用算法评估预测用户是否会违约、是否会按时归还贷款等。对贷中的借款人还贷能力进行实时监控，及时对后续可能无法还贷的人进行事前的干预，从而减少因坏账而带来的损失。三是 NLP 技术。自然语言处理技术，

---

① 参见北京银行软件开发部《网点智能化助力普惠金融新发展》，《中国金融电脑》2018 年第 5 期。

② 参见阮晓东《金融领域智能应用四大方向》，《新经济导刊》2017 年第 7 期。

引入新闻、政策及社交网络中的非结构化数据，进行结构化处理后，运用于风控与征信评估。在新金融风控场景中，诸如个人及企业在其主页、社交媒体等数据蕴含着与违约风险深度关联的深层含义，而通过传统方式很难充分挖掘其风险价值。自然语言处理技术，通过复杂的词向量模型将文本转化为计算机能够识别和计算的词向量表征，并基于深度学习技术对其进行特征提取，最终运用成熟的分类器网络将文本数据与违约风险实现高度的风险挂钩。四是爬虫技术。爬虫（web crawler）是一种专门用于在互联网上自动抓取内容的技术。爬虫技术主要用于个人征信评估、关系图谱及风险分析等方向。“由于个人隐私的原因，我们无法得到一个人的全方位数据，只能截取其中的一个或几个片面比如交易纪录，信用卡信息等。”① 而爬虫技术正是补充数据信息的利器，比如，有许多专门曝光骗子老赖的网站，也有许多骗子在一些社交网站上发布信息。针对这些曝光的数据，利用爬虫技术清洗转换后，就能辅助个人信用评估。五是 ID-Mapping 技术。ID-Mapping 能把碎片化的数据全部串联起来，消除数据孤岛，提供一个用户的完整信息视图，有利于对用户进行个人风险评估。ID-Mapping 技术可以用在跨屏、跨设备跟踪，将一个用户的手机、PC、平板等设备上的行为信息串联到一起，充分聚合个人身份及行为信息。例如：“蚂蚁金服自主研发的智能实时风控系统（CTU），是蚂蚁金服风险管理的核心系统。该系统集风险分析、预警、控制为一体，通过数据分析、数据挖掘进行机器学习，自动更新完善风险监控策略，并配备风险稽核专家小组进行风险稽查及处置。”② 支付宝平台每天有上亿笔交易，最高峰值每秒有 25.6 万笔支付。每笔交易，智能风控系统都会进行多个维度的风险检测，并从用户行为、交易环境、关联关系等维度提炼出上万个风险关键变量，采用多个风险模型，整个检测过程耗时 100 毫秒。

---

① 张海、左晓华：《聚焦爬虫在互联网金融领域的应用》，《产业与科技论坛》2016 年第 11 期。

② 袁胜：《安全是互联网金融的生命线》，《中国信息安全》2017 年第 11 期。

涉及具体风险管理的各个环节，FinTech 技术可以对客户价值进行高效挖掘，帮助金融机构找到低风险高借贷需求的客户，挖掘普惠金融群体潜在价值。在欺诈风险评估方面，利用反欺诈模型评分的形式，可以有效识别有强烈欺诈倾向的高风险客群。以某个客户的测试为例，建议拒绝评分 20 分以上的客群，虽然拒绝会高达申请总量的 11%，但覆盖了超过 96% 的欺诈分子。

总的来说，无论是传统金融机构还是金融科技企业在风控管理过程中的整体思路是统一的：即首先利用信用属性强的金融数据，判断借款人的还款能力和还款意愿，然后在利用信用属性较弱的行为数据进行补充，通过两类数据之间的相关性和互补性来判断借款人的信用状况，最后借助数据模型来揭示某些行为特征和信用风险之间的关系。二者之所以在融合过程中容易就风险管理的模式产生困难，难点在于他们所采用的方法和服务人群不同以及对速度要求的差距上。金融科技企业可以在多种细分金融场景中提供基于智能算法模型的分析服务。反观传统金融机构，进行风险管理时的重点在于人工判别、抵押物质量等而非技术的应用。综上，我们认为纵使传统金融机构和金融科技企业在风险管理的整体思路一致，但基于以上难点使得二者在融合过程中由于风险侧重点及处理手段的差距容易产生服务群体、技术对接、人员技术应用、数据应用与处理、风险点把控等方面的冲突。

2. 信用评价体系区别

(1) 传统金融机构的征信体系

我国传统金融机构的征信体系由中国人民银行的征信中心（以下简称征信中心）开展征信，并为各商业银行提供个人信用信息的专门机构。个人信用信息基础数据库全国联网，银行办理过贷款、信用卡、担保等信贷业务，其客户信息通过银行自动报送给个人信用信息基础数据库，并可以在国内任何地方和任何一家商业银行信贷网点查到个人的信用报告。

中国人民银行颁布的《个人信用信息基础数据库管理暂行办法》（以下简称《办法》）有明确规定：除了本人以外，商业银行只有在办理贷款、信用卡、担保等业务时，或管理贷出去的款、发出去的信用卡时才能查看您的信用报告。个人信用信息基础数据库是由中国人民银行组织商业银行建立的个人信用信息共享平台，其日常运行和管理由征信中心承担。它就像一个“信用信息仓库”，采集、保存、整理个人信用信息，为商业银行和个人提供信用报告查询服务，为货币政策、金融监管提供统计信息服务。

（2）FinTech 机构的征信体系

FinTech 企业的征信体系一般是与信贷直接相关的客户数据，包括资产、借贷及偿还、违约记录等，是以社交、电商及搜索等非结构化数据为基础建立的征信体系。例如 BAT 等互联网巨头通过电商、社交软件等获得巨大的线上数据优势，一些小的初创类企业则依靠购买、抓取其他互联网数据来整合、分析数据，开展决策分析、精准营销等信用衍生服务。金融科技企业的征信体系利用自行组件数据库强大的信息数据处理能力及内在的稳定性，对业务数据进行整合、加工和分析，满足数据分析处理的需求，并根据对业务趋势的分析提供决策支持。其次，“金融科技企业在建立数据库的基础上通过数据挖掘技术，进行深度数据挖掘及分析，有利于减少金融交易中的信息不对称，切实防范信贷风险”。①

我们认为，金融科技企业的征信系统之所以有很大的用武之地在于两点，即群众对消费的认知转变以及数据量的大幅提升。随着经济的发展和人民可支配收入的提高，社会民众对信用消费、超前消费的认知度与接受度不断提高，也越来越具有信用意识，其通过互联网信用评分获取服务的场景也越来越多，在旅游、信用卡、租房、租车等方面均有体现，如蚂蚁金服的使用者，当其“信用分”在650分以上就可进行在神州租车可免押金租车、免押金租用共享单车以及部分国家免签证等社会活动，坏账率仅为千分之一左右，这有利于受信人充分利用各种信用产品，使普惠群体感受到信用的力量和价值，提高整

① 国家金融与发展实验室：《金融科技蓝皮书：中国金融科技发展报告（2017）》，社会科学文献出版社 2017 年版。

个社会的经济效率。随着数据体量增大，我国互联网征信也将日益成熟。

此外，金融科技机构以征信为基础，还开展衍生的信贷业务。例如，美国的上市公司 Credit Karma，能为个人客户提供免费的征信报告，并基于个人征信记录推荐给客户合适的信用卡和其他信贷产品。中国的蚂蚁金服所提供的芝麻信用分数也逐渐深入我们生活的方方面面。另一家中国公司闪银奇异，可以基于移动信息数据和机器学习算法为客户提供在线信用评估和信用解决方案，根据信用评级为客户提供相应的信用额度和购物优惠。

综上，传统金融机构与金融科技机构在征信体系上的差异体现在数据来源与获取、处理方式和应用三个方面，这为二者的融合带来阻碍。首先，金融科技企业的数据源不再主要来自银行、政府、工商企业等，是一种完全区别于传统金融机构的征信体系。金融科技征信体系与传统金融机构的金融数据相互之间也并不流通，传统金融行业可以借助于人民银行的企业征信和个人征信数据实施信用风险评估，各个银行和信用卡中心也可以及时更新客户金融信贷信息，共享黑名单，但金融科技企业却不能享受这一便利。因此，传统金融机构与金融科技企业融合首先在数据来源和获取层面上存在一定的难度；其次，在处理和应用层面上也存在一定的融合难度：由于传统金融机构的征信体系较为独立，且有只在金融机构之间流通，相当于一座信息孤岛，这些简单易处理的金融客户数据无法到达金融科技企业的征信体系。金融科技企业则从细分与聚类的特定领域入手，通过大数据抓取、人工智能分析等技术处理普惠群众的生活化非结构性数据。此外，虽然金融科技公司的信用评价体系更为高效，但其没有接入人行征信系统，使得传统金融机构不能便捷地使用共同成果，导致二者融合产生了困难。

3. 运营模式区别

（1）传统金融机构运营模式

当前的学术界普遍认为，传统金融机构在运营模式方面更加重视资产运营方式并且受审慎监管要求的约束[①]。因此，传统金融机构的运营模式只有两种：分业经营和混业经营。

混业经营模式。混业经营的特征是国家对商业银行的经营范围如间接融资与直接融资业务、短期信贷与长期信贷业务、银行业务与非银行业务之间不作或很少作法律方面的限制。混业经营模式以德国为代表，混业经营模式本身具有分业经营模式所缺乏的某些优势。一方面，混业经营模式增强了商业银行对金融市场变化的适应性。一方面，从市场营销优势看，它可提供“一揽子”金融服务，从而迅速满足客户需求，使客户享受到整体服务和综合定价的优惠，同时可根据不同客户的要求量体裁衣地满足其定制的金融产品，有利于与客户建立密切的联系。另一方面，从市场收益优势看，混业经营能使商业银行根据不同金融业务的市场增长潜力和盈利水平，集中向优势业务倾斜，提高收入来源，保证整体盈利能力。并且，商业银行的业务范围广，混业经营有利于实现商业银行经营规模，优化资源配置，提高经营效率。此外，混业经营也可以有效降低银行风险。混业经营的银行能比较全面了解、掌握客户的财务、经营状况，从而降低了信息不对称的程度，能提高贷款和投资的质量，减少经营管理的难度和资金运作的风险。同时，通过资产和负债在各个业务领域中的灵活调度，长、短、固、流等多种匹配、组合，实质性地降低银行风险，促进稳健经营。

分业经营模式。分业经营是一种银行业、证券业、保险业、信托业分别设立机构独立经营业务的经营方式。分业经营模式以英、美、日等国为代表，综合分析英、美、日等实行分业经营国家和地区的发展现状，发现其在理论和实践上具有积极作用，能有效地降低整个金融系统运行的风险，它通过限制商业银行经营证券业务，划清证券业与银行业的资金来源，有效地控制商业银行的信用扩张风险和投资风险，从而使整个金融系统的风险得到控制；能够集中力量，进行专业

---

① 参见李岩玉、吴强《金融科技浪潮下商业银行的应对之道》，《清华金融评论》2016 年第 10 期。

化服务；分业经营可使监管部门实行分业管理，促进金融监管的专业化分工，明确监管职责，提高监管效能。

（2）FinTech 机构运营模式

根据巴塞尔银行监管委员会对于金融科技的应用领域划分：即“存贷款与融资服务”“支付与清结算服务”“投资管理服务”以及“市场基础设施服务”。其中，“存贷款与融资服务”涵括贷、征信、众筹等产品；“支付与清结算服务”包括移动支付、P2P 汇款等内容；“投资管理服务”典型代表是智能投顾与智能投研等；“市场基础设施服务”涵盖最为广泛，意指人工智能、区块链、云计算、大数据等技术所带来的金融产品创新。① FinTech 机构的运用模式较为丰富，但我们认为整体而言分为两类：第一类属于网络平台模式。直接面向用户（终端）做配对，取代包括中间机构对机构的业务在内的整个复杂的过程。此类模式的典型代表是美国的 P2P 平台 Lending Club。Lending Club 平台的借款方式灵活简便，借款条件宽松且门槛低，能覆盖到未被银行覆盖的信贷潜在客户群体。第二类是创新细分模式。创新细分的业务模式是指用先进的技术来淘汰老式的模式，从而取代某个机构对终端的服务。此类模式的典型代表有智能投顾机构 Betterment 和 Wealthfront。Betterment 公司首先让用户在平台上回答一些关于投资目标的问题，然后 Betterment 会根据用户的回答进行分析，给出相应的投资组合建议，并通过 Betterment 平台直接投资。Betterment 设立了两个投资项，其中一个是股票组合，另一个是“超安全”债券组合。用户的个人银行账户与 Betterment 网站捆绑之后，用户可通过调整指针来调整两个投资项间的资金分配比例，调整风险的高低。Wealthfront 会以调查问卷的形式了解用户的风险偏好，然后根据评估结果为用户量身定制投资计划。如果用户接受该计划，平台则随时监控该投资组合的动态，并定期对计划进行更新，以便合理控制风险，使之始终落在用户的容忍范围之内。从 Betterment 和 Wealthfront 运作

---

① 李斌：《云计算中数据存储安全的变色龙 Hash 认证树优化审计》，《微电子与计算机》2018 年第 6 期。

模式可以发现，创新细分模式的目标在于取代传统金融机构的某项业务而非全部，如理财顾问（Financial Advisor）业务。

对于FinTech企业而言，其以数据和技术为核心驱动力的发展方向对于运营模式创新有很大的驱动力。因此，我们认为，未来会有更加多样化的运营模式出现。从国际金融稳定理事对“金融科技”的定义可以看出，金融科技企业的运营模式会越来越多样化。

金融科技公司利润率低，所以，金融科技企业只能选择轻资产的规模增长路径。这里的“轻资产”不仅指金融科技公司只需要很低的固定资产或者固定成本就能展业，而且其成本关于业务规模的边际递减，这使得其能够以低利润率支持大规模的发展①。在技术应用和行业生命周期层面，金融科技公司充分利用技术优势，在其展业初期，普遍使用现成的基础设施，如银行账户体系、转接清算网络、云计算资源等，甚至发挥其独特的平台商业模式优势，一方面将业务成本转嫁到第三方，最小化其运营成本；另一方面，也正因为其轻资产的特征，使得其战略选择、组织架构、业务发展更加灵活，易于创新创造。

通过对传统金融机构和金融科技企业的运营模式对比，我们发现二者在客户定位、资产规模、业务领域、行业的生命周期等多方面的因素存在差异，从而导致二者融合过程产生阻碍。传统金融市场的终端客户既有个人也有企业的，而FinTech的服务对象是个人和一部分可以量化的小商业。大企业的金融服务资金庞大，不需要降低门槛，因此倾向于通过传统渠道来完成。此外，金融科技公司在线上经营具有一定的竞争优势，而金融机构在线下经营方面更具优势②。理论上两者结合有助于拓展各种应用场景，但在实践过程中并非简单地优势相加，在融合过程中会因为线上和线下不同领域的差异使得二者在技术沟通和合作方面产生困难。

---

① 李文辉：《金融科技助力业务创新》，《中国计算机用户》2008年第22期。

② 参见中国人民银行广州分行课题组李思敏《中美金融科技发展的比较与启示》，《南方金融》2017年第5期。

简而言之，虽然巴塞尔协议III的颁布使银行在面对监管加剧、收益率不断下降的压力下，不得不做出模式的改变，但由于企业体制结构和资产规模等原因，使得其转变时间之长速度之慢。相反，FinTech企业却可以通过金融科技显著提升其业务信息的数据化、标准化和规范化水平，这就使得二者革新速度产生了巨大差异，很难进行同步融合。其次，传统商业银行“大而全”的发展道路与金融科技企业在特定领域提供服务和发展的模式有很大的差别。面对这样的区别，以及对产品更新迭代的速度等不同的运作模式，使得二者在融合过程中对接困难。

4. 企业文化区别

金融科技机构与传统金融企业文化差异体现在以下五个方面：

一是业务模式。传统银行的业务模式，属于典型的网点驱动规模发展。除了一些标准化的简单产品外，主流的银行产品都需要进行当面签约同时借助线下力量，使得物理网点成为业务拓展的第一线。这由于传统金融行业的监管严苛，系统架构也相对成熟与复杂，组织架构和管理体系庞大。在这种组织架构下，总行距离用户通常比较远（主要指C端，很多总行对公部门依旧保留总行级重点客户的营销管理工作），产品设计往往难以触碰到用户痛点，反而因为距离监管比较近，有时候会基于合规的要求把体验搞得很复杂。但FinTech企业的结构相对轻便，业务开展聚焦。

二是客户定位。FinTech机构具有浓厚的互联网基因，对于互联网业态而言，“流量至上、体验至上”是其生存法则，每一个App、网页，产品经理、技术经理会重点关注客户体验、流量。同时在金融科技领域，很多机构都强调聚焦、专注某一领域，客户定位在小微、长尾人群，业务量大、复杂，通过聚焦业务提升客户体验，注重迭代效率①。而传统金融机构的客户主要定位在20%的高端客户，导致双方的客户定位出现差异。

三是产品更新。金融科技机构注重迭代效率，充分利用互联网和

① 参见杨峻《新时代背景下风控的价值与未来》，《中国金融》2018年第2期。

科技这两大支柱进行创新产品。通过大数据分析及时掌握客户需求进行产品优化，直击痛点，因此产品的更新速度很快。相反，传统金融机构的产品更新速度慢，一方面原因是其企业结构和监管严苛，另一方面与其追求稳健的企业文化密切相关。

四是团队构成。传统金融机构团队的绝大多数都是金融行业的人才，技术人员比例相对较小。相反，金融科技机构对于技术的要求较高，团队中一多半都为技术人员，用于技术开发和产品的技术更新。二者在团队成员的构成部分具有较大区别。

五是企业文化。对于大多数银行而言，其企业文化强调一致性、可靠性、预测性以及短期盈利能力，这些企业文化与价值观能够很好的为银行进行服务，但已经不再适应金融科技时代的市场变化。这种企业文化差异以及文化脱节，使得传统金融机构无法像金融科技企业以及电商转型进军金融科技一样，为持续性的创新而开发新的商业模式，这样的企业文化为二者的融合带来了高昂的代价。

根据以上分析，我们认为，传统商业银行的文化和基因，本质上是网点驱动模式，而金融科技企业的文化和基因本质上是互联网理念，以技术做驱动。传统金融机构只是将互联网的发展作为补充者的角色和定位。金融科技企业普遍设立专门的市场部负责营销，反观传统金融机构，大部分只在办公室设置1—3个人的团队负责品牌事务，形式大于实质，这就在文化转变的重视程度上使得商业银行无法从根本上与金融科技企业的文化相互融合。

5. 监管差异

（1）传统金融机构监管体系

传统金融监管体系有三类：一是公告监管。“公告监管是指政府对金融业的经营不做直接监督，只规定各金融企业必须依照政府规定的格式和内容定期将营业结果呈报政府的主管机关予以公告，政府不过多干涉金融业的组织形式、金融企业自我管理”①。二是规范监管，强调金融企业经营形式上的合法性。规范监管是指国家对金融业的经

① 金葵：《经济法新论》，上海辞书出版社2003年版，第237页。

营制定一定的准则，要求其遵守的一种监管方式。在规范监管下，政府对金融企业经营的若干重大事项，如金融企业最低资本金、资产负债表的审核、资本金的运用、违反法律的处罚等均做明确规定，但对金融企业的业务经营、财务管理、人事等方面不加干涉。三是实体监管。实体监管是指国家订立完善的金融监管管理规则，金融监管机构根据法律赋予的权利，对金融市场尤其是金融企业进行全方位、全过程有效的监督和管理。在 2017 年 7 月召开的第五次全国金融工作会议上，习近平总书记提出要从四个方面“补监管短板”：“一是设立‘国务院金融稳定发展委员会’，以强化综合监管；二是加强宏观审慎管理，以强化中央银行在系统性风险防范中的职责；三是突出功能监管，以防止监管套利；四是加强行为监管，以保护消费者权益。”①

（2）金融科技机构监管

金融科技在监管领域相比传统金融机构尚属新兴事物，目前还没有统一的国际监管模式。结合国际经验，对金融科技机构的监管思路主要有两种：一是监管与自律相结合。以英国对 P2P 的监管为例，英国最开始将 P2P 网贷界定为消费信贷，由公平交易局（Office of Fair Trading，简称 OFT）和金融服务管理局（Financial Service Authority，简称 FSA）共同监管，但并未颁布明确的详细法规。2011 年，Zopa、Rate-setter 和 Funding Circle 自发成立网贷业协会（P2PFA），通过会员准则和章程等对行业进行自律。2014 年，英国金融行为监管局（FCA）正式出台了《关于网络众筹和通过其他媒介推销不易变现证券的监管规则》，其中对 P2P 做出了明确的监管规定。英国形成了监管与行业自律相结合的模式。英国对 P2P 网贷和众筹都有最低的资本金要求，这个监管一致性原则，加上监管的渐进适度原则和市场自律原则，共同成为当前发达经济体对金融科技进行监管的基本原则。二是功能性监管。以美国的 P2P 监管为例，美国 P2P 是归属于证券业务，和众筹一道纳入证券市场的行为监管。目前处于美联储、证监

① 董小君：《在借鉴国际经验中补我国金融监管体系的短板》，《理论探索》2018 年第 1 期。

会、美国货币监理署（Office of Comptroller of Currency，简称 OCC）等多机构并行监管的模式。美国对 P2P 的监管采用现有的监管体制和法律，2008 年，美国证券交易委员会（SEC）要求 P2P 公司将其发标作为证券登记，接受《1933 年证券法》的监管，此外，联邦各州政府、消费者金融保护局、联邦存款保险公司也从不同层次和维度上对 P2P 进行监管。

经过各国前期的探索，国际上主要的经济体在对金融科技的监管原则方面趋于灵活，逐步放松。在强调监管一致性原则的前提下，尝试在防风险和促进创新中找一个平衡。建立沙盒（sand box）框架，允许金融科技公司在某些范围内合理冲撞，探索现有法律政策的灰线地带，强调市场自律。在借鉴国际经验的基础上，中国对金融科技企业以及互联网金融公司的监管大多归属银监部门监管。同时央行成立金融科技委员会加强管理，行业自身成立中国互联网金融协会来强化市场自律，并通过国际协作积极对金融创新产品和创新服务进行实质性的界定。在法律法规层面，2011 年至今，对互联网金融以及金融科技进行监管的相关的法律法规主要有：银监会发布的《关于人人贷有关风险提示通知》、央行等十部委发布的《关于促进互联网金融健康发展的指导意见》、国务院办公厅发布的《互联网金融风险专项整治工作的实施方案》以及 2017 年银监会发布的《网络借贷资金存贷业务指引》等。2017 年中国人民银行严格区分了“互联网金融”和金融科技，并强化监管科技应用实践。在全球范围内，监管科技也引起了广泛关注。英国金融行为监管局（Financial Conduct Authority，简称 FCA）在其发布的 2017/18 商业计划中，就表示要将 FinTech（金融科技）和 RegTech（监管科技）作为优先发展对象。英国金融行为监管局将监管描述为“运用新技术，促进达成监管要求”。

从监管角度看，金融监管部门通过运用大数据、云计算、人工智能等技术，能够很好地感知金融风险态势，提升监管数据的收集、整合、共享的实时性，有效地发现违规的操作、高风险的交易等潜在问题，提升风险识别的准确性和风险防范的有效性；从合规的角度来看，金融机构采取对接和系统嵌套等方式，将规章制度、监管政策和合规要求翻译成数字协议，以自动化的方式来减少人工的干预，以标准化的方式来减少理解的歧义，更加高效、便捷、准确地操作和执行，有效地降低合规成本，提升合规的效率。

金融科技机构的快速发展为我国金融监管带来挑战，这是二者融合过程中的一大难点。一方面对于监管专业的能力形成挑战，监管者可能很难快速配备相应专业的资源以及更新知识结构，识别潜在风险，从而影响监管有效性。2017 年 6 月德勤发布的报告指出，自 2008 年以来，全球金融机构监管费用增长达 492%，累积约为 3000 亿美元。欧美大型银行上交罚款增加了 45 倍。同时，根据普华永道发布的《2017 全球金融科技报告》，每年全球最大的银行在合规方面的开支达到 40 亿美元。另一方面增加了风险监测和管控的难度。监管体系和秩序发生了根本的变化，传统监管体系和秩序是一个相对成熟和稳定的体系，监管机构和被监管机构之间形成了相对稳定的一个关系，但面对金融科技机构的不断发展和冲击，传统监管的手段已经远远不能适应了。从以上角度分析，这些差异为二者结合带来了监管层面的难点。

（二）“线上一线下”的融合壁垒

1. 数据、技术壁垒

金融科技企业与传统金融业融合的关键之一就是将彼此所掌握的数据和技术实现共享，互为补充，建立起强大的数据优势。但是，要实现数据和技术融合，首先就要打破二者存在的数据与技术壁垒。数据和技术是金融科技企业以及传统金融机构赖以生存的基础，因此双方在合作过程中往往不会完全的将自身数据与技术进行共享。从另一个角度来看，传统金融机构长期积累的大量金融数据与金融科技机构积累的多维度、非结构化数据并非同一类数据，对于数据的处理技术也不尽相同。二者在数据和技术上融合产生的壁垒主要表现在以下两个方面：

从数据层面来讲，传统金融机构积累了大量数据，这些数据并不透明。传统金融机构对于数据利用的效率逐步降低。麦肯锡管理咨询公司研究报告显示，2009—2012 年，银行在成本效率层面也没有明显的提高，伴随着金融科技企业的大幅进步，全球有 70% 的银行在数据利用效率上存在倒退现象。传统金融机构间的数据具有标准化金融性的特点，传统银行的数据大多依托交易、账户等维度展开，主要侧重于历史财务、借贷数据。诚然，近年来传统银行业大力发展面向客户的业务系统，形成并储存了庞大的可用数据资源，不仅包括存、贷、汇核心业务结构化数据，还包括客户电话语音、在线交易记录、网点视频等非结构化数据。但与用户端数据相比，其数据量还是过小，突出短板在于缺乏对财务、借贷数据背后客户行为数据的采集与分析。行为数据的欠缺，制约了传统银行对客户进行清晰“画像”的能力。金融科技机构通过大数据大系统的方式，将个人的各种行为和消费数据构建成可量化的风险识别模型。除了金融数据的应用外，金融科技企业还有对其他维度数据的利用，如社交数据等。最后，大数据由金融科技巨头汇集，客观上存在产生数据寡头现象的可能性，带来数据垄断造成数据分布和数据使用的失衡。数据本身的来源差异、数据使用差异以及不同的数据保密程度差异，造成了传统金融机构与金融科技企业融合对接的困难性。金融科技企业的一个重要特征就是数字化程度高，既可以为个人和组织带来更多的好处，并有助于企业自身发挥和挖掘潜力。但是，金融科技的高数字化程度却不利于传统金融机构，因为传统金融机构相对缺乏基本的数字技术、对线上机会把握能力弱。这就造成了一定的数字排斥现象。数字排斥会导致一定程度的金融排斥，为二者的融合增添阻力。

从技术层面来讲，包括银行在内的传统金融机构银行投入最多的就是对于自身金融系统的构建，这个系统包括账户、清算、支付等财务方面的系统，还包括风控系统、运营系统、管理系统甚至监控系统等，非常完善，是银行和其他金融机构赖以生存的基础。商业银行在与金融科技企业合作过程中并不会将自身累积多年的系统核心全盘托出，同样的，金融科技公司对于其独有的科技技术以及大量的社交、网页数据也不会完全与商业银行进行共享。一方面对于金融科技机构而言，大数据和处理大数据的技术是其生存的基础，另一方面，传统商业银行缺乏对于非结构性数据的处理能力与应用体系，从技术层面来讲，传统金融与金融科技企业存在融合的壁垒。

2. 资金投入壁垒

无论从理论还是从现实层面来讲，金融科技企业与传统金融机构在资金投入上存在较大壁垒。

从理论层面来讲，金融科技企业要发展，就要求现有的银行性、非银行性传统金融资本都能够进入科技创新的领域里。但金融科技企业进行技术创新本身是减少成本、降低中间费用，这就违背了金融资本的逐利性准则。从这个角度分析，将资金从传统金融机构流入金融科技机构有违金融资本本身的特性，从而导致资本投入困难。

从现实层面来讲，相对于轻资产的金融科技企业而言，资信是传统金融机构较大的优势之一。以商业银行为例。首先，商业银行大多具有几千亿的较高注册资本（中国工商银行注册资本为两千八百多亿）；其次，高市值、高信用、银行牌照的信用背书为商业银行带来的核心竞争力，使得金融科技企业在各方面缺乏资金的吸引力和对资金的保障程度。此外，商业银行有揽储的功能，加之近几年我国利率市场化程度不断加深，使得其资金成本很低。相反，金融科技企业不具备揽储的能力和要求，这使得金融科技机构在资金成本上显示出相对劣势。以蚂蚁金服的余额宝为例，其收益率从 2014 年 1 月份历史收益率的最高点即年化收益率达到了 6.763%，到 2018 年跌破 4%，余额宝的收益率呈现逐年降低态势。从现实盈利角度出发，银行最主要的盈利方式是通过主体业务贷款同基础业务存款之间的利差获取盈利，当收益能覆盖成本和坏账率就可以产生利润。金融科技企业更多是受其前端资金成本所限，借款利率通常在投资人的基础上上浮 1%—3%，资金成本处于相对劣势。

根据以上分析，传统金融机构的主导地位是由庞大资本或者相关金融政策所赋予的。金融科技机构是在有限资本支撑的前提下，通过数据、技术、信息增值。在这个过程里，大数据、区块链、支付清算、智能投顾技术有机会、有着力点对传统金融行业特别是借贷业务中的金融内部体系进行突破。从这个意义上讲，金融科技机构发起了对传统金融行业的挑战，使得传统金融机构面对竞争产生自我保护意识，对金融科技机构有一定的排斥性。

3. 用户对接壁垒

从客户群体来看，传统金融机构与金融科技企业基本符合银行“二八”法则。传统金融机构聚焦20%的客户，金融科技企业聚焦80%的长尾客户。金融界有一句流行的名言：20%的高端客户带来80%的利润。出于成本和盈利的考虑，商业银行往往更愿意将有限资源投向高端客户，忽视了数量庞大的低价值客户，面对传统金融难以覆盖的长尾群体，互联网金融以及如今的金融科技企业有着天然的优势。信息技术的应用降低了资金融通的交易成本和信息透明度，而便捷的渠道、低门槛的准入和个性化的操作，使得受众面无限延伸，产生长尾，并形成了独特的规模经济。由此可以看出，传统金融机构与金融科技企业在用户对接上的壁垒主要体现在两方面：一方面，以商业银行为例，传统金融机构掌握20%的优质资源，出于对资源的保护和竞争意识，不会主动将客户让渡给金融科技机构。另一方面，金融科技机构聚焦的是长尾客户，数量巨大，在与商业银行等传统金融机构进行客户交流和接轨时带来诸如数量大、信息繁杂、利润空间小等困难。

（三）交叉领域的利益冲突

花旗银行2016年4月19日的报告显示，以商业银行为例，面对金融科技企业的技术冲击，传统金融机构也在积极做出业务改变和技术革新，导致二者在用户的争夺和产品设计方面呈现了诸多交叉，依次为：个人贷款（Personal Loans），中小企业贷款（SMB loans），移动支付（Digital pmts.）和财富管理（Wealth Mgmt.）对商业银行而言最容易受到挑战和威胁①。如图3.4。

---

① 花旗银行：《数据摧毁力：FinTech是怎么把银行业逼向引爆点的》，2017年（http://finance.sina.com.cn/stock/hkstock/hkstocknews/2017-05-28/doc-ifyfqqyh8847003.shtml）。

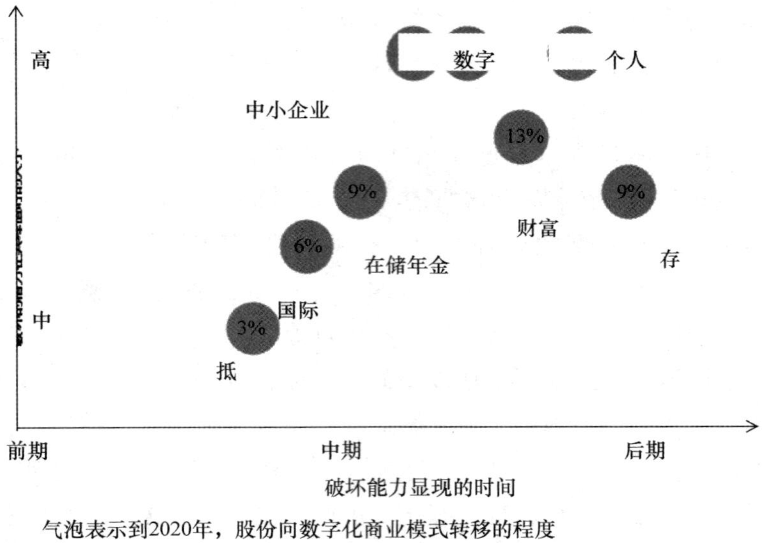

图 3.4 从业务范围看数字破坏的影响

数据来源：花旗数码策略。

（越往上，表示金融业务越容易受到 FinTech 威胁；越往右，则表示这些威胁越逼近）

最容易受到冲击的几项业务里面其中不乏银行的基础业务——贷款业务，以及客户经理规划的理财产品。可见，传统金融机构与金融科技机构无论是在用户交融还是在产品同质化问题上都存在不小的竞争。

1. 用户交叉与竞争

传统金融的用户大多数通过物理网点参与金融活动，但随着互联网的不断发展，特别是移动终端智能手机的普及与应用，使得互联网金融与金融科技企业利用网络便捷获取长尾客户和青年群体。面临互联网时代的发展，商业银行也在积极拓宽自身业务渠道，希望加强用户黏性，因此就会产生用户方面的交融与竞争。中国已进入移动互联时代，其中中青年群体成为最为庞大的用户客群。该部分人群的金融消费习惯和市场需求较之以往金融机构注重的服务群体与以往金融消费习惯有所差别，体现在两个方面：

（1）客户结构改变带来的金融消费习惯的变化

从客户结构变化来看，青年一代追求便捷高效，对物理网点的黏性下降；他们追求平等共享，个性表达，时刻试图降低信息不对称对自己决策的影响。而传统金融机构的产品设计缺乏“以客户为中心”的服务理念，金融产品多维持“高高在上”的姿态，较难打动该部分客群。从金融消费习惯来看，对传统金融机构而言，青年客户表现出相当不同于成熟客群的行为偏好。这些年轻客群生活在数字时代，高度依赖互联网及数字设备，在国外被称为“Generation Z”。他们在消费行为上偏好能解决个性需求的产品及服务。他们不再是银行及传统金融机构只能在有限的、标准化的、既定的范围内被动选择产品及服务的忠实拥戴者。

包括商业银行在内的传统金融机构对于金融消费群体的结构变化以及相应的消费习惯的转变存在察觉过迟、反应过慢、应对不力的现象，直接给了金融科技如鱼得水的发展机会。最直接的表现就是，银行业金融机构庞大的客户正在被金融科技锁定，变成其用户、粉丝甚至会员。除去由客户结构变化带来的金融消费习惯的改变，中小企业等普惠金融领域的客户也在加大需求。据调查显示，80%的受访者认为，金融机构需要专注于帮助普通的消费者和小企业，而非帮助仅占1%的高收入者和大企业。因此，无论是对于传统金融机构还是金融科技企业而言都具有重要的意义。金融消费群体的消费习惯的变化为金融科技企业带来了机遇，使其致力于以较低成本获得海量数据，并以较低成本存储和运算这些数据来更高的贴近和赢取用户。

On Deck Capital，Inc.（NYSE：ONDK）创立于2006年，总部位于世界金融之都——美国纽约，全职雇员522人，是一家和Lending Club类似的P2P网络贷款平台，主要客户为中、小型企业。该金融科技企业在处理企业贷款时采用评估贷款风险方式，利率的数据点达2000个之多。不仅涵盖了传统金融机构会用到的年收入、FICO信用等级分数，也采集了前者不会考虑的社交媒体发布、申请人生活方式等信息。值得注意的是，与传统金融机构以FICO分数为主要评审依据形成鲜明对比的是，FinTech公司大多试图弱化FICO分数的中心地位。例如 OnDeck 只是将 FICO500 作为一个最低标准，来过滤需要用其他数据进一步评估的贷款企业。硅谷大数据创业公司 Datameer 为 FinTech 公司提供数据处理和分析服务。利用 Hadoop 平台的开源性特征，该公司可以将客户已有的结构性数据和从其他来源获得的非结构性数据进行快速整合，并以 excel 报告的形式呈现给客户，便捷又简单。又比如总部位于美国旧金山的金融科技企业 CircleUp，是一家帮助小型消费品零售公司筹集资金的网络平台。CircleUp 在建模和数据分析过程中，会强调自己的零售行业专员团队，独创的一种众包微天使模式（占股权的众筹模式）。CircleUp 发现，在类似消费品业的产业中，收入低于 1000 万美元的公司有很大的资金缺口，却苦于没有很好的投融资渠道。众筹和中介模式的结合，恰能满足消费品企业融资的需求。此外，还有美国硅谷区块链金融技术公司 SnapCard，采用实时捕捉最优汇率模型，为客户提供快速且低成本的国际换汇服务。从以上三个例子可以看出，金融科技机构正在开发软件来更加高效地服务范围更加广泛的消费者，寻求盈利。通过新的技术和解决方案，金融科技机构将能够把银行服务延伸到广大不受银行重视的消费者，从而带来强大的用户竞争。

（2）客户的信任程度的改变使得双方竞争加剧

客户的信任是口碑的一个关键要素。目前，客户对银行保持他们的财产安全的关注度已经有所降低，而更多地关注银行对他们收取的费用是否公平，以及能否提供高质量、准确的建议，并使得客户的利益和需求得到最大程度的满足。近年来，一系列公共关系灾难事件，如金融产品和其他行业丑闻，已经破坏了消费者对银行的信任——这种现象存在于中国乃至世界各地。

随着对中国传统银行的信任程度的下降以及实体银行渠道重要性的降低，越来越多的消费者将非银行金融机构视为管理其个人财务的备选方案。《哈佛商业评论》的一项调查显示，中国消费者对他们的隐私数据价值的估计远低于美国、英国和德国的消费者。中国受访者为保护数字通信信息而支付的最大金额仅为每人 4.48 美元，相比之下，德国人愿意花费 184.20 美元保护他们的健康记录。即使将上述数据进行标准化，保护数据隐私权占人均 GDP 的比例在中国仅为 0.03%（以 2015 年购买力平价为基准），相比之下德国为 0.39%。

因此，我国金融消费者在线分享个人信息持开放态度这一现象并不惊讶，越来越多的客户选择在智能手机中保存支付信息，并尝试其他形式的非现金支付形式。这构成了电子商务和电子银行大获成功的基础——这些业务伴随着零售业和第三方支付而产生，且在迅速扩张的过程中逐渐涵盖了 P2P 借贷、财富管理和共同基金份额销售等金融服务，从多个角度与传统金融机构产生用户的争夺和竞争。

2. 产品同质化竞争

在产品种类的交融与竞争方面，当前各类金融科技机构基本上都提供多种类型的产品，很多平台业务范围都涵盖了房贷、车贷、信用贷。对于不同的产品，其风险是不同的。一般而言，对于房贷、车贷等可以进行抵押、质押的产品，其利率会比较低，因为抵质押的资产会大大减少借款人违约的风险。而对于信用贷款，则需要根据不同用户设定不同的利率。信用较好的用户可以获得较低的借款利率。根据花旗的调查报告显示，零售业务是银行感受到的来自金融科技企业的最大挑战所在。花旗银行财报预估，零售业务占据了银行利润的 35%，财富管理、私人银行业务及保险贡献 11%，而风险资本支撑下的金融科技企业正在朝这几个相对容易变革的市场开始发力。

此外，金融科技公司向第三方支付、P2P 借贷和财富管理发力，必将与银行的零售业务争食，而这一块“长尾市场”恰恰是银行最容易被颠覆的。银行业发达的欧美市场也许还不是特别明显，但是中国的支付和借贷发展迅速，在用户量上已经可以和银行分庭抗礼。科技金融企业，如纯粹的互联网银行——网商银行和微众银行，采用改进的信贷流程和创新的评级系统等手段，将金融服务的范围扩充至传统银行服务无法覆盖的庞大人群。零售客户从现金支付转向移动端这一支付方式的演变对传统银行造成了巨大挑战。

更重要的是，现有支付方式的转变令传统银行失去了客户数据来源，而这对于传统银行发展其竞争优势至关重要，包括产品定价和客户定制化服务。支付方式的去中心化也同样切断了传统银行和企业用户、零售客户之间的关联，而这将可能进一步波及传统银行的信贷、存款和投资等支柱业务。在获取用户数据、通过用户流量和支付接口扩大自身客户基础的争夺中，一部分金融科技公司选择承担客户通常需要支付给银行的交易费用。但是，这一策略被证明具有高昂的代价。腾讯2015年第四季度季报显示，“其他收入”项目费用支出增长153%至人民币15亿元（2.25亿美元），而这很大程度上来源于微信支付向各银行支付的交易费用。正因为如此，自2016年2月，腾讯开始向用户收取微信支付和银行账户间的转账费用；而竞争对手支付宝，作为占据移动端支付63%市场份额的中国最大在线支付服务提供商，亦宣布于2016年10月开始收取新的费用以覆盖不断增加的支出，其收费政策为向超过20000元人民币（3000美元）的转账收取0.1%的费用。金融科技企业之间为争夺支付领域主导权进行如此激烈的较量，表明其关键是争夺客户资源并最终获取数据，而这些用户数据可被用来支持更大范围的互联网生态中其他业务的收入流（例如借贷、投资和财富管理）。

随着自身的经营和发展面临风险，国内更加先进的银行开始以自身的金融科技转型进行反击。例如，中国工商银行作为世界范围内资产规模最大的银行，已经开始通过在支付端发力获取客户数据。目前，工商银行已经成功建立其电子商务平台——工银e购商城，已经成长为中国最大的电子商务平台之一。工商银行依托其强大的实力，支持其电子商务、支付业务和外汇交易业务。虽然与支付宝4.5亿的用户数量相比，工商银行依然差距明显，其快速支付工具——工银e支付的用户数量已经达到6000万（截至2015年9月）。中国工商银行亦开发了一个基于互联网的金融产品，提供支付、融资和财富管理服务，其最大的本地在线循环贷款向7万多家中小企业提供了1.73万亿元人民币（2510亿美元）。工商银行电子商务业务的发展值得称赞，其推出的支付和在线融资产品表明，传统银行依然需要捍卫其价值链的每一部分。但是除了商业银行自身发展金融科技创新外，商业银行也正在通过与金融科技公司合作的方式推动其数字化计划。例如，作为在中国拥有40000网点、覆盖范围最广的中国邮政储蓄银行，正在持续深化其与蚂蚁金服和腾讯在互联网金融及移动金融领域的合作。在初始阶段，中国邮政储蓄银行通过与蚂蚁金服旗下网商银行合作，提升其账户开设的速度和便利程度。通过类似的合作，传统银行能够覆盖过去无法被银行服务覆盖的客户，而这在缺乏用户信息和商户信息、大型电子商务企业的在线银行功能支持缺位的前提下是无法做到的。此外，金融科技机构能够以相对较低的成本覆盖无银行账户的群体，这很好地符合中国政府提升金融包容性的政策取向——2.34 亿无银行账户的成年人中 71% 居住在农村地区，其中 54% 聚集于最贫穷的 40% 的家庭。这解释了中国国内的银行（如中国邮政储蓄银行）和金融科技公司在中国农村以及普惠金融的布局与发展问题。

四　传统金融与金融科技融合模式

传统金融寻求与金融科技公司合作以改变服务形态、提高效率成为传统金融机构面临数字化科技时代的一种需求。这种合作的需求一方面是因为传统银行业在全球范围内都在面临利润增速下滑、不良率攀升的问题，而金融科技在提升效率和降低成本方面表现出了极大的优势，传统金融与金融科技企业的融合有助于其寻找新的利润增长点；另一方面，大多数银行相对缺乏互联网基因，通过融合实现优势互补，可以在最短时间内弥补短板、享受技术红利。

虽然二者在融合过程中存在诸多难点，但二者的融合并不矛盾，也不对立。相反，传统金融与金融科技机构的深度融合能够迸发出新的生产力，创造出更契合客户需求的产品。就金融科技企业而言，FinTech 金融机构如果没有获得银行牌照，那么它们必须与持有牌照的金融机构合作才能开展金融业务。其应用在金融领域的科技创新是在现有金融服务体系的基础上建立和发展起来的，其各项业务活动的开展离不开现有金融生态系统的支撑，业务重心是那些无法从银行手中获得授信的客户，那么其产生的竞争威胁便不是致命性的而是具有互补性的。这其中应用的信息技术丰富了金融服务的形式、拓宽了金融服务的渠道、提升了金融服务的效率，但并未改变金融的本质[①]。就传统金融机构而言，其试图打破对常规路径的依赖，超越思维定势的局限，通过与金融科技企业的融合可以不断为传统金融服务注入创新开放的基因。

根据传统金融机构与全球金融科技企业融合经验，有以下三种合作创新的实现模式：一是利用“投贷联动”等产业政策契机，以投资带动合作，与专业投资机构联动，由金融机构投资或参股金融科技创业公司，来构筑双方深度业务合作的开展；二是采用与金融科技公司合作的形式，利用金融科技公司的创新成果来推动银行业金融科技业态的研发与应用；三是银行类金融机构通过借鉴金融科技产业创新思路，自行研发创新金融技术，构建产业生态。以上三种模式不分先后，银行类传统金融机构可以根据具体业务领域、自身实际等情况以实施效果为导向，在依法依规的前提下策划使用。

（一）收购与投资

传统金融机构与 FinTech 的融合可以通过收购或投资高潜力的金融科技公司的方式实现获客、营销、风控等多个层面的技术应用，以及间接获取其拥有的创新产品和高科技人才。例如：花旗银行旗下的花旗风投（Citi Venture）积极参与金融科技股权投资，其投资的美国移动支付公司“Square”专注于支付过程中的商户服务和综合解决方案[②]；高盛收购初创企业 Honest Dollar，通过电脑自动生成的投资组合降低建立退休储蓄的成本，同时利用其互联网分销渠道弥补自营渠道的短板，寻求面向小型企业和创业公司提供金融服务、拓宽客户领域；桑坦德银行购买美国金融科技平台 Kabbage 的服务功能，提升其在英国中小企业贷款方面的竞争力；高盛和富国银行向科技初创公司 Droit Financial Technologies 领投 1600 万美元，打造一款实时的交易验

① 参见张兴《FinTech 研究综述》，《中国商论》2017 年第 2 期。

② 参见张哲宇《银行与互联网公司跨界合作的路径选择》，《上海证券报》2017 年 7 月 10 日。

证决策引擎 ADEPT，为客户提供市场逻辑和监管合规方面的技术服务。美国、欧洲等全球范围内的传统金融机构通过收购与投资 FinTech 公司的方式来实现自身的建构与提升。

1. 设立投资基金

对具有颠覆性的新兴技术或金融科技公司，银行可通过投资、并购或成立股权投资基金的方式获取科技创新。传统银行也已经直接参与金融科技行业中的那些初创公司的投资浪潮中。投资基金模式是指传统金融机构设立投资基金，或基金池为金融科技企业提供资金支持。通过股权投资或收购高潜力的金融科技公司，间接获取其拥有的创新产品和高科技人才。例如：西班牙国际银行有限公司投身于投资数字化银行和金融科技行业，该银行成立了金额达到 1 亿美元的风险投资基金，专注于服务早期的 FinTech 机构，以及直接投资 FinTech 机构。在该行的投资组合中，包括 Ripple（未评级，业务为加密货币）、Kabbage（未评级，业务为网络借贷）以及 iZettle（未评级，业务为移动支付）三种形式；西太平洋银行 Westpac 通过投资参与的形式，向独立运营的风投基金 Reinventure 投入 5000 万美元，布局颠覆式技术。此外，西班牙毕尔巴鄂比斯开银行、俄罗斯的联邦储蓄银行、美国运通公司、花旗银行和 VISA 公司都已经建立了企业风险投资，这些基金能够直接投资于金融科技领域那些还处在发展初期的初创企业。

2. 直接投资

近年来，FinTech 领域的融资规模呈逐年递增趋势，全球范围内对金融科技企业的投资额 2013 年为 40.5 亿美元，2014 年为 122.1 亿美元，同比增长了 201%，2015 年更是超过 200 亿美元，同比增速达到 66%。[①] 金融企业本身也直接投资 FinTech 公司。2014 年富国银行投资 Lending Club，2016 年摩根大通投资了超过 300 家初创科技企业，覆盖金融科技、数据分析、安全等领域，推动自身在获客、营销、风控以及技术应用等方面的提升。类似的直接投资的方式，是传

① 数据来源：CB Insights 金融科技投资数据调查。

统金融业积极应对 FinTech 浪潮的方法之一。

无论是直接投资还是银行内部成立风投基金投资于相对成熟的金融科技企业的投资形式，都是传统金融机构对于 FinTech 机构的一种资本进入形式。从实践层面来看，传统金融资本不断进入金融科技机构，更多的是对于长期时间内金融进步以及合作带来的盈利性所决定的。

对于需要集中突破的某特定产品、服务或特定功能，银行可通过收购、合资共享金融科技成果。通过与金融科技公司的深度合作，银行可借领先技术进一步推动内部流程和技术平台的改造，在短时期内快速占领行业高点。摩根大通与 MCX（二维码扫码支付公司）合作，将 8900 万个人客户开放给 MCX，意在为自身零售客户提供全新支付体验、提升黏性；摩根大通与 OnDeck Score 合作开展小额贷款业务，引进 OnDeck 的评分引擎，提升对小微客户的融资服务能力，改变了因评分系统不够灵活而难以在当日或次日放款的情况。标准普尔作为世界权威金融分析机构斥资 5.5 亿美元收购人工智能和数据可视化创企 Kensho Technologies。Kensho 于 2013 年成立于哈佛大学，其团队成员包括多名来自 Google 和 Apple 等软件巨头的资深工程师。是华尔街的 Siri（苹果公司研发的语言识别与语义识别系统—译注）。该人工智能软件运用大数据来分析新闻事件，答复交易者的问题，发布预测市场方向的报道。Kensho 有机会取代华尔街成群的市场策略师，其在处理数据和提供建议方面的能力能够在未来的投资行业展现出更多的价值。在成立不久后，Kensho 就获得了高盛公司的早期投资，并通过与金融机构和国家安全社区合作，利用 AI、机器学习和其直观的数据分析模式帮助解决目前较为棘手的一些金融与安全类分析问题。Kensho 本次收购以现金和股票的组合方式进行支付。收购完成后，Kensho 将继续在马萨诸塞州的剑桥独立运营，继续维持独立品牌状态。标准普尔通过对 Kensho 科技企业的收购，有助于提升其人工智能、自然处理语言和数据分析能力，以便未来为客户提供更好的用户体验。以高盛为例，2015 年 8 月，高盛收购了 GECapital 旗下实业银行实体 182 亿美元存款中的约 170 亿美元，并计划收购 GECapital 企业用于办理在线银行平台的特定业务。此外，高盛同时从 Lending Club 和 Prosper 等 FinTech 企业挖取人才从事开拓高盛自身的线上贷款业务。这些都是银行类传统金融机构收购金融科技企业的典型案例。

在我国，初创企业投资领域的竞争渐趋激烈，大量的基金正在争相投资少量有创意具有财务可行性的金融科技企业。这使得在 2016 年 6 月之前的 12 个月内，对金融科技的投资扩大了 252%，是世界其他金融科技中心的数倍①。可见银行以基金的形式投资于金融科技企业的行为在全球范围内较为常见，是二者融合特别是在资金融合领域的重要形式之一。

（二）合作与外包

银行类传统金融机构对需要集中突破的某特定技术、服务或资源，银行可通过合作和外包的形式共享金融科技成果。通过与金融科技公司的深度合作，银行可借领先技术进一步推动资源互联和技术平台的改造。在我国，也有诸多通过合作的方式进行融合的案例：腾讯与工商银行早在 2004 年正式签署电子商务战略合作协议，在发行虚拟联名卡、推广电子银行产品、开展共同的网上安全认证、共享营销宣传渠道及客户资源等方面开展密切而广泛的合作；中信银行与百度于 2016 年达成战略合作，共同设立直销银行；2017 年阿里与建设银行签署战略合作协议，共同推进线上线下渠道业务和电子支付业务的合作、客户资源与信用体系的共享；2017 年 4 月 27 日平安银行旗下“平安到账”品牌与盒子支付在“＋平安”项目中围绕支付领域开展深层次合作。

1. 外包合作

外包合作也叫外部合作，是指传统金融机构与金融科技企业构建的外部场景需求进行合作，以及技术支持等合作形式。在外包合作中，传统金融机构更注重的是金融科技企业公司的功能性，并不苛求 FinTech 企业为其提供金融问题的解决方案，可以是简单地在银行的

① 数据来源：《2017 年中国金融科技发展报告》。

数字平台或者产品上增加功能的形式，增强和完善用户体验。如高盛、摩根大通、花旗银行、美国银行都有通过外包合作的形式完善自身服务布局金融科技。根据全球外包合作的实践，金融科技外包主要有两种形式：一是场景外包；二是渠道外包。

（1）场景外包型

场景外包型是指传统金融机构利用金融科技企业的平台增加场景构建拓宽获客渠道，改善传统金融机构在中小企业贷款领域的弊端。摩根大通和 OnDeck Capital 的合作是场景外包的典型案例。OnDeck Capital 是美国一家针对中小企业借贷的线上贷款机构。公司成立于 2006 年，采用先进的数据技术将中小企业的经营和财务数据整合，并开发针对性很强的信用风险模型来计算中小企业的财务健康程度。OnDeck 与摩根大通的合作起源于 2014 年，当时摩根大通银行正在着手构建内部的针对中小企业贷款的经营策略和产品平台。对于摩根大通此类传统金融机构而言，中小企业贷款属于较为特殊领域，缺乏经验与传统优势，烦琐的审核手续导致贷款审批的时间长达数周，这对于中小企业主来说大大降低了吸引力。因此摩根大通试图通过与 OnDeck Capital 的合作开拓中小企业贷款市场。双方的合作方式是摩根大通提供市场与客户资源，并负责具体的审核流程及资金，OnDeck Capita 企业提供其先进的技术来改善摩根大通银行的贷款申请、审核及贷后管理流程，同时通过 OnDeck Capital 的平台对银行的客户进行市场推广。在合作过程中，OnDeck 企业不需要出资，可根据每笔成功贷款的金额得到手续费和服务费。通过与 OnDeck 企业的合作，摩根大通在中小企业贷款方面原本几周的审核流程简化为只需要点几下鼠标就可以完成，使得摩根大通在合作次年（2015 年）的中小企业贷款的放贷量上升了 16%。2017 年 8 月 7 日，OnDeck Capital 宣布将延续其与摩根大通银行（JPMorgan Chase）的合作关系。根据协议，双方的合作关系将延长四年的时间，合作的内容也将更加深入。

在合作过程中，摩根大通主要通过 OnDeck Capital 针对中小企业贷款的审核技术以及其平台进行客户的拓宽，实现场景的外包合作。对于传统金融机构而言，这种合作方式可以帮助银行针对自己的客户进行差异化定价和产品设计，又不需要重新设计营销平台和服务，起到节约成本的作用。

（2）渠道外包型

金融科技的另一种外包合作的方式则是传统金融机构将金融科技企业作为一个分销渠道进行业务与市场的拓展。“花旗银行把 Lending Club 当作一个分销渠道。”[①] 在二者的合作过程中，Lending Club 出资或者融资通过自己的平台进行放贷，而银行提供客户资源帮助 Lending Club 进行目标市场选择。二者合作的基础是系统对接，Lending Club 提供风险监控模型，花旗银行是资金的提供方。花旗银行可以自由选择贷款人，并享有较低的资金成本，以“利率补贴”的形式来提供低成本贷款。

2015 年，摩根大通（JP Morgan）旗下的消费银行业务部门推出了自家的数字钱包支付方案 Chase Pay，并与沃尔玛领衔的零售财团 MCX（二维码扫码支付公司）进行合作。Chase Pay 与苹果、三星和谷歌等企业推出的功能类似，旨在让商店和餐厅等地方消费者们可以通过手机应用轻松地在线支付款项。以在其成员商店、餐馆和加油站中推行 Chase Pay 将 8900 万个人客户开放给 MCX 企业，以此给自己的零售客户提供全新的支付体验。

2. 合作融合

银行业面临金融科技浪潮，一方面需要提升自身客户服务品质，应对竞争，另一方面也面临人才、文化、组织、流程与技术等方面的挑战[②]。特别是在创新业务方面，银行有明确的前中后台风险防范与制衡机制，这种管理机制与文化导致银行对客户需求与市场的反应相对不够迅速。在技术方面，传统银行业需持续跟踪金融科技发展前沿，学习与应用前沿技术。最重要的是，银行要有鼓励持续创新的文化和机制，培养与引进综合性人才来应对金融科技发展的挑战。因

---

① 杨荣：《金融科技：新风口下的银行转型之路》，《金融市场研究》2017 年第12 期。

② 参见王鹏举《加快传统银行业与金融科技相融合》，《中国证券报》2017 年 6 月 2 日。

此，传统金融机构通过与金融科技企业的合作融合，就不同的业态、技术、场景等细分领域与金融科技企业进行不同侧重点的合作。

在技术与业务合作方面，传统金融机构和金融科技机构各有侧重。传统金融侧重金融业务开展，金融科技创新的落脚点则是对科技的应用。比如，在云计算技术方面，2016 年厦门国际银行与腾讯云的战略合作，持续推进 IaaS、PaaS、SaaS 层的私有云与金融云建设。在大数据应用方面，构建传统数据与大数据一体化的金融数据模型与技术平台，并与政府部门、第三方数据公司开展合作，利用大数据打造智能营销与智能风险控制模型等。

在英国，桑坦德银行和苏格兰皇家银行与 Funding Circle 平台达成了多项合作服务协议。① 若借款人的信用历史不足够好，得不到以上两家银行的贷款，那么银行将会引荐给 Funding Circle，让借款人能够通过该平台得到所需的贷款额度，而平台所做的则是通过征信系统对借款人做出准确的风险等级评定和借款利率。桑坦德银行和苏格兰皇家银行通过 Funding Circle 平台拓宽了其贷款业务的渠道以及客户，Funding Circle 平台则利用金融科技技术构建的征信与风控为银行过滤客户，也为自身赢得银行客户更好的开展业务。

3. 人才与经验交流

相对于技术和业务两大较为直接的合作领域而言，传统金融机构和金融科技企业人才交流合作的形式对于双方长期发展更具有战略意义。

就传统银行而言，由于其监管体系完善且较为严苛，在创新业务的领域略显约束。但单纯的依赖金融科技企业所提供的技术和业务支持并不是长远之计。二者通过人才培训与经验交流的形式可以更好的互相促进彼此企业的成长。传统银行在长期的发展过程中积累了大量金融行业的丰硕经验，同时有着严密的风险管理和控制系统，在专家

---

① Funding Circle，是英国第一家专注于向中小企业提供融资的网贷平台。成立之初，主要为金融危机后融资困难的英国中小企业提供资金扶持。2017 年 6 月，单月借贷金额首次突破 1.5 亿美元，成为全球第一家达到此成就的 P2P 借贷平台。

和技术上都能够给予新兴的金融科技企业一定的支持。

就金融科技企业而言，其拥有强大的技术研发团队，能够帮助银行运用数据库和技术模型将业务系统化，降低人力成本。并且，FinTech 企业在创新精神和企业文化上能够为传统金融机构注入新鲜血液，激发创新精神。两者利用各自擅长的范畴和优势，在人才与技术领域进行交流，开展经验交流会，彼此分享行业经验，实现优势互补，为二者在长期内取得战略性的进步，而不过于相互依赖。

（三）孵化与研发

银行类传统金融机构通过借鉴和参考金融科技企业的创新思路，自行孵化和研发金融科技产品，创新金融技术构造产业生态。大型银行具有雄厚的资金，发展金融科技不需要过分依赖金融科技企业。孵化与研发模式是全球金融科技企业与传统金融机构融合模式占比最高，约占传统机构与金融科技合作的43%。“传统金融机构可通过建立抗风险能力强、资本充足的创业孵化机构（如金融科技研究室、创新实验室等），对接创业企业、技术公司、高校及科研院所增加双方的技术交流，不以盈利为目的选择最有发展潜力的种子项目，在参与、培育金融科技创新的同时也及早建立人才储备。”①

1. 建立金融科技实验室

金融科技创新实验室是金融科技初创企业和传统金融行业实现双赢合作的重要对接平台。银行类传统金融机构通过成立金融科技实验室，吸引初创企业的技术加入，从而通过自身内部孵化出符合机构需求的且与科技金融相关的产品和业务，这对传统金融机构而言具有更高的自主性和针对性。

银行类传统金融机构包括零售、贷款在内的传统营业内容，在面临市场上金融科技浪潮的冲击时需要及时做出转变寻找新的突破口。因此，通过建立金融科技实验室、数字化研发部门或金融创新实验室

① 何大勇：《“万物互联”时代下的传统金融机构发展之道》，《银行家》2016 年第 8 期。

的形式对银行类传统金融机构而言具有两方面的优势：一方面给予了机构发展金融科技的自主性和针对性，节约了大规模投资和收购成本；另一方面成立实验室和创新部门是在传统金融机构内部组织的变化，各部门之间的协作更加紧密，减少了与金融科技企业单纯性合作带来的企业文化、组织结构等方面的冲突。

美国作为银行类传统金融机构最先采用此类融合路径的国家。有摩根大通创建的金融解决方案实验室、美国运通建立大数据尝试室、富国银行的创新实验室等案例。此外，2016 年花旗银行在美洲地区发起了一个叫作“移动挑战”的项目，如今已经拓展到了全球范围。截至目前，已经收到了来自全球超过 2000 个初创公司的申请。那些达到标准的创业公司可以获得花旗银行的帮助从而更好的完善产品设计的同时还可以获得现金奖励。与此同时，埃森哲也在纽约、伦敦和香港建立了类似的实验室，合作银行包括美国银行、美林、巴克莱银行、瑞士信贷、德意志银行、高盛、汇丰银行、摩根大通和瑞士联合银行。

在亚洲，新加坡的星展银行 2017 年在香港也发布了类似项目，通过实验室挑战赛的形式进军金融科技市场。创业公司可以获得星展银行提供的办公场所进行金融科技产品开发。

在我国，中国银行与腾讯 2017 年 6 月在内蒙古正式挂牌成立“中国银行 – 腾讯金融科技联合实验室”，双方重点基于云计算、大数据和人工智能等全面开展深度合作，共建普惠金融、云上金融、智能金融和科技金融。二者建立了统一的金融大数据平台并计划成为中国银行业务部门，同时引入腾讯优势科技与业务合作资源的管道，充分利用双方的优势资源和能力，在用户需求洞察、风险管理体系建设、金融效率提升等方面快速匹配业务与技术。在效用成果方面，双方已经初步在云计算和大数据平台以及人工智能应用方面取得突破，建立了统一的金融大数据平台，持续输出技术能力支持业务发展。未来计划中，二者将继续深化金融科技领域的合作，逐步搭建总对总的金融科技云平台，充分发挥中国银行的业务资源优势与腾讯集团的先进科技优势，在客户需求洞察、风险管理体系建设、金融效率提升等方面进行深度合作，助力业务发展。

2018 年 1 月，杭州银行挂牌成立国内首家金融科技创新实验室。实验室由杭州银行、阿里云计算有限公司、杭州城市大数据运营公司共同出资打造，基于金融云、区块链、大数据、人工智能、生物识别等技术的应用，旨在深入研究金融科技创新能力，探索新技术的应用，促进金融机构数字化转型发展。未来计划中，该实验室将在社会数据的金融行业应用、分布式交易系统研究、人工智能在新金融的应用、跨终端移动平台的应用、基于区块链和物联网的供应链金融探索等具体领域进行深入交流，加强金融产品创新和服务创新，推进分布式交易平台和智能数据服务平台的建设，为民生服务提供便利，推进金融服务的多样化、个性化和精准化。作为金融科技创新实验室第一家城市商业银行，杭州银行在推进金融科技创新方面取得了多方成效。金融科技创新实验室的成立，不仅有利于增进互信、深化合作，而且更有利于推进“金融 + 科技”的深度融合，积极布局金融科技领域。

2. 内部孵化

内部孵化的形式是指传统金融机构与初创公司联合，针对从无到有的颠覆式创新概念进行孵化，加速全新业务的成果转化。

传统金融机构在探索如何促进自身投入金融科技企业时，选择与企业加速器、自身建立加速器项目的形式与金融科技进行融合。法国的巴黎银行（BNP Paribas）积极鼓励初创型金融科技企业的发展、支持它们各种创意和创新，其成立的金融科技加速器是该融合形式的典型案例。

法国巴黎银行自 2016 年起推出“金融科技加速器计划”（简称 FinTAP），旨在发掘有潜力的初创型金融科技企业，为它们提供具体、实际的帮助，从而带动法国巴黎银行数字化进程。法国巴黎银行将以建设“未来银行”的视角，加快产品和服务创新，最终为客户提供更加满意和安全的金融服务体验。

FinTAP 的实施由法国巴黎银行集团旗下的子公司——哲翰管理咨询（L’ Atelier BNPParibas）具体负责，对初创型企业的加入完全免费，且最初并无持股安排。为帮助初创型企业顺利孵化，法国巴黎银行最高可向其投入10万欧元的启动资金（可转债）。基于开放式创新的理念，法国巴黎银行不会对初创型企业的业务发展做出任何排他性（独占性）条款限制。FinTAP对初创型企业提供为期四个月的量身定制式的扶持与合作，具体采用“四步法”进行孵化，即发起、加速、试验、投产。

以2016年第一季FinTAP为例，共有140家初创型企业提交申请。经严格筛选，法国巴黎银行从中选取了8家最优秀、最符合条件的企业进行孵化，包括二手车交易支付平台PayCar、人工智能创业企业Heuritech和区块链智能合约公司CommonAccord等。孵化结束时，每家企业的创新项目都取得了长足进展，并找到了主要合作伙伴，进入项目融资这一实质性阶段。法国巴黎银行已于2017年初启动第二季“金融科技加速器计划”。从报名情况看，这季初创型企业的创新项目主要集中在共享经济、区块链、资产管理、网上银行、P2P、账户聚合、人工智能、机器人和大数据分析等领域。以成功孵化的PayCar为例，2016年初，PayCar申请加入法国巴黎银行“金融科技加速器计划”。经过大约20人的评审，PayCar顺利通过筛选，开始接受孵化。2016年3月，PayCar与法国巴黎银行集团旗下保险机构BNPParibas Cardif正式开启了四个月的“一对一”紧密合作。其间，双方针对二手车买卖的交易过程，提出一套综合性服务方案，弥补了现有产品的不足。即PayCar客户可以利用法国巴黎银行法国零售银行部门（French Retail Banking）开具的电子支票，购买Cardif（保险公司）提供的车辆保险，或是获得法国巴黎银行个人金融公司（BNP Paribas Personal Finance）提供的贷款。2016年11月，孵化期结束后，法国巴黎银行集团上述三个部门又参与了PayCar的第一轮融资，共涉及金额130万欧元，将双方合作推向一个新的层次。PayCar的长期目标是成为市场上二手车交易的标准化支付模式。这轮融资将驱动PayCar在业务拓展和客户拓展上取得更快进展。

PayCar和法国巴黎银行均从FinTAP中获益。一方面，PayCar在法国巴黎银行的协助下，完善了业务架构，优化了产品策略。更重要的是，双方建立了独特的合作关系与默契。另一方面，法国巴黎银行自身也能够精准地找到了新的业务机会（如电子支票、汽车保险、个人贷款等）。同时，法国巴黎银行还可以布局更长远的战略发展问题。由于在法国家庭中，购买二手车是仅次于住房的第二大支出，因此法国巴黎银行将此视为极具潜力的目标市场。其与 PayCar 合作的一个重要目的是通过支付便利和支付安全的解决，助力二手车市场快速成长，以期在未来谋求更大的商业机会实现双赢。此外，还有巴克莱银行创建“巴克莱加速器”，选出三个区块链相关的初创公司 Safello、Atlas Card 和 Blocktrace，加入巴克莱银行的金融科技孵化器中；Startupbootcamp 公司的 FinTech 加速器项目以及富国银行与 Starup Accelerator 加速器项目等帮助银行将资本进入金融科技机构实现自身在金融科技领域的战略布局。

以花旗银行为首的传统金融机构通过内部研发的形式进行技术拓新实现金融科技层面的进步。2016 年花旗银行内部成立花旗金融科技团队（Citi FinTech），由大约 40 名员工构成。团队成员一部分从花旗的各个部门精心筛选，一部分从亚马逊（Amazon）及贝宝（PayPal）这样的技术公司进行挖取。

第四章　中美银行业与金融科技融合实践

一　美国银行业金融科技布局

随着人口红利的逐渐消失，传统金融机构的业务模式所带来的利润和效应增长速度也开始放缓。在很长一段时间内，银行业的竞争主要发生在不同的银行之间，主要是围绕大规模分支机构、开展营销活动以及争取高收益客户而开展的。2015 年以来，银行业的竞争压力已经不单来源于同行业竞争，还有成千上万的金融科技初创企业和科技巨头。2008 年金融危机以后，民众更加关注自身财务状况，为提升自身竞争力，银行业也加速了智能化产品创新。

美国银行业已经深刻意识到，决定未来竞争力的关键取决于新兴科技的开发和运用，故步自封的道路再也走不通了，银行业必须适应新的经济市场环境，开放地去跟金融科技公司合作，学习它们所不具备的金融科技的专业知识，引入新兴科技改善金融服务并重塑核心竞争力①。2017 年，美国金融科技行业在一二季度的投资总量为 35 亿美元，超过全球投资总量的 30%，交易笔数为 253 笔，占到全球的 46%。根据花旗银行统计，全球排名前 20 位的金融科技企业中，美

① 参见民生银行研究院产业研究团队、黄剑辉、李岩玉、吴强、温恬《国际先进银行科技应用分析及对我国商业银行的启示与借鉴》，《民生智库研究》2017 年第 58 期。

国占了 9 家[①]。金融科技未来发展前景向好，因此金融科技的引入对于银行业的发展尤为重要。

美国银行业主要通过三种方式介入金融科技发展：一是直接对金融科技公司进行投资；二是在银行内部开展金融科技创新，从根本上推动自身产业发展；三是与金融科技公司合作，提升客户体验、拓展客户群体，实现双赢。其中，直接投资金融科技创新公司是主要方式，国际大型银行和所属的风险投资机构，一直都是金融科技生态系统中活跃的投资者。

在美国，金融高科技行业吸引了越来越多的外来投资，因为这些创业公司通常都善于利用备受关注的新兴趋势，比如大数据、移动互联网、智能投顾、社交网络、区块链等。在目睹了这些初创公司冲击传统银行业的支付、资产管理以及计费等业务之后，大多数银行很难再继续安心充当一名旁观者。数据显示，自 2009 年以来，包括美银、花旗、富国银行、摩根大通、摩根斯坦利以及高盛在内的六大银行已经在 30 家金融科技公司进行战略投资，花旗最为积极。从 Betterment 到 Jumio，再到 Square，花旗银行旗下的风投机构已经对金融科技的初创公司进行了广泛投资。而高盛正在加大对金融科技初创公司的风投力度，其投资方向主要集中在支付技术和大数据金融方向。

在发展方式方面，2017 年美国银行业经历了一个重要转折——包括高盛、花旗银行、摩根大通等在内的顶级银行在金融科技领域的投资相对 2016 年的高点都有所减少，转而投入更多精力进行内部孵化。一个最明显的信号是，摩根大通和摩根斯坦利都在紧锣密鼓地招募金融科技人才自主开发新产品。从金融科技服务于银行的角度来看，由于对银行需求和真实情况更加了解，内部孵化可能是一个更加高效的选择。除了投资以外，美国的顶尖银行还会根据自身的战略开展并购。但是从 2013—2018 年 2 月，只有 20% 的顶尖银行收购了金融科技创业企业，而被收购的企业只有 18 家。

总体来讲，美国传统金融选择与金融科技融合的企业主要有两种

---

① 参见宋湘燕、姚燕《美国金融科技监管框架》，《中国金融》2018 年第 18 期。

类型：

第一类为初创类 FinTech 企业：2010 年，美国 FinTech 行业开始兴起，有许多进入金融领域的创业者都是以 IT 技术为主要背景的。起初他们中的大多数会获得各种各样的投资，但这些公司的竞争力不够长久，开创不久就向下游发展。成为成功的 FinTech 企业的技术支持者，其营业收入主要来源于有限的技术服务费。这种盈利模式是不可与主流 FinTech 公司的资金运作同日而语的。

第二类是较为成熟的金融科技企业以及大数据服务企业：前者即发展较早也已经有一定规模的 FinTech 企业。例如 Lending Club、On-Deck、Prosper 等。后者则专注于技术的应用与开发，例如发展势头良好的 Datameer，专门为 FinTech 公司提供不同类型数据整合，计算和报表呈现。Datameer 代表了当今金融行业的一个新的分工类别（labordivision）——数据服务商。相比第一类金融科技技术企业，第二类企业发展已经有了一定的基础和影响力，但是此类企业独立的发展空间非常有限。对 FinTech 企业而言，与传统金融机构结合发展可以获得巨大的升值空间。对传统金融机构而言，通过借鉴金融科技企业的商业发展模式、扩大客户群体、丰富银行的产品以及服务，共同创造一个生态系统，更好地满足客户需求并且缩小传统金融机构提供的服务于客户之间的距离。

下面，主要分析一下美国花旗银行、富国银行、高盛集团金融科技布局情况。

（一）美国花旗银行（Citibank）的金融科技布局

花旗银行是花旗集团下属的一家零售银行，与美国银行、摩根大通并称为美国三大商业银行，在世界金融领域久负盛名。花旗银行前身是 1812 年 6 月 16 日成立的纽约城市银行（City Bank of New York），是华尔街最古老的银行；经过几十年的发展，到 1894 年花旗银行成为了美国最大的银行；1902 年开始拓展海外业务，在不同的国家和地区设立分行；1929 年成为了全球最大的商业银行；1976 年正式更名为如今的花旗银行。1998 年 10 月 8 日，花旗银行集团与旅行者公司（Travelers Group）成功完成了合并，组成花旗集团[①]，“从一个以信用卡和外汇业务为重心，大力发展零售业务和消费性金融业务的商业银行逐渐转变为一个集银行、保险、投资和基金等多种业务于一身的金融超市，在规模化、全能化和信息化等方面占据了绝对优势”[②]。花旗银行作为一家全球化业务的银行，不仅为遍及56个国家的5000万消费者提供服务，也在近100个国家为跨国、跨区及当地的企业客户服务。目前花旗银行已经发展成为包括商业银行、投资银行、保险、共同基金、证券交易等诸多金融服务业务于一身的金融集团。2001年4月，美国《福布斯》杂志公布美国500强企业，花旗银行首次登上500强榜首。

金融科技的风靡对银行业产生了巨大的冲击，就连拥有悠久历史的花旗银行也不例外。为此，花旗银行积极引进了外部技术人员，组建金融科技团队，团队员工大多从亚马逊及PayPal等技术公司挖角而来，寻求技术层面的突破。花旗银行采取多种形式积极布局金融科技。

1. 花旗银行内部开展金融科技创新

在技术创新方面，花旗银行一直处于最前列。花旗银行并没有将金融科技企业视为竞争对手，而是看作合作伙伴。比如，花旗和许多电子商务公司都建立了合作关系。大多数电商企业属于零售业态，专注于向客户提供产品和服务，但并没有相应的支付业态。零售商们如果要取得商业成功的话，必须实现物品和货币之间的交换，花旗银行则可以提供支付与结算方面的服务，助其实现商业成功。花旗银行认为，面对金融科技的快速发展，银行还有很重要的一点是，要领导变革。花旗希望领导变革，而不是被动地看待金融科技的发展，因为金融科技本身也有很多优势，只有主动地引进先进技术并运用到金融领域中，才能走在行业的前沿。对于大型企业客户而言，他们往往需要

① 参见陈建中、黄欣丽《银行国际化路径影响因素分析——基于汇丰银行和花旗银行案例》，《国际贸易问题》2014年第9期。

② 艾洪德、周继燕、于君：《我国商业银行综合经营的路径与发展——基于花旗集团和瑞银集团经营案例的反思》，《财经问题研究》2011年第12期。

比金融科技更多的信息，例如规模、安全、可靠、全球性和本地市场的了解，这些都是银行可以提供给客户的。花旗银行早在2003年就推出了基于互联网的电子银行系统，2009年开始在柏林设立专门的金融科技实验室，进行相关研究和试验。此外，花旗还投入了大量的资金来采用或试用一些最新的金融科技。

花旗银行在应对金融科技问题方面采取的是一种分散化管理的模式。与美国其他银行所不同的是，在花旗银行，没有一人能在整个公司掌控与金融科技相关的所有事务。花旗银行的每一个部门在面对来自于金融科技带来的挑战时都可以自行做出战略决策，支出多少也由各个部门自行掌控。在花旗集团，直接投资金融创新企业的部门不止一个。位于纽约的花旗投资银行金融科技总部运作着一支投资于新创企业的基金，其中包括投资金融科技企业。另外还有花旗创投（Citi Ventures），其运营总部位于硅谷，非常专注于金融科技领域的投资机会。这些部门投资的创新企业并不一定最后要与花旗形成合作关系，各个业务部门自行负责与这些投资机会进行谈判。

花旗银行在内部开展金融科技创新，提高服务效率，降低运营成本。美国花旗银行设立了创新实验室、孵化器、风险投资等非传统部门管理创新项目，旨在加速区块链和物联网等颠覆性产品和技术的开发，加速创新概念向实际生产力和新业务布局转化。同时，花旗银行研发改善了电子银行的安全认证工具，将物理网点的etoken更新为内置在手机上的一个App，大大降低了机具的投入费用开支；花旗银行根据客户的信用卡消费记录，挖掘客户的生命周期，并主动推动消费分期的消费金融服务，在网银的页面上开展类似PowerBall（彩票），让客户参与博手气的营销活动，以增加银行服务的趣味性；在客户服务方面，花旗银行优化银行开户流程，实现从开户到客户互动的端到端优化。这些内部创新，达到了提升客户体验，提高客户忠诚度的目的。

2. 与金融科技企业Lending Club合作，在信贷服务不足的社区中提供相关服务

2017年4月，全球第一家上市的P2P网贷平台Lending Club宣布

了与美国四大银行之一的花旗银行合作的消息。花旗之所以选择与 Lending Club 的合作，主要是看好后者 P2P 小额贷款模式的可行性。长期以来银行在发放小额贷款方面考量颇多，居高不下的成本以及相对较少的收益，使得小额贷款并不被银行所重视。正是银行对小额贷款的不作为给了 P2P 崛起的缝隙，但随着 P2P 兴盛，民间借贷和中小企业贷款的市场开始被撬动。银行也逐渐地加大对小额贷款市场的份额抢占。花旗与 Lending Club 的合作是美国典型的传统金融机构与 P2P 小额贷款企业合作的案例。在美国，金融科技公司没有牌照是不能随意发放贷款的，也没法通过 ACH① 实现银行间转账。

Lending Club 在借款人申请的时候做信用审查并决定利率，需要银行进行发放贷款的行为，再从银行处把该笔债务买过来，让自己成为债权人。对银行来说，其实操作过程中是没有信用风险的。同时，由于这一过程需要投资者先投入资金，所以对 Lending Club 来说也是没有信用风险的。这样一来，投资者就面临着较大的风险。所有的借贷业务，借款人通过 Lending Club 借款，投资者将资金投放给 Lending Club，因此即使借款人及时还款，一旦 Lending Club 出现财务问题，那么投资者面临资金难以收回的风险。因此，Lending Club 需要花旗银行作为支撑，而花旗银行则是看中了后者 P2P 小额贷款模式的可行性，为其提供资金，Lending Club 为其提供新型风控模型，双方合作主要围绕小额个人贷款业务展开，之后逐步扩展到小企业贷款。由于银行的融资成本远低于 P2P，这种做法也将降低借款者的借款成本。花旗银行与 Lending Club 合作流程如图 4. 1 所示。

传统意义上的 P2P 多在个人与个人之间开展，但 Lending Club 实际上大部分贷款都是由机构投资者出资，而这些机构投资者可能是养老金，可能是资产管理公司，也可能是对冲基金。从这一角度而言，美国将 FinTech 作为传统金融的补充，以提高传统金融模式中效率相

---

① ACH：自动清算（Automatic Clearing House）中心是美国处理银行付款的主要系统。ACH 系统被广泛用于企业支付雇员的工资等业务，在美国普及率达 26%，欧洲一些国家已达 90% 以上，在日本则近 100% 的企业实现了通过自动清算将工资直接存入雇员的账户。

对较低的一部分，而不是替代传统金融。传统金融机构的理财顾问行业中存在利益冲突的现象，即顾问没有动力让客户盈利更多，相反希望客户购买令其佣金回报较高的理财产品。青年一代享受计算机自动化的投资建议为他们带来的便利性和快捷性，但当其财富积累到一定程度后，他们依然会对更加私人定制化的服务产生追求。尽管存在上述利益冲突，但出于对个性化的追求客户依然会选择私人理财顾问。Betterment 上有 5 万用户，帮他们打理 10 亿美金的资产，其实这个相比大部分养老金或者其他投资服务是很少的，因为美国共同基金的投资规模达到了 16 万亿美元，远大于 10 亿美元。因此，通过与花旗的合作可以弥补此模式存在的漏洞，花旗银行可以提供更加专业化且个性的理财产品，二者相互结合增加了客户黏性。Acrons 做的是一个细分市场，它把每个月消费中的零钱收集起来存到其投资组合里，让用户没有感觉到自己在做投资。投资组合也是用自动的计算机模型做优化的，当其用户量到达一个临界点之后，就容易产生规模化。例如一个用户每个月仅投资了五十美元，Acorns 可以让用户选择是否给这个数额加倍或者加数倍；又例如可以让每一笔零钱本身的数额叠加一两美元，很容易就可以把它管理的资产量增加起来。Robinhood 是 2014 年上线的免费的股票交易平台，在这个交易平台上，买卖股票是不需要手续费的，良好的操作设计让客户感受到在买卖股票方面非常简洁好用，Robinhood 也因此获得了 2015 年苹果的 IOS 应用设计大奖。

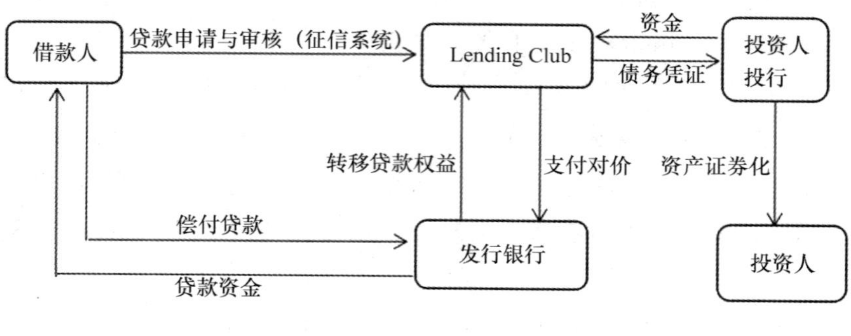

图 4.1　美国花旗银行与 Lending Club 合作流程

Lending Club 的主要模式和技术都为其在与花旗银行的合作中充分发挥了自身优点，打破“二八原则”，与花旗银行实现100%客户的衔接，互利共赢。对于花旗银行自身而言，在拓宽了客户群的同时，由于 Lending Club 的便捷性和对数据的敏捷处理能力，小额贷款业务不再被高成本低收益的特点所牵制，同时又拓宽了业务范围，降低成本、提高了效率。

另一种合作的方式是花旗把 Lending Club 当作一个分销渠道。Lending Club 出资或者融资通过自己的平台进行放贷，而银行提供自己的客户资源帮助 Lending Club 进行目标市场选择。这种情况下，Lending Club 自身或者其融资方承担风险，而盈亏不会体现在银行的账面上，但有极高的监管成本。

3. *花旗风投收购移动支付公司 Square*

美国投资银行最青睐的金融科技有以下两个类型：一是支付技术。一些银行已经在各种支付行业初创公司中进行投资，例如做移动支付的 Square、Obopay 公司，做商业支付网络的 Bills. com，以及在线交易公司 Revolution Money，后者在2010年已被美国运通收购。二是数据分析。即大数据分析及其在金融服务方面的应用。高盛和美国银行共同投资了一家为金融服务提供高级分析平台的公司 Context Relevant。高盛另外投资了同一类型的 Kensho Technogodies、Dataminr 和 Antuit 等公司。

花旗银行旗下的花旗风投（Citi Venture）专注于金融科技股权投资，主要投资方向也是集中在支付技术和大数据金融方向，已参与22家金融科技公司30轮风投，其投资标的中较为著名的是 Square 公司。Square 是美国一家移动支付公司，专注于支付过程中的商户服务和综合解决方案。花旗风投是花旗集团的创新引擎，致力于构思、推出和扩大新举措，并有可能改变金融服务的未来。花旗创新实验室和花旗业务，通过投资初创公司、试验新技术、测试新的解决方案和商业模式，加快了花旗的创新。花旗风投希望通过系统地探索从机器学习和区块链技术到新的贷款平台和市场的前沿话题，为花旗的客户提供下一代体验。Square 用户（消费者或商家）利用

Square 提供的移动读卡器，配合智能手机使用，可以在任何有网络的状态下，通过应用程序匹配刷卡消费，它使得消费者、商家可以在任何地方进行付款和收款，并保存相应的消费信息，从而大大降低了刷卡消费支付的技术门槛和硬件需求。2012 年 12 月，Square 旗下应用 Square Wallet 针对美国地区用户添加了 Gift Cards 功能，用户可以在应用里购买礼品卡发送给朋友。2014 年 11 月 18 日，美国移动消息应用 Snapchat 与移动支付服务 Square 合作推出一项新服务，帮助用户相互之间进行资金转账。除了身材小、易操作，花旗风投选择投资 Square 还因为其 Card Reader 产品还具备其他显而易见的优势：例如，它提供的账单按天进行结算，而银行通常是按月结算。其次，Square 的硬件成本相当低，相比之下，Verifone 一个信用卡终端需要 900 美元，而 Square 仅需一个 iOS 或 Android 终端（iPod touch 仅 299 美元，Square 读卡器是免费领取的）。对于消费者来说，它有个贴心服务是账单支付由电子邮件寄送，并会附上 GPS 定位的位置，方便核实记录；而对于商家来说，它能存储和分析用户消费信息，使得生意买卖更为轻松。而这其中最重要的是，Square 的手续费相当低廉。为了鼓励消费者使用 Square 刷卡，任何刷卡行为仅收取 2.75% 的费用，而手动键入账号则为 3.5% 加上 15 美分；最近它又推出了新的可选择的手续费支付方法：每月支付 275 美元，就可以无限数刷卡（单笔不超过 400 美元，年不超过 25 万美元）。Square 的商业模式跟它的机器一样，非常简单明了，其成本主要来自三方面：首先是交付给各银行的交易佣金，其次是 Square 刷卡器硬件成本，还有团队的开发和运营成本。而最主要的收入来源则是交易佣金。花旗风投通过投资的形式，获取 Square 的技术与市场，进一步帮助花旗集团在金融科技的浪潮中站稳脚跟。

此外，花旗银行、摩根大通、瑞银集团、高盛集团等 43 家金融巨头联合 IBM、Intel 等 IT 行业服务商积极加入 R3 CEV 发起的区块链联盟，研究制定金融领域区块链行业标准和协议框架。

4. 花旗投资人工智能（AI）初创企业 Feedzai

早在 15 年前，人工智能（AI）曾是非常热门的领域，随后却突然消失，直到 2015 年才开始重新复兴。这主要归功于两大关键因素：一是计算技术已经取得快速进化，可提供先进的分析能力。存储和强大计算的成本也在下降，可以让我们访问所需数据变得更容易、更廉价，进而可以开发出更强大的 AI 算法。二是由于智能手机等联网设备日益增多，它们产生的大量数据急需被比人类分析师更快的速度自动分析，而这恰是机器学习和 AI 应用的最佳领域。

人类指导 AI 方面也在发挥重要作用。正如 Citi Ventures 执行董事、投资联席负责人拉姆尼克·古普塔（Ramneek Gupta）所说："在发现欺诈等比较复杂的领域，AI 算法能够提供非常有价值的服务，比如提供人类无法达到的数据分析速度和深度。人类反过来可以提供必要的监督，比如为 AI 提供正确的输入方法，确保这些程序平台在为消费者提供服务的同时，也能为他们提供保护。"[①] Citi Ventures 正积极探索机器学习在诸多领域的应用潜力，包括安全、客服、合规性、数据以及分析等领域。

Citi Ventures 正致力于机器学习、AI（人工智能）以及大数据分析等研发。Feedzai 是一家专注于电子商务和银行领域实时欺诈预防的金融科技初创企业。Feedzai 的机器学习平台可以扫描大量数据，并识别不断变化的威胁，为用户提供实时警告，以保护他们免受欺诈危害。此外，Feedzai 也提供用户友好、全方位支持，以保护其数字平台上的消费者，消费者通常在数字平台上进行银行或电子商务行为。

2016 年 11 月，花旗银行旗下风投机构 Citi Ventures 对机器学习初创企业 Feedzai 进行了战略投资。Feedzai 公司称这笔投资将继续支持其在金融服务生态系统中的扩张。在机器学习方面，Citi Ventures 之前已经投资于 Cylance 和 Aysadi，Feedzai、Cylance 以及 Aysadi 公司当前都在以创新方式部署机器学习技术。

---

① 《花旗也跟进了 AI 投资大潮：这家创企能防实时欺诈》，环球网（http://www.huanqiu.com/r/MV8wXzk2MTY2MzRfMTc4M18xNDc3OTcxMDUw）。

（二）美国富国银行的金融科技布局

富国银行（WellsFargo）于1852年在纽约成立，是一家多元化的金融集团，是目前全球市值排名第一的银行、美国第一的抵押贷款发放者、第一的小微企业贷款发放者、拥有全美第一的网上银行服务体系，同时还是美国唯一一家拥有AAA评级的银行。作为美国银行业的“零售之王”，富国银行布局金融科技的方向主要体现在以下五个方面①：智能数据（Smarter data）、身份管理（Next-generation ID management）、无缝支付（Frictionless payments）、交互渠道（Transcending channels）以及金融科技整合（FinTech collaboration）。

1. 智能数据

在这五大方向中，智能数据是其他应用的基础。富国银行拥有庞大的数据量和交易信息，要对每个用户进行具体的了解和系统管理，需要依赖人工高智能和大数据等技术的汇总分析。现在，富国银行可以对每一个用户进行定制化的分析和方案定制，根据用户习惯提供更好的用户体验。

2. 身份管理

身份管理主要是用来防范网络犯罪和反欺诈。相比于既往单一的核身方式，加入了人脸识别等技术的身份管理功能，可以为识别用户身份提供多元化的指标，为每一次交易的财产安全保驾护航。

3. 无缝支付

在全球去现金化的潮流下，富国银行在业务发展的过程中感受到，用户对于时效性的追求越来越高。富国银行希望能够不断改进支付程序，满足用户对支付过程更加简洁、流畅的需求。因此，“富国银行联合其他银行合作开发了通过社交网络实时转账的功能，2017年内，这个软件的个人之间转账规模已经达到750亿美元，远远超过

① 参见洪偌馨、林意《富国银行布局金融科技的新方向》，《馨金融》2018年第18期。

苹果公司的支付软件 venmo 的交易金额"①。

4. 交互渠道

富国银行以往零售业务的优势在于大量的线下布局，但是眼下它们更注重的是不需要线下门店，也可以实现 24 小时的服务。此前富国银行与 Apple Business Chat 合作，通过这个 App 直接与消费者交流，并且开发各种 API 接口，打破空间的束缚和时间的局限为消费者提供服务。

5. 金融科技整合

富国银行推出了一个名为 Greenhouse 的 App，Greenhouse 几乎集以上所有的业务、功能和技术于一体。Greenhouse 通过对客户进行身份识别，可以管理他们的借记卡、信用卡等不同账户，也可以直接对其他平台或个人进行转账。更重要的是，通过大数据与人工智能学习，平台会根据用户设置的财务目标给他们提供消费和理财建议。

富国银行每年会投入 60 亿—80 亿美元，用于投资新技术，这是在美国国内技术投入上仅次于国土安全部的机构。富国银行会和这些"被看好"的新兴技术公司签署 mentor 协议，进行专业银行知识的顾问指导，并开放银行后台给这些技术公司实现技术测试。②

（三）高盛集团（Goldman Sachs）的金融科技布局

高盛集团成立于 1869 年，是全世界历史最悠久及规模最大的投资银行之一，总部设在纽约，并在东京、伦敦和香港设有分部，在 23 个国家拥有 41 个办事处。高盛集团是一家国际领先的投资银行和证券公司，向全球提供广泛的投资、咨询和金融服务，拥有大量的多行业客户，包括私营公司，金融企业，政府机构以及个人。其所有运作都建立于紧密一体的全球基础上，由优秀的专家为客户提供服务，同时拥有丰富的地区市场知识和国际运作能力。

---

① 参见洪偌馨、林意《富国银行布局金融科技的新方向》，《馨金融》2018 年第 18 期。

② 张哲宇：《银行与互联网公司跨界合作——基于美国金融科技行业格局的另类思考》，数据大师网（http：//www. dataguru. cn/article-11448 - 1. html）。

对于金融科技，高盛一方面是靠自有资金和自有研究力量，另一方面则是充分借助外力，这其中既包括外来的资金助力，也包括不断收购和投资科技企业，以自有、开发的心态对科技领域进行多元化融合，使各个业务板块形成合力，并最终形成集团的核心竞争力。高盛一直是金融科技创业公司中最活跃的收购者之一，收购了许多家新兴科技公司。高盛虽然还处于金融科技进程的初期，但已经将金融科技渗透到其文化之中。

高盛全球金融机构投行副主席约翰·马奥尼（John Mahoney）表示，高盛在金融科技领域的战略布局主要有以下三点：一是利用金融科技公司提升高盛核心业务能力；二是利用自身能力与已有业务产生协同效应；三是利用金融科技帮助高盛开拓新的业务。

1. 利用金融科技公司提升高盛核心业务能力

（1）高盛46%员工为技术人员

在人力资源方面，高盛持续提高对有科技专业背景的人才（高盛称之为STEM专业，Science，Technology，Engineering，Math）的招募比例，围绕科技战略的需要，对自身人力资源结构进行调整。比如说，高盛在2016年校园招聘员工中有37%是STEM专业人才。高盛积极招聘Android开发人员，以创造出“所有数字零售银行”。截至2016年末，高盛约有9000名员工从事科技工程相关的职位，占员工总数的1/4左右。据报道，高盛工程师数量已超过以技术驱动的互联网巨头Facebook、Twitter、Linkedln等科技公司。按人数计算，高盛集团中，技术部门的规模居各部门首位，软件工程师和开发人员比银行家和交易员还多。这些技术人员在高盛的影响力也非常大，甚至会影响到高盛的业务形态。在一份针对高盛2000多个不同部门和业务单位的工作岗位报告分析中发现，高盛非常重视技术和数字金融领域。高盛CEO劳尔德·贝兰克梵（Lloyd Blankfein）[①] 经常在不同场合表示，高盛其实是一家科技公司。他说，46%的高盛工作岗位是技术性工作。技术性岗位中比例最高的是平台职能岗位，其次是运营工

① 王雅娟：《高盛如何玩转金融科技》，《中国银行业》2017年第5期。

程和股票技术岗位。在高盛 36800 名雇员中，25% 均为工程师和编程人员（约 9000 人），超过以技术知名的互联网巨头 Facebook、Twitter、Linkedin①。

（2）通信和科技费用逐年增加

高盛始终强调自己不仅是一家金融公司，也是一家科技公司。为紧跟科技发展潮流，高盛在对科技的前瞻性研究方面也投入了较大资源。2013 年以来，高盛在通信和技术方面的费用不断增加，2014—2016 年分别为 7.79 亿、8.06 亿、8.09 亿美元，虽然增幅较小，却是各项费用中唯一一项逐年升高的。同时，通信和技术费用在营业支出的占比总体呈缓慢上升趋势，如图 4.2 所示。

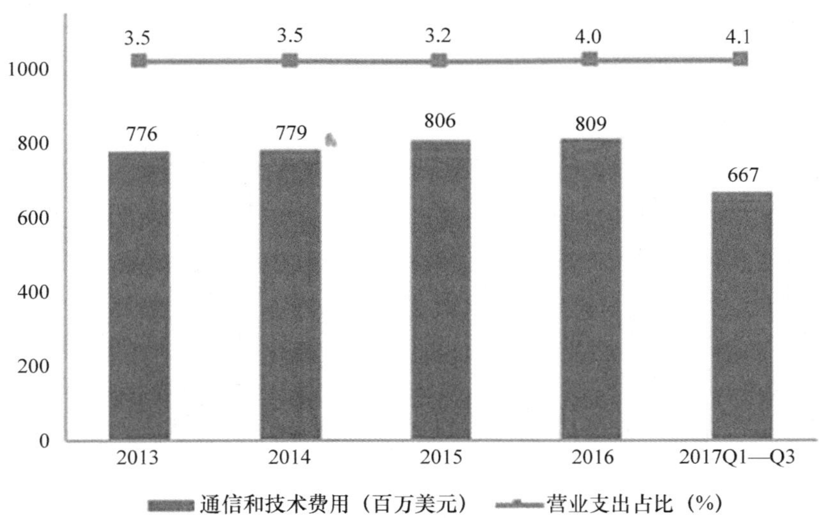

图 4.2　2013—2017 年 Q1—Q3 高盛通信和技术费用及营业支出占比

数据来源：高盛财报，2017 年 12 月。

高盛的专利申请活动从 2009 年的 10 项专利增加到 2013 年的 35

① 《全球投行巨头高盛如何看待金融科技，如何布局科技金融公司?》，IT 思维网（http://www.itsiwei.com/9938.html）。

项，专利活动集中在内部系统上，包括管理合规和监管风险、结构化数据发布和“通用并行计算架构”。2015 年，高盛获得了“Seltcoin”的加密货币结算系统的专利。该专利设想了一个贸易结算系统，系统使用一种加密货币，可以代表股票、债券或其他加密货币，如莱特币或比特币。

2. 利用金融科技开拓新业务

高盛从 2016 年开始利用金融科技开展零售银行业务，目前已开设互联网银行 GS Bank，自建网贷平台 Marcus，并正在打造智能投顾平台等。

（1）开设互联网银行 GS Bank

基于 2015 年收购通用公司旗下的约有 150 亿美元存款的网络银行 GE Capital Bank，2016 年 4 月高盛推出了网上银行 GS Bank. com 业务，服务于普通个人储蓄业务。其中，CD（大额存单）账户最低存款额 500 美元，储蓄账户最低存款额仅为 1 美元。高盛的储蓄账户存款利率为 1. 05%，1 年期 CD 的利率为 1%，5 年定期 CD 的利率为 2%。与传统银行相比，高盛储蓄账户的存款利率是传统银行的 100 倍，5 年期 CD 利率是传统银行的 3—13 倍。

截至 2017 年 9 月底，高盛的 GS Bank 来自个人的在线存款已经达到 1327. 61 亿美元。其中，个人银行与网上零售 654. 82 亿美元，大额存单 325. 37 亿美元，存款清算 159. 74 亿美元，机构存款 187. 68 亿美元。[①] GS Bank 倾向于以高利率为交换条件来收购大宗款项，通过发掘常规零售储户，高盛可以开拓一条定位和风格都不同的融资渠道。

（2）自建网贷平台 Marcus

2016 年 10 月，高盛推出网贷平台马库斯 Marcus，其目标是迅速成为存款和贷款的主要参与者，而无须聘请出纳员或建立物理分行。

在个人贷款方面，该平台为用户提供额度为 3500—30000 美元、

---

① 数据来源于《走下神坛的高盛，能否依靠金融科技再创辉煌?》，亿欧智库（https://www. iyiou. com/intelligence/insight59384. html）。

期限为24—72个月、利率为5.99%—22.99%的无担保个人贷款。贷款利率高低与最长期限是根据近年来客户的信用评价而定，只有信用最好的客户才能够享受最低利率和最长期限。Marcus的目标客户是信用卡持卡人，其设计团队对上千名目标客户进行了调研，根据客户的特点量身打造了网贷平台。Marcus贷款的一个不同之处在于它完全可以自定义。与传统的贷款条件（12个月，18个月，2年或4年）相反，借款人可以根据每个月能够支付的金额设置条款，这可能会导致8个月、14个月或40个月的贷款。借款人还可以设置和更改其每月的支付日期以适应其工资表计划，也没有创建或预付费用。高盛认为，Marcus提供的贷款模式简单透明，可以替代信用卡为客户提供更好的消费信贷体验。

在线储蓄账户方面，Marcus的存款利率高于全国平均水平的利率，没有交易费用，FDIC（存款保险）保证达到法律允许的最大限度，专业储蓄专家提供实时的个性化支持。

（3）开发智能投顾平台

2017年3月，高盛在官网上发出招聘启事，称正在推进全新的自主智能投顾产品建设，主要是想通过自动化的投顾平台，来服务资产在100万美元或以下的“大众富裕阶层”。除此之外，高盛还在开发即时通信平台Symphony，可以帮助投资者在数据中找出可能影响价格走向关联信息的Kensho等。

3. 积极投资金融科技公司

高盛是美国最活跃的两个投资于金融科技初创企业的银行之一。高盛不仅是目前投资项目数量与投资额最大的（收购了37家公司），而且是将体外的创新技术与体内的现有架构结合得最好的。这些投资主要来自于公司内部的几个不同的团体。高盛主要有四个负责对科技企业投资的部门或基金：第一，GS增长（GS Growth）。高盛将增长阶段的投资主要投入软件、技术推动型业务服务、健康医疗IT企业，投资金额为250万美元以上。第二，高盛投资合作伙伴（Goldman Sachs Investment Partners，简称GSIP）。GSIP基金和增长型股权投资团队主要投资面向消费者或B2B2C的高科技企业，包括Uber、Facebook、Pinterest、Spotify、thredUP、foodpanda、GoEuro 和 Compass 等。第三，高盛私人资本投资（Goldman Sachs Private Capital Investing）。主要为“增长型企业和中间市场企业（介于大企业与小企业之间）”提供长期资本，投资金额介于 2000 万美元与 1.5 亿美元之间，主要通过普通股、优先股和结构性工具进行投资。第四，主要战略投资（Principal Strategic Investments）。高盛对 FinTech、企业和市场基础设施公司进行长期战略投资，计划在这些公司内部使用该技术，或发展业务关系。这包括对场外衍生品交易系统供应商 Droit FinTech 的投资。第五，贷款。高盛还为包括 Dropbox、Stripe、MediaMath 等科技公司在内的科技公司提供信贷额度，以及包括 Nubank、Fundation 在内的金融科技公司，以及在其 IPO 之前的 OnDeck Capital。

但高盛的投资也有广泛的类别，包括市场贷款、移动支付、金融科技基础设施和商业房地产投资平台。在这里最值得一提的案例就是，高盛对于另类资产投资平台 Cadre 的投资。Cadre 成立于 2012 年 10 月，通过大数据提高审核和交易的透明度，为用户提供在线房地产投资服务，用户可以将资金投入特定的地产项目或 Cadre 运营的投资基金。据介绍，Cadre 的目标是让房地产投资市场看起来更像是股市，投资者可以购买某处物业的一部分，就像购买某家公司的股票一样。Cadre 其实真正打动高盛的是其平台化产品与高盛本身产品的互补性，以及它可以为高盛的既有科技架构带来的新鲜动力。实际上，传统银行巨头面对新兴金融科技的时候，本身就会产生一个悖论。这些金融机构的底层构架都是经历过多次迭代、花了大量的人力和物力建成的，而金融科技的颠覆性所造成的代价则是这些银行里掌控全局的 CTO（首席技术官）或者 CIO（首席信息官）们无法接受的。所以如何处理好新老技术构架的对接，对于传统银行的金融科技转型是至关重要的一步。

GSIP 的风险投资和增长股权集团已投资于全球许多面向消费者或 B2B、B2C 的科技公司，包括 Uber、Facebook、Pinterest、Spotify、thredUP、foodpanda、GoEuro 和 Compass。高盛的创投模式十分多样，包括私募基金投资、自有资金投资、债权投资等。例如，高盛与 Uber

在 2011 年 12 月的第一笔交易属于股权投资，并且高盛是联合牵头的投资者，当时这家叫车服务公司获得了 3. 16 亿美元的估值；2015 年 1 月的第二笔交易则是债权投资。

高盛在科技方面的投资，主要集中在区块链和人工智能等领域。发现提取数据并将其信息转换为资产的能力是高盛集团战略计划中至关重要的一部分。正如高盛技术部的负责人 Don Duet 所说的，“技术策略和商业策略对于一个公司来说是同等重要的，这可以帮助我们在数据驱动的商业领域取得更进一步的成果。与此同时，我们也可以从中获得更多的信息”。并非只有高盛在这么做。大量的金融服务公司正在使用技术手段来挖掘客户与市场数据。为此，高盛参与了上百家科技创业公司的融资，其中著名的投资有 1999 年以 500 万美元投资于阿里巴巴并占阿里巴巴 40% 的股份、2011 年投资于 Uber、重金投资了 Kensho 等。Kensho 依靠基于人工智能的语音语义识别，能够迅速对突发事件进行跨资产类别的分析，并且在极短的时间内提供相当复杂的交易策略推荐，是能让普通交易员成为对冲基金量化模型专家的强大武器。高盛在进行了投资之后，最终把 Kensho 推荐给了标准普尔来收购，使 Kensho 的人工智能算法，能够在标普极具深度与广度的庞大金融数据库的训练下，变得更加强大，从而全面提高自身交易员的分析与决策能力。

2018 年 4 月，高盛收购初创企业 Clarity Money。Clarity Money 的核心产品是一款移动 App，可以将个人的信用卡与借记卡的所有消费信息整合，尤其是每月固定的订阅型消费，比如视频网站 Netflix、音乐流媒体 Spotify、亚马逊 Prime、有声书 Audible 等。并且会替用户与有线电视和网络供应商等协商出一个价格更低的套餐，Clarity 全额返还新老套餐之间的差额，只是收取一点手续费。Clarity Money 可以帮助年轻人更好地管理日常开销，在美国 80 后、90 后中非常风靡。因此，高盛收购 Clarity Money 也是意图为其旗下现有的网络借贷平台 Markus 助力，并且将 Clarity Money 现有的广大千禧一代用户导流，为高盛全面拓展商业银行业务与面向年轻人的市场提供强有力的支持。同时，这也是高盛新借贷战略上，向硅谷在网络借贷领域的一些领先公司发出的新挑战——比如网络借贷模式的创立者 Lending Club、跨界学生贷款与住房贷款的 SoFi 和 Paypal 前联合创始人新近创立的消费信贷产品 Affirm 等。

据亿欧智库统计，高盛自 2016 年以来已经投资 29 家金融科技公司，投资类型也非常广泛，包括大数据分析、信用及征信、保险、理财、借贷等。具体投资企业名称以及企业最新融资时间、融资轮次和金额见表 4.1。

表 4.1　　2016 年以来高盛金融科技领域投资公司

类型	企业名称	最新融资时间	最新融资情况
大数据分析	Crux Informatics	2017 年 11 月	种子轮 1000 万美元
	DataFox	2017 年 11 月	B 轮 500 万美元
	Versive	2017 年 8 月	C 轮 1270 万美元
	Looker	2017 年 3 月	D 轮 8150 万美元
	Kensho	2017 年 2 月	B 轮 5000 万美元
	Perasdo	2016 年 4 月	C 轮 3000 万美元
	Digital Reasoning	2016 年 3 月	D 轮 4000 万美元
	Acadia	2016 年 2 月	C 轮 2500 万美元
信用及征信	Nav	2017 年 5 月	B + 轮 1300 万美元
	Financeit	2016 年 10 月	未透露 1700 万美元
保险	Cargox	2017 年 11 月	C 轮 2000 万美元
	Oscar Health	2016 年 2 月	未透露 4000 万美元
理财	Neyber	2017 年 9 月	C 轮 1.2 亿英镑
	Motif	2015 年 1 月	E 轮 4000 万美元
借贷	Better Mortgage	2017 年 2 月	B 轮 1500 万美元
	ComepareAisa	2017 年 7 月	B 轮 5000 万美元
	Fundation	2016 年 8 月	未透露 1 亿美元
区块链	Digital Asset	2016 年 2 月	未透露 2800 万美元
	Axoni	2016 年 12 月	A 轮 1800 万美元

续表

类型	企业名称	最新融资时间	最新融资情况
金融信息化	Cadre	2017 年 6 月	C 轮 6500 万美元
	Symphony	2017 年 5 月	D 轮 6300 万美元
	Pico Quantitative Trading	2017 年 1 月	C 轮 3740 万美元
	Droit Financial Technologles	2016 年 11 月	A 轮 1400 万美元
	Plald	2016 年 6 月	B 轮 4400 万美元
支付	Paytm	2017 年 5 月	D 轮 14 亿美元
	Nanapay Corporation	2016 年 10 月	A 轮 1000 万美元
	Circle	2016 年 6 月	B 轮 6000 万美元
银行	Nubank	2017 年 8 月	D 轮 4550 万美元
	BDO Unibank	2017 年 1 月	IPO 前 12 亿美元

数据来源：根据公开资料整理。

二　中国银行业与金融科技融合实践

党的十八大以来，我国金融信息科技信息化建设加快转型，支付技术创新与应用不断规范，新技术、金融标准化创新研究深入推进。此外，金融标准化改革创新也在不断深入，金融标准制修订清单管理制度建立。

2017 年 5 月，中国人民银行成立金融科技委员会："旨在加强金融科技工作的研究规划和统筹协调，强化监管科技应用实践，积极利用大数据、人工智能、云计算等技术丰富金融监管手段，提升跨行业、跨市场交叉性金融风险的甄别、防范和化解能力。"① 2017 年 6 月，中国人民银行印发了《中国金融业信息技术"十三五"发展规划》。规划强调，"十三五"时期金融业要全面支持深化改革，积极对标国际先进，推动创新普惠发展，坚持安全与发展并重，并围绕统筹监管系统重要性金融机构、统筹监管金融控股公司和重要金融基础

① 程华、蔡昌达：《我国商业银行金融科技发展策略》，《金融科技》2017 年第 9 期。

设施、统筹负责金融业综合统计，推进信息技术发展各项工作。规划确立了“十三五”期间金融业信息技术工作的发展目标，包括金融信息基础设施达到国际领先水平、信息技术持续驱动金融创新、金融业标准化战略全面深化实施、金融网络安全保障体系更加完善、金融信息技术治理能力显著提升等。这充分说明，我国政策当局高度重视金融科技发展，结合《“十三五”国家科技创新规划》来看，金融科技在银行业是一场自上而下的战略改革。

（一）商业银行加速网络金融发展，实现零售业务突破

在金融科技的冲击下，传统商业银行对网络金融的发展日益重视，大多在总行设立网络金融部或电子银行部负责全行网络金融业务，制定和实施网络金融发展战略，推进网络金融产品创新、市场推广、业务运营、品牌建设等相关工作。如图 4.3 所示，目前已经基本形成“互联网渠道 + 互联网账户 + 互联网产品”的业务体系。

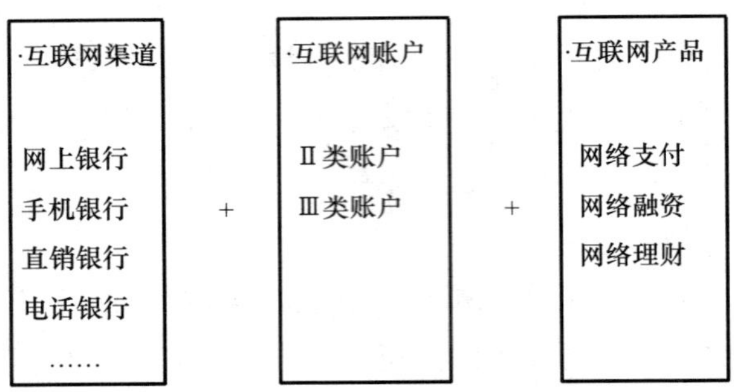

图 4.3 商业银行互联网化业务体系

1. 银行业渠道创新

渠道作为企业最重要的资产之一，是生产者把产品向客户转移过程中所经过的路径。对于商业银行而言，渠道是银行服务客户的节点、终端和通道。“从 20 世纪 80 年代至今，国有控股商业银行渠道建设经历了外延扩张、压缩调整、结构转型三个阶段，渠道转型从无到有、从模糊到清晰、从单一到多元、从分散到系统，逐渐成为银行

整体发展战略中不可或缺的重要组成部分，在国有控股商业银行集团化、国际化的道路上发挥着重要作用。”[①] 近年来，受利率逐步市场化、同业竞争白热化、金融脱媒加剧、互联网金融崛起以及金融消费偏好加速变化等多重挑战的影响，银行业加速了渠道转型。

我国银行业渠道创新有两个主要方向，一是加快线上渠道（手机银行、直销银行和互联网银行等）创新与建设，推动线上渠道移动化，以适应客户需求的变化，增加银行与客户之间的触频，开发银行业在客户日常生活中新的定义和功能。目前，商业银行网上银行、手机银行、微信银行、直销银行和自助渠道业务量逐年上升，特别是手机银行已经取代 PC 端成为线上交易的主要入口。需要指出的是，随着金融科技的不断发展，商业银行上述领域探索已逐渐超出渠道转型的范畴，而深入业务模式和产品创新层面。2017 年年底，第一家独立法人的直销银行——百信银行正式开业，为互联网银行（或数字银行）的发展和创新提供了更大的空间。二是物理网点向智能化、轻型化和社区化转型。“‘智能化’方面，VTM、智能机器人、自动客户识别系统、互动触屏、网点移动终端（PAD）、自动业务处理设备在各家商业银行广泛运用。”[②] 当然，在目前的实践中，智能网点建设还处于“概念店”向“试点和推广”过渡阶段，远未成熟。需要提醒的是，网点智能化的关键和中心仍然是客户需求，单纯强调硬件技术并非互联网创新的实质。像中国工商银行和中国建设银行等大型银行于 2017 年推出了智慧银行。所谓智慧银行，就是利用大数据、云计算、智能硬件、传感器、移动互联及信息技术等科技手段，实现银行前中后台、线上、线下各项业务的协同配合，提升银行生产、营销和风险防控的效率。例如，智慧银行可根据客户的年龄、性别、职业的不同实施精准营销。未来，银行通过人脸识别就可以知晓一个人的信用评价，并且判断是否可以给他贷款。

---

① 中国工商银行江苏省分行课题组：《互联网时代国有控股商业银行渠道转型研究》，《金融论坛》2015 年第 5 期。

② 曾刚：《中国银行业的金融科技之路》，《当代金融家》2018 年第 1 期。

“社区化”方面，我国社区银行始于2013年年底，此后，股份制银行和城商行共同掀起了社区银行的“圈地运动”。社区银行指的是在一定地区的社区范围内按照市场化原则自主设立、独立运营、主要服务于中小企业和个人客户的中小银行。然而，与成批量出现的“社区网点”相伴的是挑战和迷茫，致使不少社区银行网点关闭。我们认为，近年来互联网金融特别是网络借贷的发展给社区银行带来了很大冲击。银行继续将渠道下沉，以有效解决社区金融服务“最后一公里”的问题，使银行零售业务进一步向社区拓展。当然，渠道下沉并不是简单增设传统物理网点，而是更多依靠轻型网点，充分利用信息技术来实现线上、线下的互动与协调，在延伸银行网点覆盖的同时控制渠道成本。社区银行的服务核心是“便民”，经过经营模式创新，兴业银行的社区银行与平安银行的社区银行的经营模式最具特色。兴业银行社区银行为消费者提供异于传统支行网点的便捷金融服务。比如“错时服务”，契合了大多数都市居民办理金融业务的需求。全年365天，兴业银行社区银行的营业时间均延迟至晚上20时。平安银行社区金融的策略是针对社区周边居民和商户设计综合产品解决方案，建立社区金融生活圈，形成线上线下相结合的O2O模式，进行社区客户渗透。在社区金融生活圈的线下部分，社区支行是主要载体，根据社区客户“吃、穿、住、用、行、玩”的需求，带来更好的金融产品和服务。而社区金融生活圈的另一端，则有赖于线上平台。2014年10月，平安银行在其口袋银行上线了口袋智能社区平台，商户可以通过这一平台免费线上开店，并向居民推送商品和服务，吸引居民到店消费，社区居民通过口袋社区，可以随时随地浏览社区周边的商户和产品服务信息，在线预约下单①。

2. 银行业零售业务转型

在资本约束、利率市场化和金融脱媒等因素的影响下，零售业务作为银行业务另一个核心领域，逐渐成为银行创收的重要引擎。中国

① 参见薛亮《线上贷款+线下社区网点：商业银行双轮驱动渠道创新》，《金融时报》2018年8月7日。

的零售银行业务从2009年起以每年23%的速度增长，预计到2020年其整体规模将达到3.2万亿元人民币，成为仅次于美国的全球第二大零售银行市场。[①] 我国商业银行在业务上的转型经历了由偏重公司业务向公司业务、零售业务与表外业务“三驾马车”并驾齐驱全面发展的转型。当前，国内许多商业银行已经开始借助大数据、人工智能等技术来推动零售业务的智能化，并取得了不错的效果[②]。近年来，商业银行吸收存款的成本在逐步提升，与此同时，随着企业直接融资渠道的拓宽，银行对批发客户（贷款利率）议价能力却在不断下降，受此影响零售业务越来越受到重视[③]。表4.2反映了2016—2017年我国部分上市银行零售业务的收入及贡献情况，能充分体现出零售业务在我国银行业经营中起到了举足轻重的作用。在商业银行诸多业务中，零售业务是与个人和家庭联系最为密切的银行业务，且产品众多。商业银行零售业务主要涉及支付、理财和小额贷款。理论上讲，零售业务是银行业发展的起点，是银行业务的基石，同时也是银行业转型的基础。由于具有庞大的客户资源以及强大的价值创造能力，零售业务越来越受到商业银行的重视[④]。正如招商银行原行长马蔚华先生所说的“不做对公业务，今天没饭吃；不做零售业务，明天没饭吃”。商业银行零售业务现行发展的不足主要在于渠道单一，且受金融科技的影响要远高于其他类型的业务。在金融科技的冲击下，商业银行的零售业务转型创新主要集中在以下几个方面[⑤]：

（1）支付业务创新

支付结算是建立在商业银行信用基础上实现的货币给付行为，是指在商品交易、劳务供应等经济活动中产生的债权、债务关系，通过

---

① 参见中国银行业协会行业发展委员会《商业银行零售业务持续快速发展金融科技赋能向智能化转型》，《中国银行业》2018年8月。

② 参见李鑫《当金融科技遇到大零售：融合与局限》，《银行家》2018年第11期。

③ 参见丁俊峰、熊航《商业银行零售业务转型：从宏观到微观的视角》，《农村金融研究》2018年第1期。

④ 参见陆岷峰、虞鹏飞《大数据推动商业银行零售业务转型升级》，《银行家》2015年第3期。

⑤ 参见曾刚《中国银行业的金融科技之路》，《当代金融家》2018年第1期。

银行存款转移使债权、债务得以实现的过程。其实质就是以银行信用流通代替现金流通，完成各项资金的清算，从而便利经济交往，促进商品生产和商品流通的发展。支付和结算是商业银行最基本的功能，也是商业银行独有的业务优势。但随着互联网金融的兴起，以“支付宝”“财付通”等为代表的第三方支付平台异军突起并发展壮大，在一定程度上打破了商业银行支付业务的原有垄断地位，与之抗衡的相对优势也在日渐销蚀[①]。“调研发现，我国商业银行积极将金融科技应用于支付结算业务，不断加强场景布局，实现传统支付渠道的转型升级。”[②] 在移动支付、扫码支付成为趋势的情况下，银行大力发展移动支付，已经有多家银行推出二维码支付产品或者以聚合支付的方式切入二维码支付市场。

表 4.2　2016—2017 年部分上市银行零售业务收入及贡献情况

（单位：亿元，%）

银行名称	2017		2016	
	零售业务收入	占比	零售业务收入	占比
工商银行	2865	39. 4	2670	39. 5
农业银行	2033	37. 8	1923	38. 0
中国银行	1591	32. 9	1503	31. 1
建设银行	2361	38. 0	2203	36. 4
交通银行	652	33. 7	592	31. 5
邮储银行	1488	66. 2	1370	72. 3
招商银行	1084	49. 1	1002	47. 8
民生银行	486	33. 7	496	32. 0
中信银行	544	34. 7	402	27. 8
光大银行	356	38. 7	294	31. 3
平安银行	467	44. 1	329	30. 6

资料来源：各银行年报整理。

① 参见吴飞虹《我国商业银行支付结算创新初探》，《国际金融》2017 年第 4 期。

② 车安华、马小林：《银行业金融科技发展问题探讨》，《金融纵横》2018 年第 7 期。

2014 年之前二维码支付业务呈爆发式增长，广泛运用于连锁商超、公共事业客户的大量采购，金融界对该产品也极为重视，已将其大量应用于各大型银行，但由于安全性问题引起了社会的极大关注。2014 年 3 月，央行紧急下发《中国人民银行支付结算司关于暂停支付宝公司线下条码（二维码）支付等业务意见的函》，以“扫码易被植入木马病毒，存在安全隐患”为由，叫停扫码支付。但是，随着网络支付科技日益成熟和支付范围无限扩展，央行对二维码支付的功能和作用重新审视，于 2016 年 8 月下发了《条码支付业务规范》（征求意见稿），明确指出了支付机构开展条码业务需要遵循的安全标准。这是央行首次官方承认二维码支付地位，让其获得了空前发展契机。2016 年，二维码支付席卷了线下支付市场，支付宝和微信支付快速抢占市场份额。

在移动支付和扫码支付使用越来越广泛的趋势下，商业银行运用互联网思维、打造金融生态系统、围绕客户体验、增加用户黏性，大力布局移动支付。民生银行于 2014 年 1 月推出二维码支付业务“民生付”，兴业银行于 2015 年 11 月推出聚合移动扫码支付产品“钱 e 付”，可以将支付宝、微信支付、QQ 钱包、掌柜钱包等移动支付方式集成并提供给银行及其合作商户使用。中国工商银行于 2016 年 7 月推出工银二维码支付业务，支持主扫和被扫两种模式，主扫模式支持的平台包括融 e 行、融 e 联、工银 e 生活和微信，而被扫模式则支持融 e 行、融 e 联及微信。2017 年 4 月起，工行二维码陆续支持微信支付、银联二维码及主要第三方支付二维码产品，开展聚合支付收单业务。2016 年 11 月，中国建设银行推出“龙支付”，“龙支付”融合了 NFC、二维码、人脸识别各种技术，覆盖线上线下全场景的全新支付产品组合，它既可用于个人之间的转账付款，也可以用于小商铺生成二维码收款，还支持大中型商户、餐饮企业等用扫码枪扫码支付收款。同时龙支付手机客户端丰富了 ATM 刷脸取款和声纹取款功能。2016 年 12 月，中国银联联合二十余家商业银行共同发布“云闪付”，并将云闪付和二维码结合起来，推出了云闪付虚拟账户，使云闪付非卡支付的使用更加方便快捷[①]。“云闪付具有空中发卡、非接闪付和在线支付三个业务特征，以非接触支付技术为核心，涵盖多种创新技术应用。”[②] 此前，中信银行二维码支付与 NFC 支付、全网收单等一同被整合进了名为“异度支付”的产品里，早就开发了二维码购买理财产品的新交易方式。民生银行也推出了“民生付扫码”新功能，成为首批上线银联标准二维码支付产品的银行，也将同步开通个人向大中型连锁商超、餐饮商户等商家的扫码支付功能。此外，中国银联目前正积极布局线下商户的二维码支付业务。除此之外，浦发银行、招商银行等也在手机银行产品中添加了二维码支付功能。二维码支付具有许多优点，是以往任何支付手段无法比拟的，尤其具有便捷、普惠、体验感强等现代特点，适应面不断拓宽，深受广大客户推崇。目前银行二维码主要有五大优势：其一，便捷，小额免密，快速支付；其二，安全，时效性控制，Token 技术，无卡号敏感信息；其三，通用，符合 EMV 规范，银联和 VISA 组织标准可跨行跨境使用；其四，具备高扩展性，兼容现有条码、未来二维码支付形态，可使用已有 POS 机配扫描枪、MIS 机已有扫描枪、互联网接口或者仅凭借手机 App；其五，充分做到以客户为中心的服务理念，突出最优支付服务为客户体验便捷支付。商业银行在支付业务上的创新，目的在于加强客户体验。但是，由于商业银行二维码支付业务推出较晚，在场景结合方面远不及微信支付和支付宝，尽管技术创新不断，但已很难扭转在零售支付领域的颓势，用户黏性较差。

支付业务创新，意在加强客户体验。近年来，网络银行、电话银行、手机银行等新型支付终端的出现表明，传统支付业务电子化正在平稳推进；此外，在终端设备技术和网络基础设施不断进步的支撑下，商业银行以移动设备为支付手段的移动支付创新业务成为支付业务创新的焦点。商业银行的主要竞争者第三方支付企业，已

---

① 参见杨帆《整合银行商城 齐心打造云闪付非卡支付平台》，《中国国际财经》2018 年第 7 期。

② 吴琳：《论商业银行移动支付业务的发展》，《产业创新研究》2018 年第 8 期。

形成支付宝、拉卡拉、财付通三足鼎立的市场格局。其中支付宝占据第三方支付市场的绝对份额，已成为全球最大的移动支付公司。为应对挑战，国内各家银行主要从两个方向发展移动支付创新业务：一类是移动远程支付模式，即客户通过手机等移动设备，通过网站或者实体店中扫描二维码打开支付链接支付。这类模式已成为几乎所有商业银行的成熟业务。另一类是移动近场支付模式，即客户在手机中添加移动支付卡，通过 NFC 技术在商店中使用专用的 POS 机进行支付。由于存在技术标准不统一、运营成本较高和利益博弈等问题，近场支付在国内仍处于初期发展阶段，大规模商业运用并未形成。“目前，银行业中以浦发银行推动移动近场支付最为典型和积极；苹果公司也在国内上线了 Apple Pay，并取得了一定效果。”① 图 4.4 和图 4.5 分别描述了 2013—2016 年银行业金融机构网上支付交易规模和交易金额。

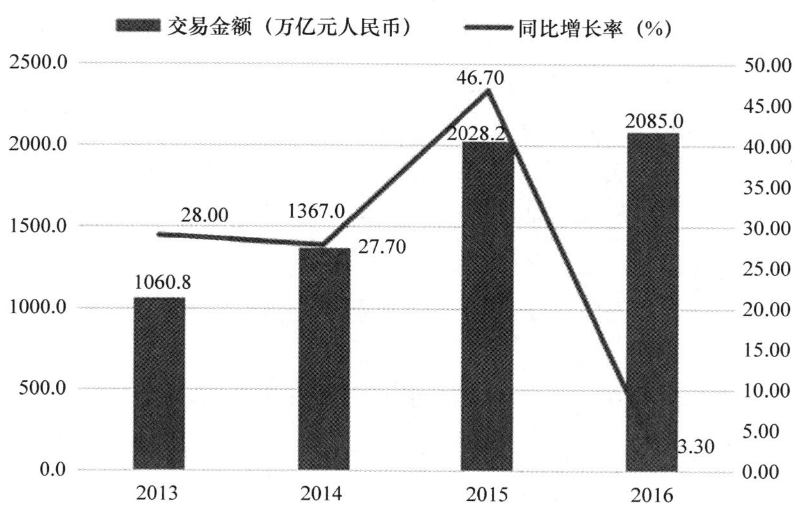

图 4.4　2013—2016 年银行业金融机构网上支付交易规模

① 叶建清、杜权、杨跃：《商业银行互联网金融业务的全面风险管理体系研究》，《金融监管研究》2017 年第 5 期。

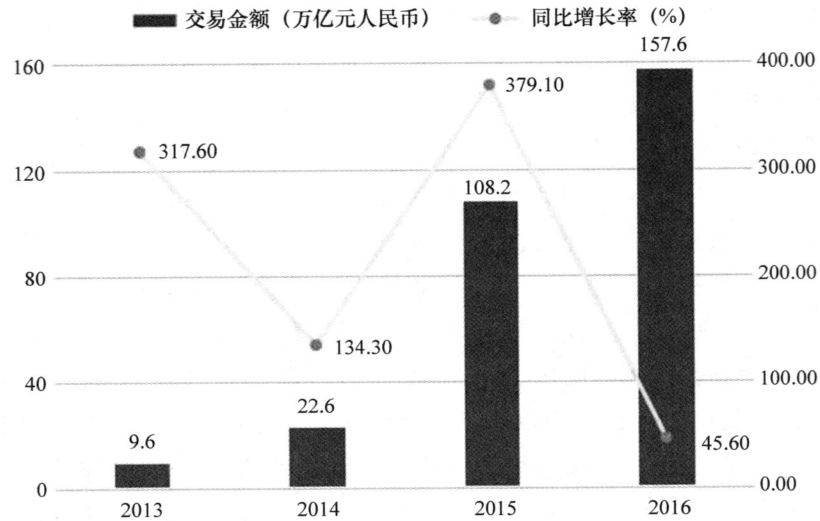

图 4.5　2013—2016 年银行业金融机构移动支付交易金额

数据说明：以上数据根据央行公开数据获得，加以整理。

（2）商业银行互联网理财

互联网理财是指运用现代信息技术，将互联网思维与传统理财业务有机整合，形成以用户体验为主，互动式、个性化的创新型理财服务模式。“与传统金融理财相比，互联网理财具有准入门槛低、交易成本少、收益丰厚、流动性强、操作简便、产品丰富等优点。鉴于此，自出现至今，吸引了广泛的用户群体，具有很强的金融资源整合能力。”①

在余额宝获得成功之后，以其为代表的互联网理财产品减少了商业银行的活期存款，使得商业银行面临着巨大的挑战，因此商业银行业也陆续开始了引进互联网理财业务的尝试②。2014 年 2 月 28 日，国内首家直销银行——民生直销银行上线至今，所有商业银行陆续推

① 孙冉：《商业银行发展互联网金融理财的机遇与挑战》，《新金融》2015 年第 8 期。

② 参见罗方科、陈晓红《互联网理财对商业银行活期存款的影响研究》，《系统工程》2017 年第 3 期。

出网络直销平台，并开发出功能更为强大（提现额度更大、到账更快、收益更高，部分还附带主动管理功能）的各种“宝”类产品。现在，银行理财产品已经实现网上银行、手机银行、直销银行、电商平台等互联网渠道销售，已经成为银行销售理财产品的主要模式。

目前，商业银行互联网理财发展过程中还存在以下需要改进的地方：一是理财业务整合不足。二是对理财产品缺乏清晰介绍。目前部分银行官网上仅将理财产品粗略地分为几类，缺乏对不同类别产品特点的介绍，且不能囊括全部在售理财产品，不方便客户对产品有一个整体而全面的了解。同时，理财页面存在产品信息展示不清晰，重点不突出等问题，难以满足客户对直观性、简练性的要求。三是流程设计不够顺畅灵活。与融 360、91 金融超市、天天基金网等理财平台相比，商业银行尚存在交易流程不顺畅，支付方式不灵活等问题。四是互联网渠道引流比较困难。互联网理财打破了传统销售渠道的区域限制，在开拓新销售渠道的同时提高了理财业务的效率，在一定程度上降低了销售成本，我国商业银行要想继续发挥行业优势，就要注重提升客户互联网理财的业务体验，创新营销模式做到与时俱进，实现多渠道并行，将互联网理财的优势与自身传统业务优势相结合，为银行业的发展不断注入活力。

（3）网络融资

“网络融资主要是指通过电子商务企业与银行之间的合作，搭建网络融资平台为资金需求方提供融资服务，资金需求方通过网上申请、评估、放贷和网下交易相结合的方式来获取资金。”① 在新兴企业大量涌现但贷款难的背景下，网络融资应运而生。中小微企业融资需求痛点在于“快”，而 P2P 网络借贷正好迎合了中小企业的融资需求，这也就是近年来 P2P 网络借贷发展得如此之快并对传统银行业带来巨大挑战的重要原因。近年来，商业银行对资产端业务的互联网金融创新业务格外重视，借助商业模式的重塑，不仅持续发挥了商业银行基础客户群庞大、社会声誉良好、风控手段专业、高投入安全保障

① 张红艳：《城市商业银行网络融资发展策略》，《商情》2013 年第 42 期。

等传统优势，还通过依托综合金融服务产生的扩散效应，形成了跨业务的高附加值效益。其中可以分为三类创新产品。第一类是将互联网技术作为业务载体，实现传统信贷业务的服务提升，包括线上线下相结合的网络贷款模式和全自助、全流程的网络贷款模式，代表产品有工商银行的“网上贷款”以及光大银行的“融 e 贷”（见表 4.3）。第二类是数据导向型网络信贷，核心是以电子商务平台为载体的金融服务业务，如建设银行的“善融商务”，交通银行的“交博汇”等。第三类是以资金资源流转为核心，本质相似于各类 P2P 网络贷款平台，能够吸引传统小微金融业务无法覆盖的大众次优融资客户和理财资金，在负债端和中间业务领域为银行提供新的利润增长点。其代表产品包括陆金所、浙商银行“小微钱铺”等。

表 4.3　　**部分银行网络贷款创新模式**

实现方式		典型产品	产品特点
线上线下业务结合	业务前端网络化	农业银行个人网上贷款平台系统	为个人、合作商客户提供 7×24 小时的个人贷款网上申请、预审批、进度查询、咨询交流等多项服务
	业务后端网络化	工商银行“网贷通”	接受贷款申请后通过线下调查、审查、审批签订相关合同，客户可通过网上银行，自主进行循环贷款合同项下的提款和还款业务申请，银行对客户申请进行集中受理和处理的循环贷款业务
全自助全流程线上操作		工商银行“网上贷款”	客户（个人）开立个人贷款综合账户，并关联拟质押账户（网上银行注册卡内定期子账户），通过证书签名确定电子贷款合同信息获得贷款。网上银行途径兑换贷款后，接触质押子账户
		光大银行“融 e 贷”	客户（个人消费者及小微企业）将账户中的定期存款或国债作为质押可自主申请并获得贷款，具有门槛低、实时到账、利率低等特点。除首次在物理网点进行签约外，客户能够利用网上银行和电话银行完成所有的贷款流程操作，实现“自助申请→自动审批→自动放款”

商业银行基于移动互联技术，根据客户以前交易数据，充分利用大数据分析，借助决策引擎进行客户贷款的授信审批。银行网络贷款办理渠道则可通过网上银行、手机银行等终端自助完成。实现了线上

申请、自动审批、线上签约、自动放款为一体的全自动贷款流程。

（二）实施跨界合作，实现银行服务范围与服务方式的突破

为实现传统银行服务范围与服务方式的突破，中国的银行业向与科技企业合作借力转变，特别是2017年以来，工农中建交五大国有银行，纷纷与BATJ科技巨头开展合作，而交行最终选择与苏宁联姻，更是掀起了银行和科技企业合作联姻的高潮①。2017年3月29日，中国建设银行与阿里巴巴及蚂蚁金服集团签署战略合作协议，双方将共同推进信用卡线上开卡业务，以及线下线上渠道业务合作、电子支付业务合作、打通信用体系。2017年6月16日，中国工商银行与京东金融签署战略合作协议，双方将在金融科技、零售银行、消费金融、企业信贷、校园生态、资产管理、个人联名账户等领域展开全面深入的合作。京东金融将利用在大数据、人工智能、云计算等科技方面的优势，与工行在获客与用户运营、智能风控、产品服务创新、流程优化等各核心业务层能力上优势互补，为京东和工商银行既有的数亿用户提供更好的服务与体验。2017年6月20日，中国农业银行与百度签署了合作框架协议，双方将围绕金融科技、金融产品和渠道用户三大方向开展合作，并共建金融科技联合实验室。2017年6月22日，中国银行与腾讯开展战略合作。双方基于云计算、大数据、区块链及人工智能等方面开展合作，共建普惠金融、云上金融、智能金融和科技金融。2017年8月22日，交通银行与苏宁控股集团、苏宁金融服务有限公司开展合作，双方将在智慧金融、全融资业务、现金管理及账户服务、国际化和综合化合作等领域开展深入合作，实现优势互补、互利互赢，共同探讨新的业务合作模式，为大众提供便捷化、智慧化的普惠金融服务。表4.4总结了五大国有商业银行与科技公司的合作情况。除5家国有商业银行外，全国性股份制银行也纷纷开展与金融科技企业的战略合作，且中小银行也在积极尝试合作布局。

---

① 参见吴朝平《商业银行与金融科技公司的联合创新探讨》，《金融科技》2018年第2期。

表 4.4　　五大国有商业银行与科技公司合作情况一览

合作双方	签约日期	合作详情
建行 + 蚂蚁金服	2017 年 3 月 29 日	共同推进建行信用卡线上开卡业务，以及线下线上渠道业务合作、电子支付业务合作、打通信用体系
工行 + 京东	2017 年 6 月 16 日	将在金融科技、零售银行、消费金融、企业信贷、校园生态、资产管理、个人联名账户等领域展开全面深入的合作
农行 + 百度	2017 年 6 月 20 日	合作共建金融大脑以及客户画像、精准营销、客户信用评价、风险监控、智能投顾、智能客服等方向的具体应用，并将围绕金融产品和渠道用户等领域
中行 + 腾讯	2017 年 6 月 22 日	将重点基于云计算、大数据、区块链和人工智能等方面开展深度合作，共建普惠金融、云上金融、智能金融和科技金融
交行 + 苏宁	2017 年 8 月 22 日	将在智慧金融、全融资业务、现金管理及账户服务、国际化和综合化等领域展开全面深入的合作

需要说明的是，传统金融与金融科技之间的合作并非排他性的。其实早在 2004 年，BATJ 就开始与各大银行开展战略合作。据不完全统计，商业银行与 BATJ 之间，至少已有 25 起合作。不仅金融科技企业与商业银行的合作是一对多的，而且商业银行与金融科技企业的合作也存在一对多的情况。比如，阿里巴巴与 11 家银行、腾讯和百度也分别与 7 家银行、京东与 10 家银行先后开展战略合作。工商银行、建设银行、招商银行、中信银行等也均与 BATJ 签署过合作协议。

随着金融科技的广泛应用，在一些金融业务关键环节实现自动化、智能化的应用，将有望创造出全新的、更有效率的商业模式，解决很多当前金融业务模式不能解决的问题。传统金融与金融科技企业的合作已经从单一领域的业务对接，升级到支付、融资、投资领域的技术共享、场景挖掘、系统搭建等全方位的战略合作。

从合作内容上，金融机构和科技公司的合作主要集中在四个层面：

首先是技术层面的合作。随着金融机构对于自身科技能力要求的提高，探索外部技术的对接，寻求技术的共同开发成为金融机构在这一层面的发展重点。商业银行与金融科技企业开展合作，双方在获客与用户运营、智能风控、产品服务创新、流程优化等业务合作的背后，大数据、云计算、人工智能扮演着重要的角色，这些技术是科技公司赖以生存的资本，这一层面的合作主要以科技公司向金融机构输出技术为主。经过近几年的探索，商业银行与互联网企业通过创立金融科技研究室、创新实验室，利用双方的比较优势，共同研发金融科技新兴技术实现双赢，这一模式逐渐成为商业银行跨界合作新风景。2017 年，中国银行与腾讯、农业银行与百度、招商银行与华为、大连银行与京东金融相继联合建立了金融科技实验室，纷纷瞄准云服务、大数据、人工智能、区块链技术、智能投顾等前沿科技领域开展研究与应用。合作建立金融科技实验室的优势在于，从短期来看，实验室的定位是局部探索，且偏重技术层面，对双方的核心业务涉及较少，便于技术研发的顺利开展。从长期来看，双方可从技术层面选择最有发展潜力的种子项目，培育前瞻性产品创新能力，从而培养长远的市场竞争力。目前，各大行与金融科技企业的联合实验室研发已取得一系列进展，例如中行与腾讯的联合实验室已建立了统一的金融大数据平台，后续还将逐步试验搭建总对总的金融科技云平台。农行与百度的联合实验室已完成农行金融大脑一期工程的软硬件搭建及部署，并实现在智能掌银等产品的白名单验证。

其次，促进资源共享。一是数据资源共享。金融科技的基础设施是数据，金融科技公司通过大数据、区块链等新兴技术，精准分类客户、审慎控制风险，深耕长尾客户资源。通过合作，商业银行可通过金融科技公司的平台优势，快速批量获客，从而提供定制化、柔性化、差异化的金融产品和服务。二是场景资源共享。互联网公司通过金融科技极大地推动了金融产品向泛金融、非金融领域的延伸，实现了金融服务与线上线下场景的充分融合，将金融产品和服务简单化、透明化地传递给“个人”和“企业”这两个资产端的源头。通过合作，商业银行能够快速切入互联网企业构建的客户场景。在个人场景方面，为客户提供汽车购买、旅游、校园、教育等消费信贷产品，发展普惠金融。例如工商银行与京东集团在零售银行、消费金融、企业信贷、校园生态、资产管理、个人联名账户等领域展开全面深入的合作。在企业场景方面，为客户提供交易银行、供应链金融服务。例如交通银行与苏宁集团在跨境电商和农村电商方面发力，丰富金融产品体系。三是信用资源共享。借助金融科技公司丰富的场景体系所积累下来的海量数据，通过大数据分析、人工智能等技术，构建客户信用评价体系，实现信用合作共享。例如建设银行与阿里巴巴旗下蚂蚁金服宣称将打通信用体系建设；工商银行与京东金融在企业信贷方面深入合作。信用资源共享有助于商业银行与互联网科技公司进一步提升客户和数据共享深度，准确把握客户信用等级情况，提高客户选择和准入管理水平。

再次，商业银行可以通过与金融科技公司共同出资，成立持牌子公司。我国越来越多的商业银行选择与金融科技公司进行资本合作，在此过程中实现双方的共赢。2015 年 12 月，兴业银行发起成立了金融科技公司兴业数字金融服务股份有限公司，其中股东包括兴业银行、高伟达、新大陆、金正科技等①。同时，商业银行还可以选择参与投贷联动，来投资科技创新企业。投贷联动是指商业银行和私募股权基金（PE）投资机构达成战略合作，在 PE 投资机构对企业进行评估和投资之后，商业银行以“股权 + 债权”的模式对企业进行投资，形成股权投资和银行信贷之间的联动融资模式。投贷联动通过结合债权融资和股权融资，更新金融工具和优化金融供给结构，可以满足大多数中小企业的融资需求②。2016 年 4 月投贷联动推出以来，受到了业界的广泛关注，不少商业银行都积极进行探索和尝试。

最后，寻求模式创新。商业银行与互联网公司的合作除了深耕传统金融服务领域，还力求寻找金融服务模式创新。2017 年 8 月，国

---

① 参见吴朝平《商业银行与金融科技公司的联合创新探讨》，《金融科技》2018 年第 2 期。

② 参见李峰《投贷联动助推中小企业发展》，《中国金融》2018 年第 5 期。

内首家由传统银行与互联网公司深度合作、联合发起的直销银行——百信银行获批开业，开启了中国银行业“互联网+金融”的全新模式。作为中国首家独立法人直销银行，百信银行借助中信银行的金融风控能力、产品研发能力和线下渠道资源，结合百度公司人工智能、大数据和云计算等先进技术，探索“金融+互联网”的创新之路，定位于个人与小微企业的普惠金融、科技金融、绿色金融业务。2017年11月，工商银行与京东金融双方宣布推出“工银小白”数字银行。“工银小白”是行业内首个场景融入式数字银行，面向年轻客户群体，尤其是千禧一代客户搭建“享用碎片生活时间，满足重点金融需求”的零售金融新场景，重点提供投资理财、购物消费等多方面的金融服务。

传统金融巨头与金融科技企业开展合作表明，金融业务与金融科技正变得越来越不可分割，传统金融和金融科技企业之间的关系不再是颠覆或者对抗关系，双方优势各有侧重，可互为补充。未来，传统金融机构与金融科技企业的合作可能会成为常态。商业银行与金融科技企业的合作有助于商业银行提升业务效率，探索和培育新的业务、进行机制改革和流程改造，但是合作的效果还需要看双方客户与数据的共享情况、业务竞争情况以及落地执行情况等。

（三）银行业蓄势发力金融科技基础设施建设

从与BATJ等科技公司、电商企业开展合作，到银行系金融科技子公司的陆续挂牌；从网点智能机具对人工柜台替代率的不断提高，到全国首家“无人银行”的开业，传统商业银行正在金融科技领域经历着从跨界合作到自主研发甚至向外输出的“蝶变”。整体看，银行同业主要从战略升级换代、技术团队子公司化、基础设施建设等方面全面发力金融科技基础设施建设。

1. 银行业金融科技发展战略升级换代

2017年，中国工商银行提出，工行e-ICBC2.0向e-ICBC3.0智慧银行战略升级。所谓的e-ICBC 3.0版，是建立在大数据、人工智能、云计算等新兴金融科技创新与应用基础上的新型智慧银行，目的在于打造金融服务生态圈，推进工行向智慧银行升级。比如，推进传统金融服务的智能化改造，构建开放、合作、共赢的金融服务生态圈，建设智能化的营销、产品、服务、风控体系，重塑银行作为信息和信用中介中心的地位。同时，“构建线上线下一体化获客、活客、黏客的新型客户关系管理体系，致力于构建服务无所不在、创新无所不包、应用无所不能的服务模式”①。

中国建设银行提出“以金融私有云为驱动的金融科技战略”。坚持移动优先策略，以打造网络金融生态系统为核心，加快金融科技创新和应用，为客户提供智慧、便捷、高效的网络金融综合服务。

招商银行在2017年上半年，就明确将其自身定位于一家“金融科技银行”，对标金融科技企业。招商银行提出，未来将在基础设施、IT与业务融合、人才结构转型三方面主动对标金融科技公司。通过“网络化、数据化、智能化”三步走，提升招商银行的金融科技能力。除此之外，招商银行还将从理念、方法、基础架构、业务模式、组织机制等方面整体“转身”，真正实现科技敏捷和业务敏捷，最终实现领先市场的客户体验，构建起面向未来真正的不可复制的核心竞争力。

2. 从跟跑到领跑，银行系金融科技子公司相继成立

以阿里云和腾讯云为代表的中国最大的云计算服务提供商，主要是向中小金融机构和企业进行技术输出。在与金融科技企业合作过程中，大型商业银行深知金融科技企业的技术优势不能弥补银行的技术问题。基于数据信息安全性和核心技术话语权等因素考虑，大型商业银行不适合、也不会与互联网企业进行深度技术合作与数据共享。随着科技变革的日新月异，银行业意识到，若没有强大的信息系统作支撑，未来业务发展将受到重重羁绊。在此背景下，商业银行积极走自主研发道路，抢占技术制高点。兴业银行、平安银行、招商银行、建设银行等纷纷设立金融科技子公司，成为如今金融科技行业里一股不可忽视的力量。

---

① 易会满：《详解工行金融科技战略》，《中国经济时报》2018年6月23日。

兴业银行是国内同业中率先成立金融科技子公司的银行。2015年9月，兴业银行与高伟达软件公司、深圳市金证科技公司、福建新大陆云商共同出资设立兴业数字金融服务股份有限公司（简称兴业数金），注册资本为5亿元。其中，兴业财富资产管理有限公司持股为51%，员工持股平台持股19%，其余三家共同出资人分别持股10%。[①] 兴业银行占据绝对主导权和优势地位。围绕云计算形成“四朵云”服务格局：为金融机构提供服务的银行云、为非银机构提供服务的非银云、为政府企业提供服务的普惠云、为全行业提供可靠基础架构的数金云。截至目前，兴业数金的科技输出合作银行数量达到311家，积累了超过400项从基础设施到解决方案的服务品种。2016年，兴业银行建立人工智能金融应用实验室，积极构建大数据智能云平台，在精准营销、智能风控等方面拥有多项创新。

2015年12月，平安集团成立上海壹账通金融科技有限公司（简称金融壹账通）。金融壹账通依托人工智能、大数据、区块链、云平台以及金融应用五大核心科技，主要为中小金融机构提供金融科技服务与技术输出，现在已为包括500多家银行在内的近3000家金融机构提供了金融科技服务支持。

2016年2月，招商银行成立招银云创（深圳）信息技术有限公司，作为招商银行的全资子公司，招银云创主要提供金融基础云服务、云安全服务、金融IT SaaS服务、IT咨询服务和基础运维服务一系列云计算服务。2017年6月，招商银行成立的“中科院深圳先进院——招联金融智慧金融联合实验室”，旨在围绕人工智能、大数据、区块链等领域进行深入挖掘。

2018年，是银行业自建出击金融科技的独立年，标志着银行对新技术态度由合作向独立的转变。2018年4月，中国建设银行作为大型商业银行率先推出首个无人银行后，注册成立其全资金融科技子公司——建信金融科技有限公司。该公司注册资本16亿元，由中国建设银行体系内直属的7家开发中心和1家研发中心整体转制而来，

① 洪诺馨：《银行系金融科技渐成气候》，《金融经济》2018年第11期。

初期规模3000人左右。该公司定位于以服务建行集团及所属子公司为主，同时开展科技创新能力输出。2018年5月，中国民生银行发起成立的科技公司——民生科技有限公司成立。民生科技的定位同样是“探索市场化的科技开发和科研成果转化机制，同时面向中小银行和其他金融机构输出金融科技”。

从银行业金融科技战略与策略看，面对金融科技的挑战，银行业已不再焦虑与恐惧，已经实现从跟跑到领跑、从被动防御到主动进攻。长远来看，有一个趋势清晰可见——银行机构承担科技创新的载体，正从第一阶段的网络科技公司，转变为当前以及未来的金融科技子公司。而二者最主要的区别在于，前者的主要使命在于支持母行电子银行部；而后者的使命则不仅是支撑银行IT架构，而是跟踪研究新技术、研发金融新产品，保持一家银行在信息浪潮下的科技领先，甚至实现金融科技的对外输出。

“当前，以成立银行系金融科技子公司为契机，银行业正在开启FinTech时代颠覆式创新新篇章。”① 银行设立金融科技子公司有几大益处：一是通过市场化方式推进技术研发及应用，规避体制机制弊端，更好实现技术突破。二是保证自身掌握金融科技核心技术话语权，夯实银行转型基础，为长远发展形成稳固支撑。三是适时开辟技术对外输出业务，有效实现技术盈利目标。

3. 金融科技基础设施建设全面发力

金融基础设施是支持金融可持续发展的重要条件。IT架构作为企业架构的基础，支撑着上层业务架构的建设与发展，进而促进顶层愿景和战略的顺利实施。在企业信息化建设快速发展的今天，信息系统规模越来越大，复杂程度越来越高，IT架构技术支撑能力的重要性愈发凸显。与此同时，随着国家安全可控战略的持续推进，移动互联网、电子商务、移动支付的飞速发展，互联网企业和银行系统的并发访问量和交易量呈爆发式增长态势，集中式架构逐渐呈现出故障容错

---

① 焦卢玲：《银行系金融科技公司崛起：开启颠覆式创新新篇章》，《中国金融电脑》2018年第6期。

能力及弹性扩展能力不足、对基础软硬件产品依赖度高、核心技术受制于人等局限性，急需转型升级；此外，随着大数据时代的到来，银行需要充分发挥数据价值，助推客户营销、产品设计、风险防控和经营管理转型；业务处理线上化和自助化的绝对数量和占比持续提升，使得信息系统对于银行服务的基础支撑作用越来越重要。这些均给现有银行 IT 架构提出新的挑战，要求 IT 系统在数据存储、分析挖掘、数据服务等方面给予有效支持，更要求 IT 架构在安全稳定运行、业务承载能力等方面提供更有力的保障。

数字化时代，不变的永远是“变化”，随着互联网行业的飞速发展，传统行业互联网转型、互联网技术产业化已经成为大势所趋，银行业亦须顺应趋势从业务和技术两个层面借鉴互联网思维、模式、技术体系，实施自身升级转型。技术层面，互联网技术以分布式技术体系为根基，云计算、大数据、人工智能等新兴技术均为分布式技术体系的实践应用。从技术架构角度来看，目前以集中式架构为主的银行业 IT 架构将向集中式、分布式架构并重转型，分布式架构技术体系在银行业将得到规模运用及长足发展。

“在中国银行业，工商银行信息化建设一直走在前列。1999 年，正是工商银行率先在国内开展银行大数据集中工程，此举为后来国内银行业信息化应用的快速发展奠定了坚实的基础。”① 从 2014 年开始，工商银行就开始布局集中式和分布式架构体系，结合云计算、大数据等技术手段，以架构优化为核心。一是立足于自身特点制定 IT 架构转型策略。工商银行在 IT 架构转型工作中是基于围绕传统商业银行业务已经建起的近 200 个业务系统，结合“国际化、综合化”战略实施的现实需要，以“开放性、高容量、易扩展、成本可控、安全稳定、便捷研发”为主要目标，提出了“架构集中与分布有机融合的 IT 架构体系”的转型实施策略。二是高效推进分布式架构的落地实施工作。一方面，对于原有部署在主机集中式系统的存量非核心业

① 《工行行长：银行 IT 架构转型思考》，搜狐网（http：//www. sohu. com/a/123639125_ 467315）。

务，正逐步迁移到开放平台分布式架构系统；另一方面对于原有部署在开放平台并采用传统集中式架构的系统，结合业务特点差异有选择性地实施分布式架构改造。三是对于近年来新推出的相关业务，注重发挥分布式架构等新技术作用，促进产品创新和服务能力提升。比如，在互联网金融与大数据处理方面，工商银行基于分布式架构建设了“三平台（融 e 购、融 e 联、融 e 行）、一中心（网络融资中心）”、大数据处理平台等。

中国农业银行以稳定核心系统运维与减少 IT 投入为出发点，利用云计算和分布式处理技术，构建开放型、高容量、易扩展、成本可控、安全稳定的“主机 + 开放”融合式架构。中国农业银行通过多举措，确保架构转型的成功。一是统一技术架构规范，推进运维技术标准化。根据技术适度收敛的总体原则，中国农业银行制定技术架构和软硬件平台使用标准，规范 IT 基础架构建设。通过系统架构标准化，进一步提升了中国农业银行信息系统的可扩展性和可移植性，降低系统运维风险。二是构建主机开放融合架构，推进生产运行集约化。以 BoEing 系统建设为契机，对核心业务系统和相关的 120 多个外围系统进行整体升级改造，构建了一个主机开放融合核心系统架构。三是加快自动化平台建设，推进运行管理智能化。大力推进基础架构与应用的监、管、控自动化平台建设，实现基础设施的自动化构建、自动化监测、智能化控制和智能化管理。四是提高安全可控技术应用，有效保障网络和信息安全。按照监管部门“安全可控”总体要求，一方面，积极开展主机应用下移；另一方面，在应用交付、计算、存储领域，大力采用标准开放、安全可控的技术架构和产品。此外，构建纵深立体的外联出口深度防护架构。通过这些措施保障业务连续性和可持续发展，规避厂商集中和供应链风险。近三年，中国农业银行突发事件数量逐年下降，核心系统主要服务时段可用率保持在 99.99% 以上，变更成功率保持在 99% 以上，为业务服务连续性提供了坚实保障。

中国建设银行按照“集中式分布式和分布式架构并重的技术发展路线，建设三大技术平台”的整体策略与思路推进技术架构转型工作。“三大技术平台”，即分布式架构私有云平台、大数据平台和人工智能平台。中国建设银行自 2013 年起采用云计算技术来构建基础设施环境，将计算资源、存储资源、网络资源统一打包成共享资源池，形成统一的新一代基础设施开放平台资源池，对上层应用提供计算、存储、网络能力，统一动态调配资源。经过 6 年的努力，中国建设银行于 2017 年建成了新一代核心系统。

招商银行是国内率先定位于“金融科技银行”的商业银行，招商银行提出，未来将在基础设施、IT 与业务融合、人才结构转型三方面主动对标金融科技公司。通过“网络化、数据化、智能化”三步走，提升招商银行的金融科技能力。除此之外，招商银行还将从理念、方法、基础架构、业务模式、组织机制等方面整体“转身”，真正实现科技敏捷和业务敏捷，最终实现领先市场的客户体验，构建起面向未来真正的不可复制的核心竞争力。

第五章　金融科技助力传统金融业普惠金融发展

一　普惠金融进入"数字化时代"

（一）数字化技术

早在1996年，尼葛洛庞帝在其著作《数字化生存》一书中提出了关于数字化、信息化以及网络化的预言，并且众多预言在今天已经成为现实。在书中尼葛洛庞帝提出了一种观点，即数字化生存不仅是一种社会生存状态，还是一种生存的方式。事实上，数字化生存不仅适用于人们的工作和生活，同样适用于企业的生存和发展。

最近几年，数字化已悄然代替了信息化。《现代汉语词典》关于数字化的解释是："指在某个领域的各个方面或某种产品的各个环节都采用数字信息处理技术，即通过计算机系统把文字、图像等不同形式的信息转换成数字编码进行处理。"

而今天，随着科学技术进步，以云计算、大数据、移动互联、社交媒体为代表的数字化技术正在不断改变着人们的工作和生活方式，出现了层出不穷的数字化服务，如：智能制造（制造业）、智慧城市（政府）、远程医疗（医疗）、移动支付（金融）、电子商务平台（零售）等，在给消费者带来便利的同时，也正在创造着新一代的数字化产品与服务，重构传统产业价值链，打造全新的数字化经济。

众所周知，计算机以0和1的二进制码记录和处理着海量、复杂的信息，由简单的0和1构成的比特流，以其特定的方式，改变了信息传输方式和交互方式。在数字化时代，0 与 1 更是无时无刻不在改变着人类社会的方方面面，生活的每一个场景，人物的每一个表情，客户的每一次消费，乃至触摸手机的习惯性动作，都会以数字化信息的形式记录下来，并存储为数据，被分析、被表达、被利用，我们的日常生活早已融入数据之中。在此背景下，数据正成为重要的生产要素，重塑和催生着新的生活方式和商业模式，银行业是数据密集型企业，在融入数字化的进程中也正在发生着颠覆性的改变。

当世界上第一台计算机诞生后，特别是在关系数据库出现后，我们采用了很多软件把我们的业务结构化存储起来，比如：客户、商品、业务规则、业务流程，我们都以数据的形式人为录入关系数据库：表（实体）、字段（属性），把这所有的一切一切都变成了结构性文字描述，于是我们把这些录入的数据称为信息。

而如今随着人工智能、大数据、云计算一系列新兴数字技术的发展，我们可以把现实缤纷世界在计算机世界全息重建，我们有能力把现实世界按其原本的模样储存在计算机的世界里。现实世界的变化可以同步反映到虚拟世界，虚拟世界也可以发出指令改变物理世界。我们把物理世界的活动在计算机中的表示形容为数字化，而“数字化”，则是计算机、信息通信、大数据、云计算等一系列相关技术的统称。

（二）普惠金融已经步入“数字化时代”

1. 数字普惠金融的内涵

2015 年 12 月，国务院发布《推进普惠金融发展规划（2016—2020 年）》（国发［2015］74 号，以下简称《规划》）[①]，首次将普惠金融纳入国家战略规划。《规划》明确提出，“积极引导各类普惠金融服务主体借助互联网等现代信息技术手段，降低金融交易成本，延伸服务半径，拓展普惠金融服务的广度和深度”。随着数字技术的快

---

① 了解《推进普惠金融发展规划（2016—2020 年）》详细内容参见中国政府网（http://www.gov.cn/xinwen/2016-01/15/content_5033105.htm）。

速发展，数字普惠金融的理念被全球所认可，其实践也取得成效。2016 年 G20 杭州峰会所通过的《G20 数字普惠金融高级原则》（下称《高级原则》），提出 8 项原则和 66 条行动建议。一时间，数字普惠金融成为各界热议的话题。《高级原则》强调“倡导利用数字技术推动普惠金融发展”，并将“数字普惠金融”定义为：“泛指一切通过使用数字金融服务以促进普惠金融的行动，包括运用数字技术为无法获得金融服务或缺乏金融服务的群体提供一系列正规金融服务，特点是负责任的、成本可负担的、可持续的。”与此同时，《高级原则》明确指出：“以推动数字金融服务为首要工作，促进普惠金融体系的发展。”2017 年 3 月 10 日，在十二届全国人大五次会议上，央行原行长周小川就“数字普惠金融”的相关问题答记者问时提道：全球普遍共识认为，真正对社区和偏远地区开展普惠金融最有效的办法就是利用数字技术，也就是利用网络，利用移动设备，像手机、平板电脑等方式向其提供金融服务。

数字普惠金融简而言之就是通过互联网的技术，借助计算机数据通信、大数据分析、云计算以及信息处理等一系列相关技术在金融领域的应用来促进信息资源的共享，从而达到有效降低金融服务门槛、减少交易过程中所产生的一些不必要的成本，扩大金融服务的范围和覆盖面的目的。通过数字金融共享、方便、安全、成本少以及门槛低的优势，运用大数据、云计算、人工智能等网络技术，构建起基于数据的风险控制体系，从而全面提升了金融的风险控制能力。数字普惠金融很好地诠释了金融科技的初衷和目标，是让长期被现代金融服务业排斥的人群享受正规金融服务的一种数字化途径。数字普惠金融涵盖各类金融产品和服务。如支付、转账、储蓄、信贷、保险和证券等，囊括了数字化或电子化技术交易的电子货币（包括网上或手机方式），付费卡和常规银行账户。

这几年“数字普惠金融”为何在国内备受关注，我们认为主要有两个方面的原因：一是近年来以商业银行等为代表的主流金融机构们在摸索中国的普惠金融道路上遇到一些困难，它们呼唤新兴技术予以解决；二是非正规金融机构一直专注普惠金融领域，但服务小微的能力有所不足，呼唤新技术带来商业模式变革，提升普惠金融服务能力。总而言之，“数字普惠金融”的兴起，有传统“普惠金融”推进不力的因素，也是互联网时代“普惠金融”的主要指向。

2. 数字普惠金融发展模式

目前，国内对于数字普惠金融的发展模式看法不一。有人认为，数字普惠金融主要有两种发展模式：一是将传统金融机构的业务互联网化，提高传统业务的触网率；二是将金融科技融入金融业，进行数字化创新。我们将数字普惠金融划分为三种发展模式：第一种模式，是传统银行业金融机构利用数字技术开展数字普惠金融，如“网上银行”“手机银行”“直销银行”等金融创新；第二种模式，是互联网企业与传统银行高度融合，形成直销银行的子公司模式，如中信银行和百度合作成立的百信银行；第三种模式，是互联网科技公司直接从事金融业务，如“第三方支付”“P2P”“互联网众筹”“互联网保险”等。

“数字化技术”是我国传统金融业普惠金融数字化转型的重要推力。数字化转型正在成为越来越多传统行业不得不做的选择，在金融这个天生就与数字化密切相关的古老行业更是如此。正如互联网数据中心（Internet Data Center，IDC）[①] 所认为的那样：数字化转型是中国金融行业的必经之路。现在，一个人只要拥有一部相对智能的手机，这个人的借款、支付、理财、上保险等金融需求，都可以得到满足。这一过程中，数字化技术取代了格莱珉银行模式——即使客户在田间地头，只有他能提供相应的信用证明，很多金融服务在手机上就能实现“一键直达”。

3. 金融基础设施的多维度建设为我国数字普惠金融的发展提供了基础

移动互联网、大数据、人工智能、云计算等金融科技的发展作为

---

① IDC 即互联网数据中心。它是伴随着互联网不断发展的需求而迅速发展起来的，成为了 21 世纪中国互联网产业中不可或缺的重要一环。它为互联网内容提供商（ICP）、企业、媒体和各类网站提供大规模、高质量、安全可靠的专业化服务器托管、空间租用、网络批发带宽以及 ASP、EC 等业务。

我国数字普惠金融发展的重要推力之外，金融基础设施的多维度建设为我国数字普惠金融的发展提供了基础。金融基础设施是指为金融活动提供公共服务的硬件设施和相关制度安排。主要包括支付清算体系、法律法规、公司治理、会计标准、征信体系、反洗钱体系以及由审慎金融监管、中央银行最后贷款人职能、投资者保护制度构成的金融安全网等。金融基础设施的一个重要功能是能够有效动员储蓄向生产性资本转移，并将这种资本配置到能实现效用最大化的部门去，从而促进经济增长。大力加强金融基础设施建设是维护金融稳定的基本条件和重要保障。金融基础设施是金融市场的核心支撑部分。安全高效的基础设施不仅是维系经济金融健康的必要条件，也是金融业竞争力的重要来源。[①] 完善的金融基础设施是金融发展的基础。[②] 经过多年发展，我国各类金融基础设施依托于“一行两会”（原来的“一行三会”）监管格局，形成覆盖全国性、行业性、区域性市场的各类支付、清算、结算、托管等系统。[③] 根据 2012 年 CPMI-IOSC 对我国金融基础设施的评估结果，我国金融基础设施总体稳健，某些领域的技术水平和制度安排已经达到国际通行标准，并在本行业信息收集和支持监管方面发挥了一定作用。十八届三中全会要求“加强金融基础设施建设，保障金融市场安全高效运行和整体稳定”。自 2005 年以来，中国人民银行每年都发布中国金融稳定报告。《中国金融稳定报告(2017)》[④] 对我国的金融基础设施建设给予了充分关注。报告指出，“支付、清算和结算体系不断完善，一系列重要规范性文件发布。金融法律法规不断健全，强化国家及公共安全，进一步推进简政放权。会计标准建设继续推进，规划会计改革与发展、加强政府会计准则体

① 卓群：《全球金融基础设施发展趋势及对上海国际金融中心建设的启示》，《上海金融》2017 年第 9 期。

② 李稻葵、刘淳、庞家任：《金融基础设施对经济发展的推动作用研究——以我国征信系统为例》，《金融研究》2016 年第 2 期。

③ 陈涛、刘鑫、李长银：《金融基础设施发展的国际经验研究》，《现代管理科学》2018 年第 6 期。

④ 关于《中国金融稳定报告（2017）》的详细内容可以浏览中国人民银行网（http://wzdig. pbc. gov. cn：8080/search/pcRender? pageId = fa445f64514c40c68b1c8ffe859c649e）。

系建设。征信市场发展和社会信用体系建设持续推进，征信系统覆盖面不断扩大。反洗钱工作水平持续提升，金融行动特别工作组（FATF）第四轮反洗钱互评估工作稳步推进。金融消费权益保护工作成效显著，金融服务水平全面提高”。

二　金融科技赋能普惠金融

在提升被传统金融所排斥群体的金融可得性方面，普惠金融被赋予了很大期望，但实践经验证明，在传统金融技术的约束条件下，普惠金融由于追求商业性和社会性双重绩效目标，容易陷入“普惠金融悖论”。[①] 如何走出这个悖论陷阱，是推进普惠金融可持续发展的关键。随着数字技术的不断发展及其在金融领域的深度融合与应用，通过数字技术推动普惠金融发展有望成为解决“普惠金融悖论”的有效途径[②]。世界银行认为，新的技术为推广普惠金融带来希望。移动支付、移动银行以及借助生物识别数据识别借款人身份等技术创新使得人们在加强金融安全的同时，可以低价高效地享受金融服务。[③]

（一）移动互联延伸普惠金融的服务范围，降低了获客成本

1. 移动互联的广覆盖

移动互联网指移动通信与互联网的结合，即使用移动设备、利用无线通信的方式接入互联网，享受互联网服务。移动互联网技术蓬勃兴起，或者说智能手机和无线网络及宽带的普及，为移动金融的快速

---

① 陆磊认为，普惠金融既要致力于让更多的弱势群体获得成本可负担的金融服务，又要按照市场化原则兼顾资金供给者的盈利诉求，这种双重目标容易导致“普惠金融悖论”，即在传统金融融资机制下，要照顾弱势群体，则必须压低投资者的资金回报；反之，要提高投资者的资金汇报，则金融资源垒大户、非普惠性问题将会更突出。陆磊：《普惠金融的悖论》，《新世纪周刊》2014 年第 72 期。

② 参见董玉峰、赵晓明《负责任的数字普惠金融：缘起、内涵与构建》，《南方金融》2018 年第 1 期。

③ World Bank. Global Financial Development Report 2014：Financial Inclusion. World Bank, 2013.

发展提供了坚实的基础，智能手机是最贴近每一个个体的终端，它将每个人都联系到移动互联网上来。[①] 中国互联网络信息中心（CNNIC）发布的第41次《中国互联网络发展状况统计报告》显示，截至2017年12月，我国网民规模达7.72亿，互联网普及率为55.8%，超过全球平均水平（51.7%）4.1个百分点，超过亚洲平均水平（46.7%）9.1个百分点。其中，我国手机网民规模达7.53亿，网民中使用手机上网人群的占比由2016年的95.1%提升至97.5%；我国网民规模继续保持平稳增长，互联网模式不断创新、线上线下服务融合加速以及公共服务线上化步伐加快，成为网民规模增长推动力。

移动互联技术作为重要的数字技术，能够促进传统金融服务模式与工具的创新，在一定程度上消除了因使用成本、文化程度、地域限制等造成的数字鸿沟，为突破普惠金融触达瓶颈提供有效的解决方案。一是移动通信网络的广泛覆盖。移动通信网络从3G向4G甚至5G的升级发展，不断拓展传统金融服务的辐射半径，将金融服务网络延伸至传统金融机构无法触及和覆盖的群体，有效填补偏远地区服务空白，打通金融服务"最后一公里"。举一个最具代表性的例子，以微信、支付宝为首的移动支付是目前我国受金融科技推动变革最广最深的一个领域，通过各种移动终端和网络，采用NFC支付、二维码支付、声波支付等多种数字化技术，使第三方支付打破了传统的金融支付格局，而且支付有金融和数据的双重属性，利用大数据和人工智能技术就能将结合支付场景的数据资源进一步发展为信贷、征信等，搭建起金融服务基础，再进一步通过社交媒体整合个人消费领域、安全领域的各方面信息，形成金融服务平台，利用平台的服务广度为更多层次更大范围的人群提供多样化的金融服务，满足其金融需求，发挥普惠金融的作用。二是移动智能终端的高度普及。2019年1月25日，工业和信息化部发布的《2018年通信业统计公报》显示，截至2018年12月底，全国移动电话用户总数达到15.7亿户，我国4G用户总数达到11.7亿户，普及率接近84%，［低于国际领先的日

① 参见何平平《互联网金融》，清华大学出版社2017年版，第22页。

本（近 110%）和韩国（99%）等国家和地区］，2018 年，全国净增移动通信基站 29 万个，总数达 648 万个。其中 4G 基站净增 43.9 万个，总数达到 372 万个。平板电脑、手机、智能可穿戴设备已经成为重要的生活元素，凭借其随身携带、随时使用等优势，打破传统金融服务的营业时间限制，进一步提升金融服务的可获得性与便捷性。三是移动客户端应用（App）更加丰富、易用。近年来，移动客户端应用呈现爆发式增长，涵盖公众生活、工作的方方面面。其中支付、购物、理财、借贷等众多金融服务应用，能够低成本、高效率地提供全方位、一站式的金融服务，有效提升广大群众对金融服务的满意度。

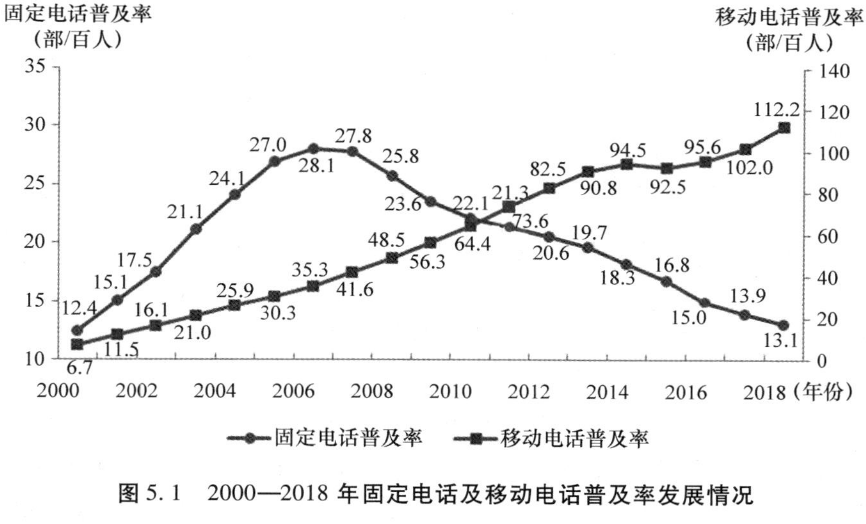

图 5.1　2000—2018 年固定电话及移动电话普及率发展情况

2. *移动互联技术有助于拓展普惠金融服务范围和外延*

普惠金融的核心是提高弱势群体金融服务的可获得性和覆盖率。这包括两个角度：一方面，从需求的角度看，在现有情况下，弱势群体的金融服务需求没有得到有效满足；另一方面，从供给的角度看，金融机构基于成本收益考虑，不愿意为弱势群体提供更多的金融服务。普惠金融概念的提出是希望能增加对弱势群体的金融服务供给，要实现这一点，有两条路径可以选择。第一条路径是政府提供优惠政策，包括贴息政策、税收优惠政策、优惠资金政策等，实现金融对弱势群体服务供给的增加。政府优惠政策是在不增加弱势群体支出的情况下，增加金融机构提供金融服务的收入，以增加对弱势群体的金融服务供给。在政府参与的普惠金融的情况下，金融市场的供求平衡由最初“弱势群体的需求价格 = 金融机构的供给价格”，变为“弱势群体的需求价格 + 政府优惠政策 = 金融机构的供给价格”。政府优惠政策是打破原有均衡的影响因子。第二条路径是通过商业化创新降低运营成本，提高金融服务供给。在数字普惠金融概念以前，商业创新主要体现在商业模式上，如孟加拉国格莱珉模式、印度尼西亚村行模式、巴西代理模式、肯尼亚手机银行模式等。

数字普惠金融下，普惠金融问题的解决发生了很大的变化，由“需求侧”政府参与增加供给，转向“供给侧”降低金融机构的服务成本，从而实现了“商业可持续”的普惠金融供给增加。数字普惠金融的创新，既包括传统金融机构的“金融互联网”内容，如“网上银行”“手机银行”“直销银行”等金融创新，又包括“互联网金融”内容，如“第三方支付” “P2P” “互联网众筹”“互联网保险”等。

从覆盖的区域来看，传统金融机构一般要通过增加实体网点来提高覆盖面，但由于机构网点铺设成本较高，传统金融机构一般将主要资源置于人口密度较大，商业较为发达的地区，金融服务难以渗透到经济落后地区。自从数字技术得以发展和应用之后，这个问题就得以缓解，即便一些地区没有银行网点、ATM 机这些基础设施，客户也能通过电脑、手机等移动终端工具寻找需要的金融资源，完成非现金交易，这样使得金融服务更直接，客户覆盖面更广泛。

3. 互联网技术有利于降低普惠金融成本

普惠金融运营成本主要包括：获客成本、资金融通环节成本和交易成本。由于互联网具有边际成本低、客户体验好、覆盖面广泛的特点，因此，可以通过互联网入口来解决传统金融机构服务普惠金融方面获客成本高的问题，以场景化批量获客的方式来帮助商业银行实现客户的规模化增长。这样一来，商业银行的获客模式发生了改变，同时获得资金供求两端客户，节省资金、时间和获客成本。资金融通环节的成本主要是指发行股票、债券或者向银行贷款过程中所产生的费用。互联网技术降低融资环节成本的机制在于借助智能风控技术，建立风险审批模型，从而实现自动筛选客户并对新客户进行批量审批；通过对小微信贷实现电子化、流水化、规模化操作，降低资金融通环节中产生的成本。另外，与商业银行网点相比，互联网渠道的边际交易成本几乎为零。随着电子银行、直销银行的应用，网络借贷产品的推广，物理网点的优势正在逐渐弱化，小微企业能随时在网络平台获取贷款，办理理财、结算等业务。

（二）大数据技术解决了信息不对称问题

在中国的金融市场上，存在严重的信息不对称情况。以商业银行为例，由于我国还未形成完善的信用评级制度，商业银行无法向客户公布财务信息，而客户也无从准确考察金融机构的质量，因此，在信贷交易时所作的选择就会带有一定的盲目性，从而导致市场的利率风险增加。同时，信息不对称还可能增加商业银行的贷款抵押风险、导致其信贷资源无法实现最优配置。总而言之，降低金融市场的信息不对称对维护金融市场的稳定，促进其有效健康的发展具有重要的作用。而在金融科技背景下，金融机构提供金融产品及服务的模式发生根本性改变。如图 5. 2 所示，在图的左半部分，表示金融机构为顾客提供储蓄、信贷、结算、商业保险等产品和服务的传统模式，顾客直接和金融机构打交道，并不直接接触后台技术及信息，顾客之间几乎无沟通或沟通较少；在图的右半部分，表示在金融科技背景下的金融机构服务模式。在这一模式下，技术及信息将由后台步入前台，顾客通过金融机构提供的技术及信息平台，直接参与相关金融产品的消费、体验、分享及评价。金融机构与顾客、顾客与顾客之间信息将会更加全面、透明。

大数据技术使得几乎所有的数据都能得到保存与记录，通过对小微企业、“三农”客户综合信息进行深度分析，可以有效地解决信息不对称问题，为商业银行提供普惠金融服务奠定了良好的基础。此外，银行通过对小微企业主在银行办理业务情况的分析，可以了解其基本信息、资产情况及企业情况等信息；通过对小微企业水电费、账户流水的分析，可以判断其经营情况、上下游企业以及资金需求规模等信息；银行还可以通过对其代发工资与社保信息的分析，可以了解其员工数量、员工收入、经营效益等信息；通过对其与金融科技公司、电商平台合作的分析，能不断完善小微企业信息，并从多维度对信息交叉核验，对小微企业进行精准“画像”。

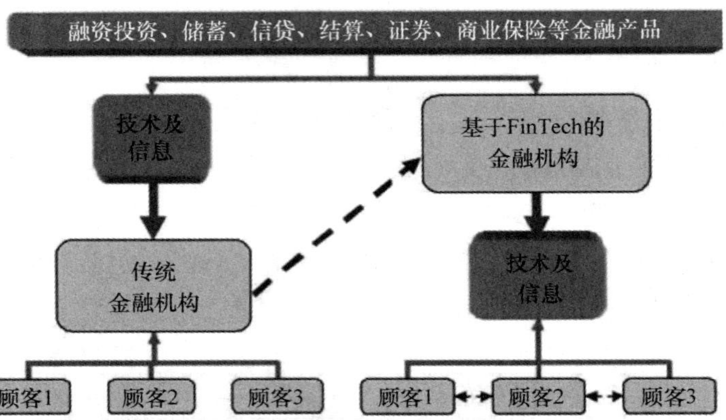

图 5.2 金融机构提供金融产品及服务模式的转变

（三）场景化应用创新金融服务模式

商业银行在经营过程中通常会把大部分的资源用于服务大型的企业和高收入人群，这样一来处于长尾市场的小微企业和农村客户就难以得到有效的金融服务。金融科技的发展，使得传统金融业经营门槛趋于下降，行业边界趋于模糊，跨界渗透趋于明显。客户行为不断变迁对金融服务方式提出了新需求。传统金融需求模式呈现向移动化、场景化、智能化、定制化方向发展的趋势①。金融科技公司主要是通过两种方式扩大业务范围：一是通过降低金融服务的门槛来增加目标

① 参见潘小明、屈军《金融服务需求模式演变与商业银行渠道管理》，《南方金融》2019 年第 1 期。

客户群，二是通过流量入口即场景服务以占领客户的日常生活。金融科技的发展大大降低了长尾市场的边际成本。早在 1994 年，比尔·盖茨就说过："世界需要的是银行服务而不是银行，未来的银行可能不再是你前往的一个地方，而是你使用的一种服务。商业银行如果单纯依靠产品、服务本身来实现差异化并不能吸引或者留住客户，只有将产品、服务与场景及客户的需求紧密结合起来，才能赢得客户信赖。"场景化应用助力商业银行推动普惠金融全渠道战略，将商业模块和金融模块对接，无缝对接线上线下客户需求，提升客户体验，与小微企业之间形成了良好的"生态"。

（四）以"大数据＋人工智能"等技术的智能风控为数字普惠金融发展提供契机

金融行业传统风控的痛点在于，征信管理都是静止地截止到某个时点，是一个时点的静态画像，过了一秒钟后这些数据就全部失效，所以无法追索到借款人三个月或一年中的行为变化踪迹。"在数字化转型背景下，金融行业传统的风险管控模式已无法满足全面管控风险的需求，在风险管控时效性、模型有效性、监控范围等多个方面，传统风控模式的短板日益凸显，亟须因时而变。"[①] 而基于"大数据＋人工智能"的智能风控使得风险管理变成了动态时间轴上的多维度交叉影响的趋势。

目前学术界对智能风控还未进行一个准确的定义，依据我们往常所理解的，智能风控有很多种形式，例如大数据风控、决策引擎、风险计量引擎、风险模型实验室等，这些都可以被纳入智能风控这个概念里。智能风控的基本逻辑就是运用大数据平台的计算分析能力、机器学习或者深度学习模型，在信贷风控、反欺诈、反洗钱、交易监控以及保险理赔等场景中发挥作用，所以智能风控的本质也就是凭借数据驱动的风险管理与运营优化。金融行业是一个知识、信息和智力都高度密集的行业，在这个行业里，无论是以创新驱动转型为目标的金

---

① 朱大磊：《大数据风控助力普惠金融》，《中国金融》2017 年第 10 期。

融科技（FinTech），还是以规范行业发展为目标的监管科技（RegTech），都必须拥有大数据技术的支撑。从金融科技层面看，金融机构在经营过程中通过与社会各行各业的联系形成了巨大的网络，积累了大量数据，基于大数据的人工智能和机器学习等技术将成为提高金融机构核心竞争力的重要因素。

由于信息不对称，普惠金融业务大多都带有高风险的特征，同时小微企业和低收入人群往往缺乏有效的抵押物和质押物，商业银行难以判断其还款来源，从而导致银行开展信贷业务的同时不得不承担较高的风险，这样就大大降低了银行业的经营效率，阻碍了市场经济的发展。而数字科技的运用不仅可以解决获客难题，而且同样也可以通过强化信贷审批技术以及提升风险控制的能力，来减少银行业务进行过程中可能遭遇的信息不对称问题、降低金融机构的运营成本、提升单个客户的收益率。运用云计算和大数据技术，基于对日常交易数据流、信息流的分析，商业银行可以有效判断客户的信用等级与信用水平，显著提高风险识别能力和授信审批效率，这使得向发展前景较好的小微企业和有需要的低收入群体提供有效金融服务成为可能，从而扩大了普惠金融这项政策的实施面积。

大数据最大的价值不在于把数据搜集起来进行展现，而是在于能否通过洞察这些数据从而获取所需要的信息。大数据的应用使得商业银行能从海量信息中甄别风险，这样便可以增强商业银行的风险控制能力，提高商业银行经营效率；技术的发展使算法得以不断改进，人工智能或生物信息识别技术在反欺诈领域的应用则可显著增强风控的有效性，在数据处理上更为精确，能够通过图片、识别语音、文字及用户的在线行为模式，检测出欺诈行为及广告。将大数据、技术与人工智能这三者结合在一起，将会推动智能风控快速发展。智能风控将客户原始数据剥离出来，建立格式化规则，制定相应的风控模型，既有成熟的风控策略，也有规则可配置的原则，在应用时可以实时动态调整、灵活配置，做到数据定制化、风险定制化、产品定制化，提供契合产品需求的场景化风控模型。通过大数据、人工智能、云计算、区块链等技术去做风险管理与风险定价、构建大数据风控模型，能够根据履约记录、社交行为、行为偏好、身份信息和设备安全等多方面的行为特征去评判小微企业的反欺诈和信用评估行为，既可以对小微企业贷款进行审核，也可以管理其还款行为，对可能发生的坏账提前干预；能够更好地识别系统性风险、信用风险与欺诈风险，解决了传统金融服务普惠金融过程中长期存在的风控问题。

智能风控的手段主要包括收集数据、风险扫描、深度学习、智能预测。第一步是收集数据和数据处理，数据是智能风控的基础，整个智能风控的起点从获取数据开始，主要数据来源为用户注册时提交的数据、使用过程中产生的数据、交易时产生数据、第三方如政府、征信机构等的数据。这其中有大量非结构化的数据需要处理，以形成对信用评估有价值的组合。第二步是建立模型，其中最重要的是反欺诈和信用评定这两项工作。人工智能的实力强弱在于反欺诈能力的大小，这需要经过周期性运营之后才能看出效果。第三步是机器学习，即将模型在实践中不断优化和迭代，它是人工智能的核心，是使计算机具有智能的根本途径，其应用遍及人工智能的各个领域，它主要使用归纳、综合而不是演绎，其最大的优点便是快速自迭代、简单好用、精确度高且理论成熟。

传统金融机构提供的数字普惠金融服务包括传统金融机构提供移动金融业务、传统金融业务的电子化、传统金融机构与金融科技企业合作开展业务等。传统金融业务的数字化、移动化有效降低了传统金融机构的服务成本，使得普惠金融的效率出现了质的飞跃。国内典型的数字普惠金融机构如蚂蚁金服，仅仅花了 5 年多时间便超越尤努斯[①] 40 年努力——服务 500 多万家小微企业和个人创业者，累计投放贷款超过 8000 亿元，蚂蚁金服服务数百万家企业，大致能实现 3 分钟申请，一秒钟审批到账，过程零人工干预。根据易观国际报告的数据，运用云风控模式，每笔贷款成本只有 2.3 元，而传统银行发放每笔贷款的成本至少为 2000 元。此外，手机银行的业务成本是面对面

---

① 穆罕默德·尤努斯：孟加拉国经济学家，孟加拉乡村银行（Grameen Bank，也译作格莱珉银行）的创始人，有“穷人的银行家”之称。

处理业务的1/5，是网点和代理点成本的1/35①。数字普惠金融是普惠金融发展不可逆转的趋势。一方面，数字普惠金融改变了传统普惠金融的信贷逻辑，数字即信用的理念成为现实；另一方面，数字普惠金融也降低了传统普惠金融的服务成本，提高了运营效率。

数字化将成为银行业未来的战略重点。金融科技正在逐渐成为银行业转型的驱动力。用科技让金融运作更高效，这也是金融科技所被赋予的使命。金融科技的核心价值是解决传统金融模式下无法解决的信息不对称问题以及由此产生的高风险、高成本等问题。诺贝尔经济学奖获得者罗伯特·希勒在《金融与美好社会》强调，金融科技的发展可以帮助越来越宽广的社会阶层广泛地分配财富，金融创造的产品可以更加大众化，也可以更好地和社会经济融为一体。

三 中国数字普惠金融发展面临的困难

自我国实施普惠金融政策以来，在总体上其发展取得了显著的成效。在各方共同努力和推动下，小微企业融资难、融资贵以及个人贷款难的问题整体上得到一定程度的缓解。通过采取“双基联动”、网格覆盖等方式，将基层村委会建设与基层金融服务联系起来，在一定程度上解决了信息不对称问题；通过开设便民服务点和流动服务车，创新“马背银行”“拎包银行”与“夜市银行”等做法，解决了边远地区金融服务“最后一公里”和“最后一步路”问题，让许多边远贫困地区及弱势群体均能享受优质的金融服务②。随着互联网技术的发展，将普惠金融与网络技术相结合又使得该项政策取得了更进一步的发展，普惠金融数字化使得信息不对称问题得到进一步的解决，同时提高了银行的风险管控能力和经营效率，但是，由于普惠金融数字化发展时间较短，且缺乏充足的经验可借鉴，在当前，我国传统金融业数字普惠发展还面临着各种困境。主要有

① 参见黄余送《我国数字普惠金融的实践探索》，《清华金融评论》2016年第12期。

② 参见潘光伟《银行业普惠金融新成效》，《中国银行业》2012年第12期。

以下三个方面：一是我国的征信体系尚不能满足数字普惠金融发展的需要；二是数字普惠金融监管滞后；三是存在农村数字普惠金融发展桎梏。

（一）困难之一：征信体系不能满足数字普惠金融发展的需要

“现代的征信行业起源于19世纪的英国，最初是一种为贸易商提供交易对手资信状况、信誉评价等信息的服务。”① 征信通过对经济主体信用活动进行全面、准确、及时地记录，并以此作为评估其信用风险的依据。在金融中，征信在防范信用风险、降低交易成本、提高决策效率以及优化商业环境等方面发挥着重要的基础作用②。数字普惠金融的快速发展，对征信服务提出了更高的要求。目前，我国的征信体系尚不能满足数字普惠金融发展的需要。

1. 我国征信体系概述

征信体系是指与征信活动有关的法律规章、组织机构、市场管理、文化建设、宣传教育等共同构成的一个体系。作为信用体系的基础设施，征信系统的重要性也日益突出，越来越得到社会和政府的重视。2006年，中国个人和企业征信系统正式建立，并通过收集和共享经济活动主体的信用信息，减少了放贷机构和贷款申请人之间的信息不对称，提高了资金分配和运用的效率，从而促进了信用体系乃至整个经济的发展。“征信系统作为一项金融基础设施，对经济的各个方面都有重大的影响。”③ 2013年，国务院颁布实施《征信业管理条例》（国务院令第631号，下称《条例》）④，征信业发展步入了法制化轨道，这在保护信息主体合法权益、引导征信业规范发展、推进社会信用体系建设等方面具有里程碑意义。《条例》颁布以来，中国人

① 修永春：《金融科技与普惠金融：征信业的变革与挑战》，《新金融》2018年第10期。

② 参见万存之《征信业的探索与发展》，中国金融出版社2018年版。

③ 李稻葵、刘淳、庞家任：《金融基础设施对经济发展的推动作用研究》，《金融研究》2016年第2期。

④ 《征信业管理条例》，中国政府网（http：//www. gov. cn/flfg/2013 - 01/29/content_2323780. htm）。

民银行先后出台了《征信机构管理办法》（银发〔2013〕第1号）[①]、《征信机构监管指引》（银发〔2015〕第336号）[②]、《企业征信机构备案管理办法》（银发〔2016〕第253号）[③] 等一系列配套制度及行业标准。2015年，中国人民银行批准芝麻信用、腾讯征信等8家民营个人征信机构运营，在完善征信体系的道路上迈出了重要一步。当前，我国的征信体系主要包括中国人民银行征信中心、阿里系的芝麻信用、腾讯系的腾讯征信、前海征信、鹏元征信五大体系。除此之外，还包括考拉征信、91征信、中智诚、中诚信、聚信立、华道征信等。初步形成了以市场为导向，各类征信机构互为补充的多层次、全方位的征信市场。“征信服务范围涵盖信贷、债券、个人消费信用、商业信用等，涉及个人、企业、银行、非银行金融机构、专业服务机构和政府部门等多类市场主体。”[④]

中国人民银行征信中心的个人信用报告，记录了客户和银行之间发生的信贷交易的历史记录，只要客户在银行办理过信用卡、贷款、为他人贷款担保等信贷业务，他在银行登记过的基本信息和账户信息就会通过商业银行的数据报送而进入个人征信系统，从而形成客户的信用报告。信用报告的信息主要有六个方面：公安部身份信息核查结果、个人基本信息、银行信贷交易信息、非银行信用信息、本人声明及异议标注和查询历史信息。央行个人征信中心收录8.8亿自然人，对接的金融机构超过2000家，掌握着大量的金融数据，但央行征信数据维度比较单一、应用较窄。

阿里系的芝麻信用是蚂蚁金服独立的信用评估及信用管理机构，旗下的天猫、淘宝拥有大量的电商交易数据。芝麻信用分即承载了客户的购买行为习惯及经济实力。评估芝麻信用分涉及五个维度：一是

---

① 《征信机构管理办法》，中国人民银行网（http://www.pbccrc.org.cn/zxzx/zhengcfg/201401/7ee19857a5a44eac8508735248b38bd7.shtml）。

② 《征信机构监管指引》，信用中国网（http://www.creditsd.gov.cn/274/1120.html）。

③ 《企业征信机构备案管理办法》，移动支付网（http://www.mpaypass.com.cn/Download/201801/07170753.html）。

④ 黄玺：《互联网金融背景下我国征信业发展的思考》，《征信》2014年第5期。

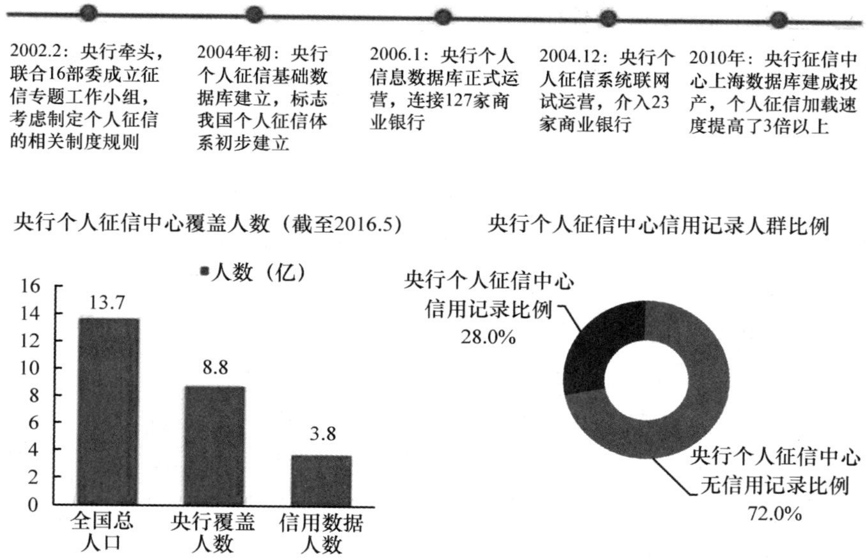

图 5.3　中国人民银行征信发展情况

信用历史。如过往信用账户还款记录及信用账户历史。二是行为偏好。如用户在购物、缴费、转账、理财等活动中体现出的行为特点。三是履约能力。比如，是否具有足够的财富和综合能力来偿还债务或履行约定。四是身份特质。比如用户丰富、真实的学习及职业经历信息，以及用户的实名消费行为（如：用户本人的酒店、机票、保险等消费）。五是人脉关系。芝麻信用综合考虑用户在人际往来中的影响力及好友的信用状况。其运用大数据及云计算技术客观呈现个人的信用状况，是蚂蚁金服体系的基础设施。

腾讯系的腾讯征信是由拥有国内最大的互联网社交网络公司推出的征信评判机构，拥有 8 亿多活跃用户。前海征信是平安集团旗下公司建立的，拥有大量的金融数据。鹏元征信是深圳市个人信用征信系统受深圳市政府委托，由鹏元征信有限公司承建。

2. 中国征信体系存在的主要问题

中国企业征信市场准入门槛低，从事企业征信机构数量较多，征信服务供给较为充分；而个人征信涉及隐私保护等问题，监管较为严格。数字普惠金融以个人和小微企业为授信对象，需要可靠的征信系统为其信贷决策提供服务[①]。需要指出的是，我国发展普惠金融的最大问题是信息不对称、不充分，且数据存在严重分割。目前，我国企业征信和个人征信系统信息主要以商业银行信息为主，散布在公安、税务、法院、保险等政府部门和公共事业部门的信息并没能有效整合，个人及中小微企业在商业银行的信贷数据较少，商业银行反映的中小微企业的信用情况可能存在偏差和缺漏，这都导致征信信息的不完善[②]。此外，我国民间征信机构数据和规模普遍较小，并且受原有体系的影响，开展企业征信的机构远多于从事个人征信的机构，征信体系覆盖范围不足，尤其是广大农村地区，农户（个人种植户、个体养殖户等）和农民征信体系建设欠缺。

征信是金融服务主体发放贷款的基础依据。数字普惠金融的快速发展，对征信服务提出了迫切需求，但目前我国征信服务无法满足数字普惠金融的发展需求。信用甄别是替代担保物、降低普惠金融风险和成本、应对信息不对称问题的关键手段。征信机构唯有掌握足够而全面的信用信息，才能更为准确地反映客户的真实信用状况。目前，中国的基础信用数据较为分散。据统计，全国 80% 以上的各类数据信息分散在各级政府部门，政府部门根据各自业务实际需要制定数据采集标准，自建系统和数据库，信息保密不公开，信息屏蔽问题普遍存在，部门之间缺乏有效整合，没有统一的数据公共平台，与金融机构之间也缺乏有效的平台对接，政府相关部门存储的大量数据很难被金融机构直接利用[③]。个人征信服务和小微企业征信服务的市场尚不成熟，这在很大程度上阻碍了征信行业的发展。随着互联网普及率的提高，居民使用互联网过程中会沉淀大量碎片化、非结构化数据，并

① 参见中国人民银行征信中心与金融研究所联合课题组，纪志宏、王晓明、曹凝蓉、金中夏、伍旭川、黄余送、张晓艳《互联网信贷、信用风险管理与征信》，《金融研究》2014 年第 10 期。

② 参见邱兆祥、向晓建《数字普惠金融发展中所面临的问题及对策研究》，《金融理论与实践》2018 年第 1 期。

③ 参见姜振水《农村数字普惠金融发展与实现路径》，《农村金融研究》2017 年第 4 期。

成为信用评价的主要数据来源。目前以央行为主导的征信系统，采集的数据主要来自于商业银行等有牌照的金融机构，还不能覆盖所有有金融需求的群体，即在数据覆盖面上尚不能完全满足数字普惠金融迅速发展的现实需求。

另外，征信信息共享机制欠完善。目前，国内面对不同的信息对象，建立了很多不同类型的征信数据库。如国家金融信用信息基础数据库、地方政府建立的公共服务平台数据库、互联网企业建立的基于网络行为的数据库、P2P 平台征信数据库等，但大都是互相割裂的。而且，同类型数据库之间也是相互割裂的。“原因之一是不同职能部门、不同地区间因缺乏信息公开、共享和应用的具体制度和规范，导致信息的条块分割、区域分割和部门垄断现象较为严重；原因之二是数字普惠金融企业间的数据库因涉及企业的核心竞争力，在缺少相关的利益激励机制情况下，很难达成共享的。”①

（二）困难之二：数字普惠金融的监管体系不完善

数字技术有效解决了普惠金融发展中成本高、风险大等问题，使得原本被排除在金融服务体系之外的客户享受到了金融服务。“然而，数字技术在普惠金融领域的广泛应用，可能会催生新的风险，也可能给标准制定机构（SSBs）带来挑战。”②

数字普惠金融是金融行业一种新的形态，是金融模式的又一次创新。数字普惠金融服务涵盖的业务范围也比较广泛，含支付、贷款、保险、理财等多种业态，同一机构可能同时开展多项数字普惠金融服务，且行业内混业经营趋势明显。我国原有的金融监管体系主要是针对分业经营设立的，并不能完全适用于对数字普惠金融服务主体的监管。同时由于互联网、移动通信的虚拟特征，数字普惠金融跨越了地域、行业桎梏，同时监管的难度也逐渐增加。

---

① 李长春、马玉清、韩筱宇：《探索数字普惠金融发展的征信之路》，《北方金融》2017 年第 6 期。

② 王晓：《国际组织对数字普惠金融监管的探索综述》，《上海金融》2016 年第10 期。

1. 金融大数据风险不断加剧

在金融科技的助推下，大数据与金融行业深度融合，推动了产品形态、营利模式的不断创新，数据资源已成为新的核心竞争力。商业机构对数据的追求近乎狂热，“采数”“存数”更加常态化，金融大数据潜在风险不断加剧。一是部分机构通过抢占入口和渠道，大量汇集信息流、资金流与产品流，成为数据寡头，使得信息泄露风险高度集中，一旦出现问题，不再是单一数据丢失问题，而是系统性数据安全问题，将对个人隐私、客户权益甚至金融安全构成威胁。二是部分机构个人信息保护意识薄弱，在开展业务合作时，常常将自身所掌握的客户信息作为资本和筹码，甚至将数据资源随意共享，导致信息被滥用。三是大数据主要应用于精准营销、风控管理、金融决策，如果数据中混杂了虚假的信息，可能导致错误的风控措施、决策判断，进而引发金融市场风险。

2. 金融网络安全风险更加凸显

随着金融科技的蓬勃发展，金融 IT 设施规模逐步庞大、通信网络更加开放、生产操作自动化程度越来越高，导致 IT 风险也随之高度聚集，金融网络安全隐患尤为突出。由于机构规模和发展阶段不同，安全防控水平可能参差不齐、差异较大，风险洼地效应明显，导致整体应对网络攻击威胁能力不足。传统金融机构常见的安全防御手段主要针对传统业务和技术架构进行设计和部署，而新技术往往采用了新的架构，给业务模式带来了新变化。当业务和架构发生变化后，原有安全防御手段可能无法完全满足新环境下安全保障的需求。例如，在系统安全方面，云计算由于其高可靠性、动态可扩展性、超强计算和存储、虚拟化技术和低成本等特点获得了越来越广泛的应用，同时也使得原有安全方案难以满足云计算环境下的租户角色信任、隐私数据保护等安全需求，安全风险可能快速蔓延。在网络安全方面，为了满足越来越多的信息流动和新业务需求，网络边界变得越来越模糊，通信数据流也随着业务的变化而变化，传统的“网络边界防护+固定安全策略”的模式可能已经无法满足信息化发展的需要。在数据安全方面，过去通常采用数据分级、数据访问权限控制、数据加密等方式来防止数据安全性遭到破坏；而在大数据场景下，数据内容不停衍化，数据边界日益模糊，访问主体和客体关系异常复杂，硬件性能更是无法满足海量数据的加解密需求，以上特点导致了传统手段已无法应对新的数据安全问题。从全球范围来看，近年来发生的几起大规模系统攻击或故障事件（如孟加拉国央行资金失窃事件），引发金融业对SWIFT[①]网络安全的担忧；国内某大型支付机构由于网络中断，导致部分用户无法正常使用。上述事件表明金融科技时代下网络安全形势非常严峻。技术依赖风险相伴而生。金融科技推动信息技术逐步从业务支撑向引领方向发展。业务与技术的紧密耦合也带来了金融创新高度依赖技术的潜在风险。一是信息技术本身尚未成熟，就开始炒作概念，揠苗助长、急于应用，导致信息泄露、资金盗刷等风险。二是技术选型错位，甚至张冠李戴，使得技术固有的优势得不到发挥，既浪费了大量资源，又带来了不确定性风险。三是技术先进性是相对的而不是绝对的。某项技术在一定时期内是先进的，能够引领业务创新，提升金融服务竞争力，但如果不能与时俱进、主动升级换代，就可能在未来市场竞争中失去优势，成为业务发展的绊脚石[②]。

正所谓“水能载舟，亦能覆舟”，如果先进技术在金融领域运用不当，很容易形成金融风险和技术风险的叠加，可能会对金融活动和金融行业产生更大的冲击。金融科技存在技术依赖风险和网络安全风险，一旦出现问题可能就是真正的系统性风险。

（三）困难之三：存在农村数字普惠金融发展桎梏

我国农村地区数字金融基础设施建设滞后，农户金融观念落后、金融知识匮乏，阻碍了农户获取数字化金融服务；交易数据碎片化，金融机构已有的内部数据利用不足。上述因素延缓了农村数字普惠金融实践，导致农村数字普惠覆盖范围狭小、服务能力不足、应用层次

---

① SWIFT（Society for World wide Interbank Financial Telecommunications），又称：“环球同业银行金融电讯协会”，是国际银行同业间的国际合作组织，成立于一九七三年，目前全球大多数国家大多数银行已使用SWIFT系统。

② 参见李伟《金融科技发展与监管》，《中国金融》2017年第8期。

不深。

1. 农村地区数字化金融服务普及度严重偏低

农村地区数字支付环境滞后，严重影响普惠金融发展。结算是金融服务的入口和起点，目前绝大部分农村地区移动通信、光纤宽带数字化金融基础设施覆盖不全，手机网民数量相对城镇人口仍有相当大的差距，导致数字化支付便利性差，成本高。农村地区的支付观念较为传统，现金交易的观念较重，多种数字化支付工具无法在农村地区推广。

农民的金融素养弱、网络设备操作能力不强，获取数字化金融服务能力较差。对于理财、保险、期货等金融产品存在认知方面的偏差，对一些金融产品的认可度低。此外，大部分农民对于新鲜事物接受较慢，不能迅速学会并接受移动支付、网上购物、网上生活缴费等功能的操作。再加上农村金融机构的数字化金融产品创新力度不够，无法刺激有效需求等种种因素都在不同程度上直接地导致了农村地区数字化金融服务普及度严重偏低。

2. 农村地区交易数据碎片化，金融机构对已有数据利用率不足

大数据、云计算、人工智能应用于金融体系需要基于大量的数据分析，进而在个人征信、风险防控方面建立正确模型。但是有一些数据过于分散化，分属于不同领域管理，且各领域信息不通，不存在共享和交流，即使处于同一金融机构，因内部业务的划分，都可能会存在信息相互保密的情况。另外，有的金融机构建立的信息库对已有的信息整合能力不强，利用率不高，而且其原始信息本身只是由本机构相关的业务往来采集得到的，相对并不全面，如此一来，就会导致数据分析效率下降，难以建立正确的风控模型。

四　推动中国传统金融数字普惠发展的对策建议

当前，实现普惠金融的商业可持续发展仍然是世界性难题，如何进一步发挥数字技术在促进普惠金融发展方面的作用，主要有以下几点思考：

（一）加快推动征信标准化建设，建立数据共享机制

1. 加快推动征信标准化建设

首先，从国家层面研究制定信用信息标准规划，建立全国统一的信用信息采集和分类管理标准，鼓励相关部门和行业以国家标准为准则建立部门和行业标准，并积极推动相对成熟的征信业标准通过相应程序上升为国家标准，为依法实现跨部门、跨行业的信息交流与共享提供技术保障。其次，人民银行作为征信业监管部门，应根据征信体系建设和征信市场管理需要，加快建立征信业总体标准和基础标准体系，为扩大信息采集范围、促进信息共享与应用提供统一信息技术参考。同时，应关注数字金融背景下征信技术的发展趋势，适时对标准进行维护和扩展，提升其适用性、协调性和有效性，以促进信息共享、规范征信业务，推动征信产品和服务的创新发展。

2. 逐步建立信用信息共享机制

在社会信用体系建设大框架下，加强行业、地方信用信息系统建设的统筹协调，从关键环节入手，逐步建成覆盖全社会的征信系统。可率先将信贷征信体系作为切入点，以人民银行征信系统为核心，打破数据资源部门间的“信息孤岛”格局，整合散落在金融机构、司法、工商、税务、公用事业单位等部门的信用信息资源，通过建立全国统一的信用信息平台，将金融信用信息和政务信用信息结合起来，打破信息孤岛，夯实社会征信体系的基础，推动信用信息共享，提升商业银行大数据风控能力。

（二）加强数字普惠金融风险防范与监管

1. 加强金融行业数据安全制度建设

随着各国对大数据安全重要性认识的不断加深，包括美国、英国、欧盟和我国在内的很多国家和地区都制定了与大数据安全相关的法律法规来推动大数据利用和安全保护，在政府数据开放、数据跨境流通和个人信息保护等方面进行了探索与实践。2017 年 7 月，《中华人民共和国网络安全法》正式实施，这部网络安全领域的基础性法

律，对个人信息保护和惩治非法买卖个人信息等方面做出了明确规定，这表明我国个人信息保护的法律防线正在逐步构建和巩固。应把信息安全作为实施金融大数据战略的基础保障，研究制定相应的数据安全制度，明确各类数据的保护等级和对应措施，应注意到，数据融合程度越高，其价值往往越大，所对应的安全级别越高。要加强对行业重点信息和个人敏感信息的保护，建立问责机制，联合司法部门加大对各类违法违规行为的打击力度。加强金融大数据安全标准研究。大数据安全标准是大数据安全保障体系的重要组成部分，对金融及其他各行业大数据战略实施能起到引领性和规范性作用。大数据应用作为一个特殊的信息系统，大部分传统信息安全管理标准仍然适用。针对金融大数据应用场景下的安全问题，首先，要根据监管要求、行业特征和实际业务需求，研究制定金融行业大数据安全和个人信息保护参考框架；其次，要继续完善行业重点信息和个人信息保护标准，明确具体原则和安全措施，根据不同数据的安全级别，建立相应的安全保障机制；最后，要重点考虑数据生命周期各阶段的安全问题，确定不同数据使用主体的责任和行为规范，对不同主体如何安全处理数据提出管理和技术要求。

2. 建立风险防火墙，确保信息技术安全可靠，不出现任何风险

传统金融机构与金融科技企业合作的程度将越来越频繁，合作空间更大、合作方式越来越多。因此，传统金融机构要搭建新的业务系统、新的大数据平台、新的风险管理控制体系，加快建立缓冲数据仓库、搭建信息技术防火墙，传统金融机构、金融科技企业或者第三方信息技术合作机构的信息系统必须实现相对隔离，确保信息技术安全可靠，不出现任何风险。

3. 统筹安全与效率，完善风险管控

金融科技在商业银行的应用，也加速了业务风险的外溢，增强了金融风险的传染性和隐蔽性。一是要处理好安全与效率的关系。既要避免过度关注安全而限制金融科技应用，也要避免不顾安全、盲目应用金融科技的情况。二是运用科技手段提升风险管控能力。运用大数据、云计算、人工智能等技术，有效地发现违规操作、高风险交易，

在业务链条的关键环节嵌入探针，全流程识别业务风险。三是防范风险传染。应防止新技术融入带来的跨界风险、数据风险、操作风险等，在业务交叉领域构筑“防火墙”，严格业务规则，切断风险传导的路径①。

4. 用穿透式的监管方式来防范业务风险

金融科技的快速发展加剧了混业经营的特征，不同种类的金融业务之间盘根错节，相互交织，相互牵耗，使得业务形态多样、易变，不易准确辨识业务的本质。有的金融机构提供的创新服务或者是产品，分段来看是符合监管要求的，但是综合起来看，其业务的本质，则可能就会发现一些问题，包括侵占挪用资金、违规交易操作、虚假误导宣传等，因此要强化综合监管，积极运用穿透式的监管手段来追根溯源，强化监管渗透的深度、广度和频度，防范和化解金融风险，在业务链条的关键环节嵌入监控探针，实时采集风险信息，抓取业务特征数据，对业务流、信息流、资金流进行多层次、全方位地分析，透过创新表象来分析金融业务的本质，把资金的来源、中间的环节，以及最近的流向串联起来，全流程的识别业务风险。在业务交叉领域构筑金融风险的防火墙，严格准入条件，业务资质和业务规则，有效促进突出的风险点，切断风险传导的路径，防止风险的交叉传染。

（三）加大金融知识宣传培训力度，优化普惠金融生态体系

客户的金融知识水平、信用观念、风险意识是构成金融生态环境的基本要素，在经济相对落后的地区做好金融服务，首要是构建良好的金融生态系统。因此，推进农村地区、贫困地区的数字普惠金融发展，亟须对当地的干部群众进行金融基础知识教育和普及，也就是“扶贫先扶智”“先富脑袋，后富口袋”。目前，在广大农村地区，由于受生活环境、教育程度、家庭环境及收入、职业侧重、年龄等多重因素的影响，农村居民对金融知识普及教育的接受意愿、绩效评估、

① 参见武安华《金融科技重塑银行生态》，《中国金融》2017 年第 17 期。

参与方式、内容预期存在明显的差异性。这种差异性又突出表现为以传统农业生产者和进城务工人员为代表的两个类型，其中传统农业生产者受生产生活环境远离金融资源高度集中的城镇、经济金融信息来源局限、农闲时间少等因素影响，导致其金融参与度小，虽然对金融基础知识有所需求，但是往往集中在与其生产生活密切相关的基础银行业务上，对保险、证券等金融知识的要求不是非常强烈，相应地，他们对熟人或由熟人推荐的就近进行的短时间实用金融知识普及教育更有参与的意愿，且普及教育成效显著[①]。建议鼓励涉农金融机构加强与地方政府部门及共青团组织的协调合作，深入开展贫困地区金融教育培训，通过提升他们对金融本质的认识，熟悉金融工具使用，增强风险防范意识，从根本上改善贫困地区的金融生态环境，为做好数字普惠金融服务工作打下良好的基础。

《G20 数字普惠金融高级原则》明确提出，要“重视消费者数字技术基础知识和金融知识普及”。明确因金融服务数字化和多元化所带来的金融素养方面的新要求。鼓励开发、评估实用度高、可得性强并着重于数字化的金融素养和金融意识项目，尤其是针对无法获得金融服务或缺乏金融服务的群体的项目，需要帮助消费者理解数字金融服务的特征、好处、风险和成本，以及保护个人账户和信息安全的必要性。此外，鼓励业界将这些项目的详情、结果及适用数据分享给监管者。利用新兴的高质量数字工具开发数字技术基础知识和金融知识普及项目，为消费者提供使用数字金融服务所需的知识，使消费者能够理解数字金融服务并对其产生信心。促使小企业充分意识到通过数字方式进行支付和转账的好处，以及当前可获得的数字金融服务的特性。推进由雇主和服务提供商赞助的公正的数字金融能力评估。该评估针对当前无法获得金融服务或缺乏金融服务的群体。随着数字化的推进，这些群体可能成为金融服务的首次使用者。鼓励通过支持开发相关工具（如价格比对网站），使消费者能够对比相似的数字金融产

① 参见李锋《农村居民金融知识普及教育需求与意愿的实证研究》，《西部金融》2012 年第 8 期。

品和服务，从而做出明智选择。①

（四）加强金融基础设施建设，改善互联网在农村地区的应用条件

我国农村金融基础设施建设主要在于信用体系的建设和支付体系的建设。信用体系是金融运行的重要组成部分，农村信用体系的建设情况与农民信用信息的采集状况直接影响农村金融发展。目前，我国农村信用体系模式主要分为以下三类：一是涉农组织主导型，以小额信贷公司为主体，主要采集农户的相关信息；二是部门间合作型，金融机构通过与政府部门的合作来建设农户信用信息数据库，以实现跨部门共享农户信用数据；三是涉农金融机构自建型。根据业务需求，机构自行建立针对农户的信用数据的电子档案，并根据一定的标准对农户进行信用等级的划分。目前，大部分地区都开展了农村信用档案建设，共为1.34亿多个农户建立档案，覆盖大多数农户。另外，农村支付体系相较以前已经取得了巨大的进步。对于农村支付体系而言，提升农村支付结算水平可以维护农村地区金融稳定，推动金融产品创新，从而达到促进农村金融发展的目标。截至2016年末，共有11.84万个农村金融机构接入人民银行大小额支付系统，包括8.41万个农村地区金融网点，3.43万个代理网点，总覆盖比例达到93.46%。2016年，农村地区通过人民银行大小额支付系统办理业务20.06亿笔，金额227.14万亿元。

虽然农村地区在金融基础设施建设方面拥有显著性的成长，但比起城市地区而言，发展仍然比较缓慢。农村地区在很多方面都比城市地区落后，相对于城市地区而言更加迫切地需要金融服务，而现实的情况却是大量优质的金融基础设施和服务都集中在城市地区。另外，城乡互联网普及率的差异也是导致农村普惠金融发展落后的一个重要

① 参见孙天琦《G20数字普惠金融高级原则：背景、框架和展望》，《清华金融评论》2016年第12期。

原因。[①] 中国互联网络信息中心（CNNIC）发布的第 41 次《中国互联网络发展状况统计报告》显示，截至 2017 年 12 月，我国城镇网民占比为 73.0%，而农村网民占比仅有 27.0%。虽然近年来我国农村互联网普及率一直稳步提高，但是与城市地区相比仍然存在较大差距。而造成这种差异的最主要的原因是农村地区通信基础设施建设不足，移动通信、光纤宽带以及数字电视等互联网基础设施不完善，并且不能有效满足广大农村居民的有效信息需求，从而造成了互联网在城乡间的数字鸿沟。因此，政府部门应当进一步加大在农村地区基础设施建设以及信息化建设方面的投资规模，强化通信网络等基础设施的建设力度，同时提供一定的财政补贴或费用减免，以降低农民使用互联网的成本，为拓宽普惠金融覆盖面提供有利的硬件条件。

① 参见吕家进《发展数字普惠金融的实践与思考》，《清华金融评论》2016 年第 12 期。

主要参考文献

阿尔文·托夫勒（Alvin Toffler）：《第三次浪潮》，黄明坚译，中信出版社 2006 年版。

艾洪德、周继燕、于君：《我国商业银行综合经营的路径与发展——基于花旗集团和瑞银集团经营案例的反思》，《财经问题研究》2011 年第 12 期。

白钦先、高霞：《普惠金融发展的思考》，《中国金融》2016 年第 3 期。

白士泮：《新加坡如何监管金融科技》，《中国金融》2017 年第 12 期。

蔡则祥、武学强：《金融资源与实体经济优化配置研究》，《经济问题》2016 年第 5 期。

陈春雷：《我国实体经济发展存在的问题及应对策略》，《学术交流》2013 年第 8 期。

陈建中、黄欣丽：《银行国际化路径影响因素分析——基于汇丰银行和花旗银行案例》，《国际贸易问题》2014 年第 9 期。

陈柳钦：《产业融合的动因及其效应分析》，《西南金融》2007 年第 4 期。

陈生强：《金融科技的全球视野与实践》，《中国银行业》2017 年第 5 期。

陈涛、刘鑫、李长银：《金融基础设施发展的国际经验研究》，《现代管理科学》2018 年第 6 期。

程华、蔡昌达：《我国商业银行金融科技发展策略》，《金融科技》

2017 年第 9 期。

程亚男、谭江霞、李雪琴：《我国中小企业融资难的原因及其对策分析》，《经济研究》2017 年第 5 期。

丁俊峰、熊航：《商业银行零售业务转型：从宏观到微观的视角》，《农村金融研究》2018 年第 1 期。

Douglas W.，Arner，Janos Barberis，Ross P. Buckley：《金融科技的发展：金融危机后的新模式》，《新金融》2018 年第 9 期。

董玉峰、赵晓明：《负责任的数字普惠金融：缘起、内涵与构建》，《南方金融》2018 年第 1 期。

冯岚、吕金记：《中小企业金融体系不足与民间融资突围路径选择》，《上海金融》2012 年第 9 期。

官思发、孟玺、李宗洁、刘扬：《大数据分析研究现状、问题与对策》，《情报杂志》2015 年第 5 期。

郭晓玲：《中小企业民间融资风险探析》，《经济研究导刊》2012 年第 8 期。

郭星溪：《中小企业融资困境与对策探讨》，《经济与管理研究》2009 年第 8 期。

国家金融与发展实验室：《金融科技蓝皮书：中国金融科技发展报告（2017）》，社会科学文献出版社 2017 年版。

何大勇：《“万物互联”时代下的传统金融机构发展之道》，《银行家》2016 年第 8 期。

何平平、车云月：《大数据金融与征信》，清华大学出版社 2017 年版。

何平平、车云月：《互联网金融》，清华大学出版社 2017 年版。

贺建清：《金融科技：发展、影响与监管》，《金融发展研究》2017 年第 6 期。

黄解军、潘和平、万幼川：《数据挖掘技术的应用研究》，《计算机工程与应用》2003 年第 2 期。

黄向庆：《金科融技国内实践与主要影响》，《金融纵横》2017 年第 9 期。

黄余送：《我国数字普惠金融的实践探索》，《清华金融评论》2016 年第 12 期。

霍学文：《关于云金融的思考》，《经济学动态》2013 年第 6 期。

姜振水：《农村数字普惠金融发展与实现路径》，《农村金融研究》2017 年第 4 期。

焦卢玲：《银行系金融科技公司崛起：开启颠覆式创新新篇章》，《中国金融电脑》2018 年第 6 期。

李长春、马玉清、韩筱宇：《探索数字普惠金融发展的征信之路》，《北方金融》2017 年第 6 期。

李稻葵、刘淳、庞家任：《金融基础设施对经济发展的推动作用研究——以我国征信系统为例》，《金融研究》2016 年第 2 期。

李董、魏进武：《区块链技术原理、应用领域及挑战》，《电信科学》2016 年第 12 期。

李苗苗、王亮：《智能投顾：优势、障碍与破解对策》，《南方金融》2017 年第 12 期。

李伟、成金华：《基于信息不对称的中小企业融资的可行性分析》，《世界经济》2005 年第 1 期。

李伟：《金融科技时代的电子银行》，《中国金融》2017 年第 1 期。

李文红、蒋则沈：《金融科技（FinTech）发展与监管：一个监管者的视角》，《金融监管研究》2017 年第 3 期。

李文辉：《金融科技助力业务创新》，《中国计算机用户》2008 年第 22 期。

李学龙、龚海刚：《大数据系统综述》，《中国科学：信息科学》2015 年第 1 期。

李岩玉、吴强：《金融科技浪潮下商业银行的应对之道》，《清华金融评论》2016 年第 10 期。

林毅夫、李永军：《中小金融机构发展与中小企业融资》，《经济研究》2001 年第 1 期。

刘芸：《我国科技金融发展的困境、制度障碍与政策创新取向》，《福建论坛》（人文社会科学版）2014 年第 1 期。

刘智慧、张泉灵：《大数据技术研究综述》，《浙江大学学报》（工学版）2014 年第 6 期。

麻斯亮、魏福义：《人工智能技术在金融领域的应用：主要难点与对策建议》，《南方金融》2018 年第 4 期。

马健：《产业融合论》，牛津大学出版社 2006 年版。

马克·卡尼：《金融科技的发展及影响》，《中国金融》2017 年第 14 期。

民生银行研究院产业研究团队黄剑辉等：《2017 年国内外金融科技发展态势及 2018 年趋势展望》，《民银智库研究》2018 年第 108 期。

民生银行研究院产业研究团队黄剑辉等：《国际先进银行科技应用分析及对我国商业银行的启示与借鉴》，《民生智库研究》2017 年第 58 期。

南京市农村金融学会课题组：《普惠金融发展与风险防范问题研究》，《现代金融》2017 年第 6 期。

彭向升、祝健：《促进中国农村普惠金融发展的思路探讨》，《农业经济》2017 年第 4 期。

钱娜、蒋微：《互联网金融、传统金融与农村普惠金融的互动发展——基于苏北农村普惠金融服务调研的分析》，《中国经贸导刊》2017 年第 11 期。

邱峰：《互联网金融践行普惠金融之本》，《金融纵横》2014 年第 10 期。

邱兆祥、王树云：《金融与实体经济关系协调发展研究》，《经济研究》2017 年第 4 期。

邱兆祥、向晓建：《数字普惠金融发展中所面临的问题及对策研究》，《金融理论与实践》2018 年第 1 期。

冉芳、张红伟：《我国金融与实体经济非协调发展研究——基于金融异化视角》，《现代经济探讨》2016 年第 5 期。

史建平：《中国中小企业金融服务发展报告》，中国金融出版社 2013 年版。

宋湘燕、姚燕：《美国金融科技监管框架》，《中国金融》2018 年第

18 期。
粟勤、魏星：《金融科技的金融包容效应与创新驱动路径》，《理论探索》2017 年第 5 期。
孙天琦：《G20 数字普惠金融高级原则：背景、框架和展望》，《清华金融评论》2016 年第 12 期。
涂静：《产业融合的经济学分析》，《现代管理科学》2017 年第 8 期。
王焯、汪川：《区块链技术：内涵、应用及其对金融业的重塑》，《新金融》2016 年第 10 期。
王光宇：《金融监管变革对银行业经营与发展的影响》，《银行家》2011 年第 4 期。
王慧慧、李宏畅：《金融科技创新及风险监管研究》，《金融纵横》2017 年第 17 期。
王静、邢成：《互联网金融：消费者行为变迁及银行变革》，《征信》2014 年第 9 期。
王鹏举：《加快传统银行业与金融科技相融合》，《中国证券报》2017 年 6 月 2 日。
王硕：《区块链技术在金融领域的研究现状及创新趋势分析》，《上海金融》2016 年第 2 期。
王婷婷、杨亮：《中国农村普惠金融发展中的问题与对策研究》，《华北金融》2017 年第 1 期。
王雅娟：《高盛如何玩转金融科技》，《中国银行业》2017 年第 5 期。
王应贵、梁惠雅：《金融科技对商业银行价值链的冲击及应对策略》，《新金融》2018 年第 3 期。
维克托·迈尔－舍恩伯格、肯尼斯·库克耶：《大数据时代》，盛杨燕等译，浙江人民出版社 2013 年版。
吴朝平：《商业银行与金融科技公司的联合创新探讨》，《金融科技》2018 年第 2 期。
吴涛、杨继瑞：《我国实现普惠金融的主要障碍与对策》，《云南社会科学》2015 年第 5 期。
邢乐成、羿建华：《中国普惠金融体系构建与运行要点》，《东岳论丛》2015 年第 8 期。

许多奇：《金融科技的“破坏性创新”本质与监管科技新思路》，《东方法学》2018 年第 2 期。

杨荣：《金融科技：新风口下的银行转型之路》，《金融市场研究》2017 年第 12 期。

姚国章、吴春虎、余星：《区块链驱动的金融业发展变革研究》，《南京邮电大学学报》（自然科学版）2016 年第 5 期。

姚前、汤莹玮：《关于央行法定数字货币的若干思考》，《金融研究》2017 年第 7 期。

易会满：《详解工行金融科技战略》，《中国经济时报》2018 年 6 月 23 日。

易宪容：《金融科技的内涵、实质及未来发展——基于金融理论的一般性分析》，《江海学刊》2017 年第 2 期。

尹振涛、舒凯彤：《我国普惠金融发展的模式、问题与对策》，《经济纵横》2016 年第 1 期。

俞立平：《大数据与大数据经济学》，《中国软科学》2013 年第 7 期。

曾刚：《中国银行业的金融科技之路》，《当代金融家》2018 年第 1 期。

张晓朴、朱太辉：《金融体系与实体经济关系的反思》，《国际金融研究》2014 年第 3 期。

张引、陈敏、廖小飞：《大数据应用的现状与展望》，《计算机研究与发展》2013 年第 50 期。

张哲宇：《银行与互联网公司跨界合作的路径选择》，《上海证券报》2017 年 7 月 10 日。

赵珏、张士引：《产业融合的效应、动因和难点分析——以中国推进“三网融合”为例》，《宏观经济研究》2015 年第 11 期。

郑明高：《产业融合发展研究》，北京交通大学，硕士学位论文，2010 年。

中国工商银行江苏省分行课题组：《互联网时代国有控股商业银行渠道转型研究》，《金融论坛》2015 年第 5 期。

中国人民银行广州分行课题组、李思敏：《中美金融科技发展的比较与启示》，《南方金融》2017 年第 5 期。

中国人民银行武汉分行课题组：《人工智能在金融领域的应用及应对》，《武汉金融》2016 年第 7 期。

中国银行业协会行业发展委员会：《商业银行零售业务持续快速发展金融科技赋能向智能化转型》，《中国银行业》2018 年 8 月。

钟鸣长：《新加坡 FINTECH 生态系统建设及其启示》，《电子科技大学学报》2016 年第 18 期。

周宇、惠宁：《试论产业融合的动因、类型及其对经济发展的影响》，《山西师大学报》（社会科学版）2014 年第 41 卷第 5 期。

朱大磊：《大数据风控助力普惠金融》，《中国金融》2017 年第 10 期。

朱晓光：《我国中小企业融资现状及对策研究》，《商业经济》2017 年第 2 期。

Edd Dumbill，"What is Big Data"（http：// strata. oreilly . com /2012/ 01/ what-is-big-data. Html）.

Gartner，"Hype Cycle for Emerging Technologies Identifies 'Tipping Point' Technologies That Will Unlock Long-Awaited Technology Scenarios"（http：//www. gartner. com/newsroom/id /2124315）.

Manyika J.，Chui M.，Brown B.，"Big data：The next frontier for innovation，competition and productivity. McKinsey Global Institute"，2011.

Silverberg，Kristen，"Banking on the Block chain：Reengineering the Financial Architecture"，*Institute of International Finance*，November 16，2015.

后　记

本书是湖南大学2018年双一流建设科研项目和湖南大学两型社会研究院研究成果。近年来，我国金融业在发展普惠金融方面进行了大胆尝试，取得了一定成效，但面临成本与效率上难以逾越的瓶颈。传统金融业普惠金融的实践表明，发展普惠金融终究要回到技术创新上来。最近几年金融科技企业的快速发展给传统金融业带来了一定的冲击，“抢占”了传统金融业务，倒逼传统金融业的转型与创新。本书写作的背景源于2017年上半年的工、农、中、建四大银行与BATJ签署战略合作协议。我想，传统金融业与金融科技企业这两个“冤家”能够“走到一起”肯定有其个中原因。

本人从2013年开始一直从事互联网金融研究。2014年成立了湖南大学互联网金融研究所（2019年6月更名为湖南大学数字金融研究中心），2016年受北京新迈尔教育集团的委托开展了高等学校互联网金融专业课程建设，并于2017年10月由清华大学出版社出版了由我作为主要编著（主编）的互联网金融系列教材：《互联网金融》《大数据金融与征信》《消费金融与供应链金融》《互联网金融运营与实务》和《互联网金融法规》。从某种程度来讲，本书可以看作前期相关研究成果的自然延伸。

本书在写作过程中参阅了大量文献资料，有些作为脚注标出，而有些没有标注出来，在此一并表示感谢。本书的责任编辑、副编审孙萍博士对书稿进行了十分细致的修订，付出了辛勤劳动，研究生刘妃、吴晗绮、李馨蕊、彭涵祺、谭冰冰、傅牧云、范可馨、谭惠文、陈晨光也参与了本书的写作，对于他们的付出表示感谢。

由于本书涉及的是一个崭新而又快速发展的领域，作者的研究深度与广度都存在局限，书中疏漏和错误在所难免，恳请读者批评指正。

何平平　于长沙岳麓山

2019 年 2 月 16 日